Mit mehr Selbst zum stabilen ICH!

Albert Wunsch

Mit mehr Selbst zum stabilen ICH!

Resilienz als Basis
der Persönlichkeitsbildung

Albert Wunsch
Neuss, Deutschland

ISBN 978-3-642-37701-3

Die Deutsche Nationalbibliothek verzeichnet diese Publikation in der Deutschen Nationalbibliografie; detaillierte bibliografische Daten sind im Internet über http://dnb.d-nb.de abrufbar.

Springer Spektrum
© Springer-Verlag Berlin Heidelberg 2013
Das Werk einschließlich aller seiner Teile ist urheberrechtlich geschützt. Jede Verwertung, die nicht ausdrücklich vom Urheberrechtsgesetz zugelassen ist, bedarf der vorherigen Zustimmung des Verlags. Das gilt insbesondere für Vervielfältigungen, Bearbeitungen, Übersetzungen, Mikroverfilmungen und die Einspeicherung und Verarbeitung in elektronischen Systemen.

Die Wiedergabe von Gebrauchsnamen, Handelsnamen, Warenbezeichnungen usw. in diesem Werk berechtigt auch ohne besondere Kennzeichnung nicht zu der Annahme, dass solche Namen im Sinne der Warenzeichen- und Markenschutz-Gesetzgebung als frei zu betrachten wären und daher von jedermann benutzt werden dürften.

Einbandentwurf: deblik Berlin
Planung und Lektorat: Marion Krämer, Bettina Saglio
Einbandabbildung: © Albert Wunsch
Redaktion: Frauke Bahle

Gedruckt auf säurefreiem und chlorfrei gebleichtem Papier.

Springer Spektrum ist eine Marke von Springer DE. Springer DE ist Teil der Fachverlagsgruppe Springer Science+Business Media
www.springer-spektrum.de

Vorwort

„Wer einmal sich selbst gefunden hat, der kann nichts auf
dieser Welt verlieren." (Stefan Zweig)

Das Leben kommt immer dazwischen – dieser Buch-Titel
sprang mir vor einigen Monaten in unterschiedlichsten
Situationen ins Auge. Nicht wegen der interessanten Ausführungen von Auma Obama, der kenianischen Halb-
schwester von Barack Obama. Der Titel schien mir ein
aktuelles Lebensgefühl widerzuspiegeln. Ständig werden
unsere Planungen durch unterschiedlichste Geschehnisse
durchkreuzt. Von jetzt auf gleich müssen wir uns auf Neues
einstellen. Das ist verwirrend und anstrengend. Und oft
schwinden Kraft und Mut, die jeweiligen Herausforderungen beherzt aufzugreifen.

Diese Überlegungen fanden ihre Entsprechung in der
Beobachtung, dass sich immer mehr Menschen mit ihren beruflichen oder privaten Aufgabenstellungen recht
schwertun. Ob in Hochschulen, innerhalb von Coaching-
Prozessen, Partnerschafts-Konflikten, Eltern-Seminaren
oder der Erziehungs-Beratung, die Anhaltspunkte mehrten
sich. Auch die Presse berichtet unter den verschiedensten
Vorzeichen darüber. Scheinen hier Menschen magnetartig

Krisen anzuziehen, sind dort die Fähigkeiten im Umgang mit alltäglichen Herausforderungen zu bescheiden. Damit sind nicht typisch Unmotivierte, Kraftlose oder Verlierer, sondern ganz normale lebensoffene und wollende Menschen gemeint. Zu viele leiden unter der zu großen Tageslast, klagen über Zeitmangel und verlieren ihre Zuversicht.

‚Wo sind denn heute noch Persönlichkeiten mit Ich-Stärke und Souveränität zu finden?‘, wurde in einer Talk-Show gefragt. Ob in Politik, Medien, Wirtschaftsleben oder im privaten Bereich: Egoismus, Beziehungsbrüche und Ausgebranntsein haben Hochkonjunktur, während Fairness, Geradlinigkeit und Verlässlichkeit eher ein Schattendasein führen. Aber wie können Menschen anstehende Entscheidungen mit Umsicht und in Klarheit treffen, wenn sie ihres Selbst nicht sicher sind? Die Basis dazu wird früh gelegt – oder auch nicht. Die Bedingungen, in denen Kinder aufwachsen, werden zum Indikator der Zukunft einer Gesellschaft. Vielen Schulabgängern, so beklagen es Ausbildungsbetriebe und Hochschulen seit Jahren unisono, wird zum Abschluss eine einfache, mittlere oder gehobene Lebens-Unreife attestiert.

Das Bedürfnis nach Entspannung ist so alt wie die Menschheit. Je rauer jedoch die Lebens-Ereignisse auf uns einwirken, umso mehr wächst die Sehnsucht nach einer heilen Welt. Weil diese aber eine Illusion ist, braucht die Realität ein Äquivalent. Und da dieses wiederum nicht per Bring-Service angedient wird, werden wir selber Dienstleister sein müssen. Einerseits als gute Selbst-Sorger und andererseits als engagierte Um-Sorger gegenüber nahestehenden Menschen. Dabei erhalten Kinder in dreifacher

Weise eine Sonderstellung. Einmal, weil sie ohne liebevolle und verlässliche Fürsorge nie zu starken Persönlichkeiten heranreifen können. Zweitens, weil eine Gesellschaft fürs wirtschaftliche und politische Überleben einen leistungsfähigen und mutigen Nachwuchs braucht. Und drittens, weil alle Erwachsenen im höheren Alter darauf angewiesen sind, von den Jüngeren angemessen und in Würde versorgt zu werden.

Hapert es beim Erbringen dieser Voraussetzungen, wird unsere Gesellschaft bald kollabieren. Damit dies nicht passiert, wurde hier viel Material zusammengetragen, wie Menschen zu starken Persönlichkeiten werden, was günstige Bedingungen des Aufwachsens von Kindern sind und auf welche Weise Erwachsene ihr Ich stabilisieren, um so ihr Leben erfolgreicher meistern zu können. Dabei erweisen sich die Ergebnisse der Resilienz-Forschung als wertvolle Stütze. Werden diese Gedanken und Fakten aufgegriffen, können alle Menschen mit mehr Verantwortungsbewusstsein, Gelassenheit und Freude an ihr Tagewerk gehen. Dann würde bei vielen Kindern die Gefühls-Erfahrung wachsen, auch selbst das Leben gut zu meistern. Die Schauspielerin Ann-Kathrin Kramer sagte im Rückblick auf ihre Kindheit[1]: In mir wohnte das ‚Es-wird-schon-nichts-passieren-Gefühl'. Fördern wir diese Zuversicht, damit das dazwischen kommende Leben weder ins Nirgendwo noch ins Chaos führt.

Neuss im Juli 2013   Albert Wunsch

Inhaltsverzeichnis

**1 Auf Selbständigkeit hinwirken
oder Inkompetenz fördern?** 1

Wachstums-Chance für mehr personale Kompetenz . . 4
Zwischenbilanz ziehen, um Ziele definieren zu können 9
Resilienz und Selbstwirksamkeit als Lebenskonzept . . 14

**2 Resilienz – Fakten zwischen Forschungsergebnissen
und allgemein Beobachtbarem** 21

Benachteiligte und dennoch erfolgreiche
Gruppierungen 24
Besonders beeindruckende Lebensläufe 33
Bedeutung dieser Herausstellungen
für ein Resilienz-Wachstum 44

**3 Welche Faktoren fördern bzw. behindern
die Entwicklung von Resilienz?** 53

Sichere Bindung und altersgemäße Herausforderung
als Identitätsfindungs-Basis 57
Gesunde Ernährung als Voraussetzung für personale
Entwicklung und Stabilität 85
Zugehörigkeit zu einer sinnstiftenden Sozietät
als begünstigender Faktor 93
Unterforderung und Verwöhnung als Multi-Blocker
von Ich-Stärke 99

X   Mit mehr Selbst zum stabilen ICH!

Trennung und Scheidung als vom Kind erlebter
Selbstwertverlust   110
Intensive Krippen-Betreuung als latent
destabilisierender Einfluss   116
Folgerungen bzw. Konsequenzen für die Erziehung
von Kindern   122

4   **Wann wird Resilienz im Lebens-Alltag gebraucht?** . . .   133

Beim alltäglichen Selbst-Management   137
In Schule, Ausbildung und Studium   144
Im Feld des beruflichen Handelns   152
In Partnerschaft und Familie   162
In Krisen und bei großen Belastungen   170

5   **Wie kann eine persönliche Resilienz-Bestandsaufnahme**
erfolgen?   179

Psychologische Modelle als Ausgangspunkt
zur Selbsterkundung   181
Unser Alltags-Handeln als Basis zur Selbsterkundung .   196

6   **Wie lassen sich Selbstwirksamkeit und Resilienz**
gezielt erweitern?   203

Ein Blick zurück, um die Zukunft besser zu meistern . .   211
Selbst-Stabilisierung zwischen Zielverdeutlichung
und Empowerment   224
Resilienz als Ergebnis eines durch drei Faktoren
geprägten Kräftefeldes   236

7 Gesellschaftspolitische Faktoren und ihr Einfluss auf die Resilienz ... 243

Stabilität und Verlässlichkeit als Qualitätskriterien von Familien ... 248

Persönlichkeits-Entwicklung braucht ein gutes gesellschaftliches Klima ... 254

Eine resiliente Lebensentscheidung: ‚Fundament statt Fassade!' ... 275

Ausblick für eine nachhaltige gesellschaftspolitische Entwicklung ... 286

8 Aphorismen als Schlüssel zum Handeln ... 293

Anmerkungen ... 299

Literatur ... 321

Sachverzeichnis ... 329

1

Auf Selbständigkeit hinwirken oder Inkompetenz fördern?

„Du bist geboren, um Erfolg zu haben. Niemand kann
Dich davon abhalten, außer Du selbst." (Arthur Lassen)

Mit Sonne im Nacken, interessanten Zielen vor Augen,
Tatkraft und Mut in der Tasche sowie einer kräftigen Prise
Zuversicht, so kann mit Elan und Freude das Tagewerk
gelingen. Aber das Leben verdeutlicht uns häufig, dass unerwünschte oder nicht vorhersehbare Ereignisse alles bisher
Geschaffene kräftig durcheinander bringen können, bis hin
zum Scheitern. Die Erfahrung lehrt uns: ‚Das Glück kennt
nur Minuten, der Rest ist Wartezeit'[2]. Soll diese Song-
Botschaft etwa als Rezeptur zur Überwindung von Tristesse
nach der Devise ‚Hoffnung macht frei' verstanden werden
oder uns darauf programmieren, erst gar nicht aufs Glück zu
setzen? Passiv abwartend, Zufälliges festhaltend oder aktiv
zupackend Voraussetzungen schaffen? Bin ich Handelnder
oder lasse ich mich behandeln? Habe ich die Bereitschaft,
neue Wege zu gehen, oder bleibe ich beim sattsam Bekannten? Was lässt mich zögern? Was gibt meinem Leben

A. Wunsch, *Mit mehr Selbst zum stabilen ICH!*, DOI 10.1007/978-3-642-37702-0_1,
© Springer-Verlag Berlin Heidelberg 2013

2 Mit mehr Selbst zum stabilen ICH!

Sinn? Wo kann ich Kraft tanken, um meine täglich wiederkehrenden Aufgaben und Herausforderungen gut angehen zu können? Wie werde ich zu einer autarken Persönlichkeit? Gibt es ein Rezept, mich nicht ständig angegriffen zu fühlen?

Naturkatastrophen, Kriege, Seuchen, Wirtschaftskrisen, persönliche Schicksalsschläge oder eine schier nicht enden wollende Aneinanderreihung kleiner oder mittelschwerer Belastungen, es gibt viele Anlässe, sich ganz unten zu fühlen, nicht mehr weiter zu wissen, aufgeben zu wollen. Aus der erlebten Kraftlosigkeit heraus entwickeln sich dann – je nach Typ unterschiedlich stark – reichlich Versuchungen, möglichst schnell in eine ‚Traumwelt der Problemlosigkeit' abtauchen zu wollen. Nichts mehr sehen, hören und tun wollen, nur weg von hier, koste es was es wolle. Je größer die subjektiv erlebte Ausweglosigkeit und der sich daraus entwickelnde Druck empfunden wird und je substanzieller Handlungsansätze zur Problembewältigung fehlen, umso stärker ist das Verlangen, möglichst schnell in eine ‚No-Problem-Area' flüchten zu wollen. Auch wenn dieser ‚Ort' selbst dem neusten Super-Navi unbekannt zu sein scheint, irgendwo zwischen Schlaraffia, Utopia und Paradiso muss das ersehnte Dreamland der Problemlosigkeit liegen. Also, alle Kraft voraus – nix wie hin!

Jede Zeit-Epoche bot und bietet – neben Phasen karger oder lebbarer Auskömmlichkeit – zur Überwindung extremer Belastungen reichlich Nährboden für das Wuchern der Sehnsucht nach einer besseren Welt. So gelangte das jüdische Volk endlich nach 40 Wüsten-Jahren ins gelobte Land, mit Bächen von Milch und Honig, in welchem als Beipack – neben Wachteln und Manna – sichere Besitztü-

1 Auf Selbständigkeit hinwirken oder Inkompetenz fördern? **3**

mer erwünscht wurden. Die Germanen setzten alles daran, den Römern einen baldigen Garaus zu bereiten und kamen per Varusschlacht dem Ziel der Selbstbefreiung einen gewaltigen Schritt näher. In den Wirren des Dreißigjährigen Krieges ging es meist – zwischen Plünderungen, Hungersnot und Pest – ums nackte Überleben. Im 19. Jahrhundert lösten extreme Armut und große politische Umbrüche eine Massen-Emigration aus, wobei der Treck in Richtung USA durch den Goldrausch zusätzlich beflügelt wurde. Und seit einigen Jahren brechen Viele nicht real in eine bessere Welt auf, sondern starten fiktiv als Massenbewegung zum Fantasie-Kontinent ‚Mittelerde' eines J.R.R. Tolkien, um – mit einer Prise Abenteuerlust – beim gemütlichen und friedfertigen ‚Volk der Hobbits' entspannt anzudocken.

Auch wenn nicht alle Menschen vor ihren Aufgaben in eine bessere reale oder irreale Welt zu flüchten versuchen, so wollen es – fast – alle Menschen in ihrem Alltag besser haben. Die erstrebte ‚Leichtigkeit des Seins' wird zum Lebenskonzept. Ein Setzen auf die Lebens-Maxime ‚Wachstum' scheint ein probates Mittel in Konsum-Gesellschaften zu sein. Das lässt Menschen nicht aus Not auswandern und beugt Kriegen vor. Eine starke Wirtschaft schafft dem Einzelnen materielle Sicherheit. Durch Integration und Inklusion soll sich das Zusammenleben stabilisieren. Und aus wirtschaftlichen, finanziellen und ökologischen Krisen sollen wir – dank resilienter Strategien – gestärkt hervorgehen. Vielleicht würden heute Karl Marx, Friedrich Engels, Ferdinand Lassalle, Karl Liebknecht und Rosa Luxemburg im – der Zeit entrückten – Spontanchor ‚Wachstum für Alle!' ins Proletariat rufen.

Paradiesische Zeiten werden anbrechen. Auch wenn niemand diese Sphäre, die uns beglücken soll, näher kennt, sie wenigstens engagiert zu verheißen scheint immer wirkungsvoll. Egal ob nun Politiker oder Ökonomen Weltverbesserungs-Ideen verkünden, wer zu stark auf ideale äußere gesellschaftliche Strukturen setzt, blendet die Voraussetzungen für gute und notwendige innere Entwicklungs-Schritte zu mehr Persönlichkeits-Wachstum aus. Ja, gesellschaftliche Prozesse und Normierungen prägen den Einzelnen stark. Sie entstehen aber nie aus sich heraus, sondern sind das Ergebnis aktiven Gestaltens oder trägen Laufenlassens von Einzelnen.

Auch wenn der Club of Rome schon im Jahre 1972 die Grenzen des globalen wirtschaftlichen Wachstums beschwor, das innere Wachstum der Menschen zu verantwortlich handelnden Persönlichkeiten unterliegt keiner äußeren Begrenzung und birgt ungeheure Potenziale. Besonders junge Menschen benötigen Rahmenbedingungen des Heranwachsens zu Mitgefühl, Rücksichtnahme, Engagement und Eigenständigkeit im Entscheiden und Handeln. Leichte Bedingungen des Aufwachsens erschweren aber oft die Voraussetzungen zum Umgang mit Schwierigem.

Wachstums-Chance für mehr personale Kompetenz

Ohne personale, emotionale und soziale Kompetenz geht heute – eigentlich – gar nichts. Von Arbeitgebern und Arbeitnehmern wird sie ebenso gefordert wie im politischen

1 Auf Selbständigkeit hinwirken oder Inkompetenz fördern? 5

Geschehen. Auch in Partnerschaft, Familie und Freundeskreisen ist dies die Basis eines störungsarmen Miteinanders. Aber wo wird diese Fähigkeit erworben? Welche Voraussetzungen sind notwendig, damit sie sich entwickeln kann? Was fördert oder behindert diesen Prozess? Der Religions-Philosoph Martin Buber stellt heraus: „Am Du wird der Mensch zum Ich."[3] Gute 70 Jahre später ergänzt der Soziologe Ulrich Beck: „Ohne ich kein Wir."[4] Somit wird das ‚gebende Du' zum Dreh- und Angelpunkt für die Entstehung eines ‚Ich', welches wiederum die Voraussetzung für das Entstehen und Wachsen von Zusammengehörigkeit und Verbundenheit im ‚Wir' ist.

Wenn der Mensch nun keinen angemessenen Bezug zu einem Du findet, wird er kein Ich, kein personales Sein entwickeln. In der Folge kann so auch kein dialogischer Bezug zu anderen Ichs, kein förderliches Miteinander entstehen. Wenn also die Bedeutung eines kollektiven ‚Wir' beschworen wird, müssen wir massiv in die Bildung eines individuellen Ichs investieren. Egoisten

> Egoisten sind keine ‚Ich-bezogenen', sondern ‚Ich-lose' Menschen.

sind vor diesem Hintergrund keine ‚Ich-bezogenen', sondern ‚Ich-lose' Menschen. Denn hier sucht ein fehlendes Selbst immer verzweifelter nach einer spürbaren eigenen Existenz und steigert sich damit letztlich in die Ich-Sucht[5]. Vieles, was sich unter der schillernden Chiffre ‚Selbstverwirklichung' präsentiert, entlarvt sich so als Egotrip auf Kosten Anderer. Durch Ich-Stärke geprägte Menschen sind

6   Mit mehr Selbst zum stabilen ICH!

sich stattdessen ihres Selbst bewusst und können sich – mit ihren Stärken und Schwächen – förderlich in eine Gemeinschaft einbringen.

Persönliche Kompetenzen werden im Wirtschafts-Leben häufig als ‚Soft Skills' oder ‚weiche Fähigkeiten bzw. Fertigkeiten' bezeichnet. Im Gegensatz dazu wird mit ‚Hard Skills' die kognitive Leistungsfähigkeit umrissen. Da Letztere meist durch Fakten und objektive Tests belegbar sind, geraten die ‚Soft Skills' leicht in eine zwar wünschenswerte, aber meist ausgeblendete Randzone. Letztlich entscheiden aber weder gute Examensnoten, noch brillante Rhetorik-Künste darüber, ob ein Team oder eine Abteilung gute Produkte auf den Markt bringt. Effektivität und Effizienz von Ergebnissen sind vorrangig das Ergebnis eines zielgerechten Einsatzes der verfügbaren sozialen Kompetenzen aller an diesem Prozess Beteiligten. Der Wirtschafts-Manager Alfred Herrhausen[6] brachte diese Zusammenhänge auf den Punkt: „Am Ende sind alle Probleme der Wirtschaft Personalprobleme."

Diese These müsste eigentlich eine starke Handlungsoffensive in Richtung ‚Ich-Stabilisierung' als Basis für mehr ‚Wir-Kompetenz' auslösen. De facto erhält diese Notwendigkeit jedoch keine angemessene Relevanz. Stattdessen träumen zu Viele vom möglichst mühelosen Lebenserfolg: Reichlich Geborgenheit, gute Berufsperspektiven, finanzielle Sicherheit, Gesundheit, Ausspannen können, Beziehungsglück, Elternfreuden und ein festes Dach über dem Kopf, das ist doch wohl nicht zu viel verlangt. Schon mit der Muttermilch scheint dieses Bestreben die erste Nahrung erhalten zu haben.

1 Auf Selbständigkeit hinwirken oder Inkompetenz fördern?

Wer dies aktiv erhofft und sich dafür kraftvoll einbringt, wird diesem Ziel sicher näher kommen. Aber alle Eltern, die ihre Kinder nach dem Denkmuster ‚Du sollst es einmal besser haben' (ohne zu klären, was für wen gut oder besser ist) ins Erwachsenenleben führen, werden das Gegenteil erreichen, weil sie anstelle von Fähigkeiten Ansprüche verstärken. Auch wenn wir wissen, dass wir uns viel umfangreicher auf erwartbare Herausforderungen des Lebens vorbereiten und den Umgang mit Krisen trainieren sollten, hoffen wir recht infantil, dass es auch ohne ein gezieltes Engagement gehen müsste.

Aber immer aufs Neue wird ganz ernüchternd deutlich: Träumereien führen keinesfalls in eine gut lebbare Zukunft oder eine bessere Welt! Denn um mit differenzierten Erwartungen und meist recht ausgeprägten Ansprüchen klarzukommen und dabei einen anerkannten Platz im jeweiligen Lebensumfeld zu erhalten, ist Selbstwirksamkeit, Lebensmut und zielgerichtetes Handeln erforderlich. „Wollten die Alchimisten aus wertlosen Materialien Gold machen, so konzentrieren sich heute Viele darauf, aus dem Nichts den Erfolg zu erhoffen. Aber – ob Mittelalter oder Jetzt-Zeit – eine geeignete Rezeptur für solche Vorhaben wurde immer noch nicht gefunden."[7] Da wir jeden Tag vor neuen Herausforderungen stehen, kann die Frage nur lauten: Mit welchem Aufwand ist welches erhoffte Ergebnis möglichst effektiv zu erreichen? Oder in umgekehrter Blickrichtung: Was schmälert oder vereitelt die Chancen eines angenehmen Lebens in einer globalen Welt? Dabei wird der Begriff der Resilienz zum Schlüssel für das Tor zu einem zufriedeneren Leben.

Es gibt zahlreiche Menschen, die mit harten Schicksalsschlägen konfrontiert wurden und sich nicht aufgaben. Alle kennen wir Krebskranke, Unfallopfer, unschuldig Inhaftierte oder Menschen, die ‚fast alles' verloren hatten, die aber, allen Widernissen zum Trotz, mit einer schier unbegrenzten Kraft darangingen, die Situation zu meistern. Der Satz ‚Die Hoffnung stirbt zuletzt' wird dann zum Überlebensprinzip. Dazu sind – wie dies durch die Ergebnisse der Resilienz-Forschung noch ausführlich belegt wird – drei Voraussetzungen notwendig:

1. Ein starker Handlungsdruck bzw. motivierendes Ziel im Rahmen recht klarer Vorstellung vom weiteren – möglichst zufriedenstellenden – Leben.
2. Etliche brauchbare Vor-Erfahrungen im Umgang mit Herausforderungs-Situationen bzw. Problemlösungs-Strategien.
3. Eine Kraft-gebende Verbundenheit zu einem Menschen bzw. eine positive Eingebundenheit in eine Gemeinschaft.

Etwas erreichen wollen ist somit die Basis des Lebenswillens. Diese Motivation benötigt zur Umsetzung gut aufgreifbare Handlungs-Ansätze und förderliche Rahmenbedingungen. Die Familie, ein Beziehungspartner, langjährige Freundschaften oder sinnstiftende Gemeinschaften erhalten dann eine große Stabilisierungs-Funktion. Einige werden die in der Kindheit angelegten Verhaltens-Muster nutzen können. Andere haben sich diese später selbst – meist mühevoll – angeeignet. Egal ob früh angelegt oder selbst erarbeitet, die Qualität verlässlicher personaler Bezüge, der

Umfang verfügbarer Handlungs-Optionen und die Klarheit erreichbarer Ziele sind der Schlüssel zur Selbst-Wirksamkeit beim Krisen-Management, ob im Kleinen oder im Großen.

Aber wie finde ich meine Ziele? Was gibt meinem Leben Sinn und Zufriedenheit? Setze ich eher aufs Haben oder aufs Sein? Geht es um mein Ego oder um ein Leben in Partnerschaft, Familie oder anderen Gemeinschaften? Wo sind die Shopping-Center zum Ergattern von Handlungs-Optionen? Welcher Preis ist zu zahlen? Wie viel Zeit und Geschick ist erforderlich, um erfolgreich zu sein? Um hier Antworten zu finden, ist reichlich Muße und Selbstreflexion notwendig. Und dies braucht Übung. „Das Problem vieler Menschen ist, dass sie nicht innehalten, um herauszufinden, was sie wirklich wollen"[8] bzw. was sie sinnvoller Weise erstreben sollten. Abschalten oder Umschalten steht an. Wenigstens zum körperlich-geistigen Verschnaufen. Raus aus unserer digitalen Rundum-Vernetzung, dem Termindruck, einem häufig selbstgemachten Stress. ‚Nein', ruft eine innere Stimme, ‚Nachdenken ist Zeitverschwendung. Wenn wir schon nicht weiter wissen, sollten wir uns wenigsten dabei beeilen.'

Zwischenbilanz ziehen, um Ziele definieren zu können

Innehalten hat das Ziel, sich seiner Selbst und der Richtigkeit des eingeschlagenen Weges zu versichern. Bleibt dies aus, ist unser Leben dem eines Hamsters im Laufrad ähnlich: Ständig in Aktion, ohne auch nur einen Zentimeter weiterzukommen. Die Zuschreibung: „Dauernd unter Strom und trotzdem ohne Energie", bringt dieses Lebensprinzip auf den Punkt[9]. Dazu passt die Beobachtung, dass wir uns mit den täglich wiederkehrenden Fragen bzw. zu lösenden Aufgabenstellungen unangemessen wenig auseinandersetzen. Ein neues Auto, der nächste Urlaub, das aktuellste Handy oder ein Super-Event am Wochenende scheinen wichtiger zu sein. Dabei würden Optimierungen im Detail immense Auswirkungen haben, weil zum Beispiel täglich wiederkehrende Vorgänge nicht ständig Zeit und Kraft kostende Nachbesserungen erfordern würden oder konflikthafte Kommunikationsabläufe vermeidbar wären. Bezogen auf unsere Lebensenergie würden so wertvolle Ressourcen nicht unnütz verpuffen. Es lohnt sich, unseren tagaus tagein meist wiederkehrenden Umgang mit uns selbst, den Menschen unseres Umfelds, den uns anvertrauten Kindern sowie der uns umgebenden Schöpfung einer Überprüfung zu unterziehen. Eine Parabel aus China kann dazu den Blick öffnen:

Als unsere Ahnen in der Welt wieder die leuchtenden Tugenden erstrahlen lassen wollten, ordneten sie zuerst ihren Staat. Weil sie aber den Staat in Ordnung bringen wollten, ordneten sie zuerst die Familie. Weil sie ihre Familien ordnen wollten, versuchten sie zuerst einmal den einzelnen Menschen zu bessern. Und weil sie den Menschen bessern wollten, fingen sie mit seinem Herz an. Um das zu tun, läuterten sie zuerst seine Gedanken, um so auch seinen Blick zu ändern. Wurden aber erst einmal negative Gedanken und die Ichbezogenheit aufgegeben, wurde auch der Mensch besser. War der Mensch fehlerfreier, verbesserte sich auch das Leben in der Familie. Hatte die

Familie eine gute Lebensbasis, brachte dies auch den Staat in Ordnung.

Vom Sohn des Himmels angefangen bis zum letzten Untertan seines Volkes gilt das gleiche Prinzip: ‚Fange mit der Verbesserung der Welt bei dir selber an.'

Wer bin Ich – und wenn ja, wie viele?, fragt Richard David Precht in seiner philosophischen Reise zu sich selbst. ‚Woher weiß ich, wer ich bin?' ‚Was ist Wahrheit?' ‚Warum soll ich gut sein?' Kann durch solches Sinnieren und Resümieren ‚ein erster Schritt auf dem Weg zum Glück' getätigt werden, wie Elke Heidenreich dies anmerkte? Im Sinne dieses Buches stellen sich somit die Fragen: Wie kann ich zu einem selbst-sicheren und stabilen Ich werden? Welche Voraussetzungen sind dazu erforderlich? Muss ich dazu meine bisherige Persönlichkeit aufgeben? Gehe ich aktiv gestaltend auf meine Mitmenschen zu oder reagiere ich nur auf Ihr Verhalten? Welchen Bezug habe ich zu mir selbst? Letztlich stellt sich die Frage: Welche Bedeutung bzw. Funktion hat bei all diesen Fragen das Thema Resilienz?

Ein guter Nährboden ist die Voraussetzung für das Gedeihen jeglicher Pflanzen. Mangelt es bei der Aufzucht an Sorgfalt und Können, wird das weitere Wachstum immens beeinträchtigt. Ob Pflegeintervalle, Nahrungsgaben oder Lichtverhältnisse, alles hat weitreichende Auswirkungen. Auch bei der Aufzucht von Tieren sind diese Grundsätze zu beachten. Aber bei den Bedingungen des Aufwachsens von Kindern und Jugendlichen scheinen die Gütekriterien und Voraussetzungen für ein förderliches bzw. optimales Erwachsenwerden immer umfangreicher aus dem Blickfeld zu verschwinden oder es fehlt am nötigen Willen, diese Erfordernisse umzusetzen.

Welche Basis benötigen also unsere Kleinen, um sich zu handlungsfähigen und verantwortungsbereiten Erwachsenen entwickeln zu können? Ist es der Schoß der Familie oder die staatlich geförderte Krippe? Was brauchen Kinder, besonders in den ersten drei Lebensjahren? Welche Art des Umgangs mit Babys und Kleinkindern ist förderlich und was ist abzulehnen bzw. gefährdet ihre Entwicklung?

> Was brauchen Kinder, besonders in den ersten drei Lebensjahren? Welche Art des Umgangs mit Babys und Kleinkindern ist förderlich und was ist abzulehnen bzw. gefährdet ihre Entwicklung?

Welche Gütekriterien zur Erziehung werden als Basis betrachtet? Durch welche gezielten Initiativen bzw. förderlichen Rahmenbedingungen erhält dabei auch die Resilienz gute Wachstums-Chancen?

Unterschiedlichste Wissenschaftler haben als Mediziner, Entwicklungs-Psychologen, Pädagogen, Therapeuten, Neuro-Biologen, Verhaltens- und Bindungs-Forscher für aufnahmebereite Menschen wichtige Grundbedingungen verfügbar gemacht. Aber die Beobachtung von alltäglichen Erziehungssituationen in Familie, Kindergarten und Schule verdeutlicht immer umfangreicher zutage tretende Mangelsituationen. Erfahren Kinder und Jugendliche beispielsweise keine wertschätzende Beachtung und fühlen sich nicht angenommen, werden sie weder Mitmenschen noch Sachgüter wertschätzen bzw. ihnen respektvoll begegnen.

1 Auf Selbständigkeit hinwirken oder Inkompetenz fördern? **13**

Richten wir den Blick auf die Generation der Erwachsenen, dann können wir feststellen, dass bei Vielen wesentliche Voraussetzungen für ein eigenständiges Leben zu gering ausgeprägt sind. Ob im Erwerbsleben, in den Bereichen Partnerschaft, Familie und Kindererziehung oder im Umgang mit sich selbst, alle Lebensbereiche erfordern ein hohes Maß an Stabilität und ausgeprägter Selbst-Kompetenz. Die sind jedoch häufig nicht im notwendigen Maße vorhanden. Wenn jedoch schon Kindern eine angemessene Vorbereitung auf die Höhen und Tiefen des Lebens fehlt, werden sie als Erwachsene nur mangelhaft mit den unterschiedlichsten Herausforderungen umgehen können. So klagen seit Jahren Ausbildungsbetriebe und Hochschulen darüber, dass es beim Nachwuchs an Lerneifer, Zielstrebigkeit, Belastungsfähigkeit, Handlungsgeschick, Frustrationstoleranz und angemessenen Umgangsformen mangelt. Die jährlichen Statistiken über krankheitsbedingte Fehltage, die hohe Rate an Scheidungen und die vielen durch Anwälte und Gerichte zu klärenden banalen Streitfälle belegen, dass die physischen und psychischen Widerstandskräfte vieler Menschen recht gering ausgeprägt sind. Personen mit einem zu schwachen emotionalen Immunsystem reagieren zu stark auf – zum Teil ganz alltägliche – Erfordernisse oder Belastungen. Ein falsches Wort, eine ausbleibende Anerkennung, eine kompliziertere Aufgabenstellung, der Hinweis auf ein Versäumnis, ein situationsbedingter Mangel an Nahrung, Schlaf oder anderen Grundbedürfnissen, schon befinden sie sich im Ausnahmezustand. Hat sich jedoch eine starke – das heißt, widerstandsfähige – Persönlichkeit entwickelt, kann mit diesen Situationen angemessen umgegangen werden.

Resilienz und Selbstwirksamkeit als Lebenskonzept

Ob oder in welchem Umfang sich Menschen entschieden haben, in die Persönlichkeits-Entwicklung zu investieren, wird an der Weltsicht des Einzelnen deutlich. Ganz vereinfacht drückt sich dies in der alltäglich gelebten Antwort zu folgenden Fragen aus:

- Ist das Glas halb voll oder halb leer?
- Weiß ich, wie es klappen kann oder wie es nicht geht?
- Pack ich's an oder lass ich es?

So zeigt sich, ob Unfähigkeit und Laschheit oder Lebensmut das Verhalten prägt. Gerade moderne Gesellschaften brauchen starke Menschen, um sich den fast ständig wechselnden Herausforderungen stellen zu können. Aber die dafür notwendigen Voraussetzungen können nicht gekauft, per Schnellkurs gebucht, aus dem Internet upgedatet oder durch das Überspielen von Schwächen vorgetäuscht werden.

„Macht kaputt, was euch kaputt macht!" lautete der Titel eines Liedes aus dem Jahre 1969. Dieser Slogan aus der Autonomen-Szene in der Folge der 1968er-Umbrüche würde im Sinne eines positiven Handlungs-Ansatzes heißen: ‚Macht euch stark, damit ihr nicht kaputt geht.' Dabei kann das, was unter dem Begriff ‚Resilienz' zusammengefasst wird, ein wichtiger Faktor sein. Die breite Nutzbarkeit wird erkennbar, wenn wir uns dieses Konstrukt etwas näher anschauen. Resilienz steht in einer recht großen Nähe zu

1 Auf Selbständigkeit hinwirken oder Inkompetenz fördern? **15**

folgenden Begriffen bzw. den daraus abgeleiteten Konzepten:

- Salutogenese (Gesunderhaltung),
- Hardiness (Widerstandsfähigkeit),
- Coping (Bewältigungsstrategien),
- Selbstwirksamkeit (in einer Situation aus sich heraus geeignete Handlungs-Strategien entwickeln und nutzen können),
- Selbstregulation (Summe der bewussten und unbewussten Vorgänge, mit denen Menschen ihre Aufmerksamkeit, Emotionen und Handlungen steuern),
- Autopoiesis (Selbst-Schaffung und Selbst-Erhaltung).

Allen ist gemeinsam, dass sie von alternativen Handlungsweisen in Krisensituationen bzw. bei der alltäglichen Lebensbewältigung ausgehen[10]. Dieser Denkansatz verdeutlicht, dass ein starkes Ich weniger anfällig für von außen kommende Kritik oder Beeinträchtigungen ist, mit diesen gekonnter umgeht und sich selbst nicht als ‚Behandelter‘ sondern als ‚Handelnder‘ erlebt.

Immer haben wir die Wahl, etwas ‚so‘, ‚anders‘ oder ‚gar nicht‘ zu tun. Selbst bei vermeintlichem oder tatsächlichem Fehlen von Alternativen liegt bei den Handelnden die Entscheidung, einem Vorgang – vielleicht dennoch – zuzustimmen oder diesen offensiv abzulehnen. Das schafft Luft, reduziert Belastungen und lässt die Freiheit des Denkens zu.

In diesem Kontext konzentriert sich fast alles auf die Frage, welche Persönlichkeitsfaktoren dazu führen, sich trotz großer Belastungen und kritischer Lebensereignisse vor Überforderung und Krankheit schützen zu können bzw. einen dem Wohlbefinden und der Gesunderhaltung dienenden Lebens-Stil zu führen. Dabei erhält auch der individuelle Umgang mit Stress auslösenden Situationen oder Ereignissen eine gewichtige Bedeutung. Denn Stress ergibt sich keinesfalls automatisch aus schwierigen Ereignissen, sondern ist immer eine Folge ihrer Bewertung. Somit wird der Grad der Selbstwirksamkeit zum Dreh- und Angel-Punkt einer mehr oder weniger erfolgreichen bzw. desolaten Lebensbewältigung, zum Maßstab der persönlichen Zufriedenheit.

Vor diesem Hintergrund stellt sich dieses Buch der Aufgabe, die Rahmenbedingungen zur Entwicklung von Resilienz offenzulegen. Dabei erhalten die Selbstwirksamkeit fördernden Bedingungen des Aufwachsens von Kindern und Jugendlichen einen besonderen Stellenwert. Denn es ist sowohl vom Lernprozess her einfacher und volkswirtschaftlich sinnvoller, dem gesellschaftlichen Nachwuchs wichtige Stärkungsmittel ‚in die Kinderschuhe‘ zu geben, als diese mit einem immensen Kraft-, Zeit- und Geldaufwand – und mit begrenzter Erfolgsaussicht – im fortgeschrittenen Alter nachzuliefern.

Die von der Stiftung „my way" unter der Überschrift ‚Professionelle Elternschaft‘ entwickelte Formel 9 + 36 = 90 bringt diesen Zusammenhang auf den Punkt: ‚9 Monate Schwangerschaft und die ersten 36 Monate nach der Geburt machen 90 % von dem aus, was Kinder und Jugendliche im weiteren Leben – ob unter positivem oder negativem Vorzeichen – prägt.‘ Dazu wird im Folgen-

1 Auf Selbständigkeit hinwirken oder Inkompetenz fördern?

den als erstes ein Blick auf die Ergebnisse und Relevanz der Resilienz-Forschung gerichtet. So wird herausgearbeitete, welche Praxis-Relevanz diese differenzierten Anhaltspunkte haben. Der nächste Schwerpunkt richtet den Blick darauf, durch was die Entwicklung eines stabilen Ich gefördert bzw. behindert wird. Damit wird die Grundlage dafür geschaffen, diese Faktoren in den Erziehungsalltag in Elternhaus, Kindergarten und Schule zu übertragen oder sie als Erwachsener selbst zu nutzen.

> 9 Monate Schwangerschaft und die ersten 36 Monate nach der Geburt machen 90 % von dem aus, was Kinder und Jugendliche im weiteren Leben – ob unter positivem oder negativem Vorzeichen – prägt.

Ein nächster Schritt konzentriert sich auf die Frage, welche Konsequenzen diese Erkenntnisse für das alltägliche, persönliche Selbstmanagement haben, ob in Schule und Ausbildung, im Feld des beruflichen Handelns, in Partnerschaft und Familie oder in Krisen-Zeiten. In weiteren Abschnitten wird geklärt, wie eine individuelle Resilienz-Bestandsaufnahme erfolgen kann und was zu tun ist, wenn die Selbstwirksamkeitskräfte zu schwach ausgeprägt sind bzw. gezielt erweitert werden sollen. Abschließend werden Sie als Leserinnen und Leser eingeladen, an der Entwicklung einer Real-Utopie zur Verbesserung der gesellschaftspolitischen Voraussetzungen (GP-Faktor) für die Existenz von Resilienz mitzuwirken.

Somit wird reichlich Material zur Orientierung und gezielten Nutzung zur Verfügung gestellt. Neben vielfältigen

Anstößen zu förderlichen Rahmenbedingungen des Aufwachsens in Familie, Schule und Gesellschaft werden wichtige Aspekte zur Verbesserung der Voraussetzungen zum Leben in Partnerschaft und Ehe sowie Basis-Bedingungen für ein weniger krank machendes Berufsleben eingebracht. Wie ein roter Faden wird sich folgender Gedanke durch die Ausführungen ziehen: ‚Wer die Zukunfts-Chancen einer Gesellschaft verbessern möchte, muss durch resilienzschaffende Faktoren die Voraussetzungen des Aufwachsens von Kindern optimieren.‘

Wenn ein Haus feuchte Grundmauern hat, wird man Bauspezialisten fragen, wie die unerwünschte Nässe aufgehalten bzw. zurückgedrängt werden kann. Auch wenn es heute sehr aufwendige ‚Nachbesserungs-Möglichkeiten‘ gibt, würde kein verantwortlicher Architekt oder Bauherr deshalb seine Sorgfalt bei der Planung und Ausführung für ein neues Haus reduzieren und grob fahrlässig einen ‚sehfaulen und arbeitsscheuen Schlendrian‘ werkeln lassen. Nein, alle Beteiligten achten mit voller Aufmerksamkeit und Verantwortung auf eine fachgerechte und in die Zukunft tragende Qualität und setzen nicht auf späte, meist sehr teure und oft recht begrenzt wirkende Notlösungen. Wer von Anfang an auf Stabilität setzt, steht Erschütterungen gelassener gegenüber. Das gilt gleichermaßen für Gebäude in Erdbebengebieten wie auch für Menschen im Hinblick der auf sie zukommenden Standfestigkeits- bzw. Belastungs-Erfordernisse. Ein Zwischen-Fazit: ‚Stabilität und Widerstandskraft sichert nicht nur den Wert und die Zukunft des Einzelnen in unserer Gesellschaft, sondern

1 Auf Selbständigkeit hinwirken oder Inkompetenz fördern? **19**

global gedacht die der Menschheit insgesamt.' Das ist die ultimative Botschaft dieses Buches: ‚Der Resilienz-Faktor Ich – wie Selbstwirksamkeit und Lebensmut entsteht und immer neu wachsen kann!'

2

Resilienz – Fakten zwischen Forschungsergebnissen und allgemein Beobachtbarem

„Das wertvollste im Leben ist die Entfaltung der Persönlichkeit und ihrer schöpferischen Kräfte." (Albert Einstein)

Spätestens seit dem Bankencrash made in USA im Jahre 2008, der weltweit zu großen Verwerfungen und immensen finanziellen Verlusten führte, hat die Auseinandersetzung mit dem Begriff Resilienz stark zugenommen. Denn Ökonomen hatten aus dem Feld der psychologischen Forschung vernommen, dass es etwas gebe, was die Widerstandsfähigkeit von Systemen fördern bzw. ein Kollabieren vermeiden könne. Diese Erkenntnisse und die der Resilienz zugesprochenen Selbstheilungskräfte galt es also kennenzulernen, einmal im Hinblick auf die betroffenen Menschen, andererseits im Hinblick auf die aus den Fugen geratenen Organisations-Einheiten, um sie dann auf die Finanzwelt zu übertragen. So der Denkansatz ratloser, gestresster und aus der Bahn – bzw. dem Job – geratener Banker. Häufig konnte dabei der Eindruck entstehen, dass von den Ergebnissen der Resilienz-Forschung Wundersames erwartet

A. Wunsch, *Mit mehr Selbst zum stabilen ICH!*, DOI 10.1007/978-3-642-37702-0_2,
© Springer-Verlag Berlin Heidelberg 2013

wurde, denn im Grunde – so schien es – sollte das Jonglieren, Spekulieren und Gewinn-Maximieren so weitergehen. Nur sollten entsprechende Medizin-Dosierungen – zwischen Vitamin-Präparaten und Narkotika – das befürchtete Kollabieren ausschließen. Aber: Ob Menschen, soziale oder wirtschaftliche Systeme, wenn es um ein gutes Miteinander oder gar ums Überleben geht, sind schnelle oder einfache Lösungen meist nicht zielführend.

Der Begriff Resilienz (re-salire [lat.], zurück-springen) wurde in den 1950er-Jahren von Jack Block in die Psychologie eingeführt. Er verstand unter „Ego-Resilience" eine positive Eigenschaft von Persönlichkeiten[11] im Umgang mit unterschiedlichsten Herausforderungen bzw. belastenden Situationen. Viele kennen noch den Knackfrosch aus der Kinderzeit. Egal wie häufig wir ihn durch Verbiegen zum Knacken brachten, das Metall sprang immer wieder in seine Ausgangsposition zurück. Andere Autoren verbinden mit dem Begriff Resilienz auch Fähigkeiten wie ‚Elastizität' oder ‚Widerstandskraft'[12] bzw. eine ‚feste Verwurzelung'.

In den Anfängen der Forschung wurden mit Resilienz speziell jene Faktoren – besonders von Kindern – bezeichnet, welche die psychische Gesundheit unter Bedingungen erhielten, unter denen die meisten Menschen zerbrochen wären. In diesem Sinne benutzte auch die Psychologin Emmy Werner den Begriff. Sie legte 1971 ihre Forschungs-Ergebnisse über die Entwicklungswege von Kindern auf der Insel Kauai vor. Sie gelten als Pionier-Leistung zum Thema Resilienz und machten Emmy Werner international bekannt. Trotz ihrer großen Verdienste ist dies nicht die erste Forschungsarbeit, da sie bereits in ihrem Buch *The children of Kauai* auf andere Studien hinwies.[13]

2 Resilienz

Seit einigen Jahren hat sich wie bereits erwähnt die Resilienz-Forschung – jenseits der Psychologie – auf ganz unterschiedliche Gebiete ausgedehnt. So werden beispielsweise die idealen Wachstums-Bedingungen für Dauerwälder innerhalb von Ökosystemen, die ausgleichbaren Toleranzen bzw. Anpassungsfähigkeiten von technischen Abläufen erforscht oder Banken einem Stress-Test unterzogen. In der Katastrophen-Soziologie wird Resilienz als robuste Widerstandskraft von umreißbaren Personengruppen oder ganzen Gesellschaften gegen flächendeckende Verheerungen verstanden, vor allem unter dem Aspekt der sozialen Voraussetzungen eines wirksamen Selbstschutzes. So wird Resilienz in verschiedenen Fachgebieten auch unterschiedlich interpretiert. Das negative Gegenstück zur Resilienz wird Vulnerabilität genannt und bedeutet, dass jemand besonders leicht durch äußere Einflüsse seelisch zu verletzen ist und so zu psychischen Erkrankungen neigt.

Im Feld der Psychologie befasste sich die Resilienz-Forschung systematisch mit der Erkundung folgender schwer verstehbarer Phänomene: Wieso können Kinder, die einem sozialen Umfeld entstammten, das durch Risikofaktoren wie zum Beispiel Armut, Flüchtlingsdasein, Drogenkonsum oder Gewalt gekennzeichnet war, sich dennoch zu erfolgreich sozialisierten Erwachsenen entwickeln, eine qualifizierte Berufstätigkeit ausüben, nicht mit dem Gesetz in Konflikt kommen und psychisch unauffällig le-

> Was sind die unterscheidenden Faktoren, warum die einen an einer Lebenskrise zerbrechen, während andere solche gefestigt meistern?

ben? Wie ist erklärbar, dass Menschen in der ausweglosen Situation eines Konzentrationslagers oder als über Jahre unschuldig Inhaftierte nicht zerbrechen, sondern mit Mut am Leben festhalten und – nicht selten – auch noch ihr Umfeld stützten? Was sind die unterscheidenden Faktoren, warum die einen an einer Lebenskrise zerbrechen, während andere solche gefestigt meistern?

Es galt also zu untersuchen, welche Voraussetzungen bzw. Bedingungen dazu führten, dass bei – von außen betrachtet – gleicher Ausgangslage sich diese Kinder und Erwachsenen so unterschiedlich entwickelten. Daher wurde ursprünglich mit Resilienz nur die Stärke eines Menschen bezeichnet, Lebenskrisen wie schwere Krankheiten, lange Arbeitslosigkeit, Verlust von nahestehenden Menschen oder ähnliches ohne anhaltende Beeinträchtigung durchzustehen. Später wurden auch andere psycho-soziale Phänomene erforscht, besonders unter dem Aspekt ‚idealer' Voraussetzung zur Entstehung von Selbstwirksamkeit und Handlungsfähigkeit.

Benachteiligte und dennoch erfolgreiche Gruppierungen

Ansatzpunkt der Forschungsarbeiten von Emmy Werner[14] waren 698 Kinder, die im Jahr 1955 auf der zu Hawaii gehörenden Insel Kauai zur Welt kamen. Knapp ein Drittel davon (201 Kinder) hatten eine schlechte Prognose. Sie wuchsen in chaotischen Familienverhältnissen auf, die Eltern stritten sich oft, das Geld war chronisch knapp. Die

Studie zeigte, dass sich die Mehrzahl der Kinder mit ihren biologisch/medizinischen und sozialen Risikofaktoren wie erwartbar negativ entwickelten.

Das überraschende Ergebnis der Studie war nun, dass sich ca. ein Drittel der Kinder trotz zahlreicher Risikofaktoren dennoch positiv entwickelten. Sie gediehen prächtig, wie das Team um Emmy Werner von der University of California in Davis in einer Längsschnitt-Studie herausfand. Während zwei Drittel der familiär belasteten Kinder deutliche Lernprobleme und Verhaltensstörungen entwickelten, war ein Drittel von ihnen überraschend gut in der Schule und zeigte keinerlei Verhaltensauffälligkeiten. Auch als 40-Jährige standen die potenziellen Sorgenkinder gut da, hatten einen guten Schulabschluss, ein geregeltes Einkommen und stabile soziale Beziehungen.

Ein weiterer Pionier der Resilienz-Forschung ist Glen Elder, Professor für Soziologie und Psychologie an der University of North Carolina at Chapel Hill. Er setzte sich 1974 mit seinem Werk *Children of the Great Depression*[15] mit den positiven und negativen Auswirkungen der Armut auf den Lebensverlauf auseinander. Er untersuchte zur Zeit der Großen Depression in den USA Kinder aus der Arbeiterklasse und der Mittelschicht. Dabei stellte sich heraus, dass Mittelschicht-Kinder eher durch die Armut zu gefestigten Persönlichkeiten wurden. Sie waren sogar etwas erfolgreicher als Kinder aus der Mittelschicht, die nicht in die Armut gerieten. Dagegen litten Kinder aus der Arbeiterklasse deutlich stärker unter den Beeinträchtigungen durch die Armut. Doch auch hier stellte sich heraus, dass die Mehrheit von ihnen zu normalen Erwachsenen heranwuchsen, was angesichts der bitteren Armut zu dieser Zeit eine starke Leistung war.

In den 1980er-Jahren beschäftigte sich Glen Elder mit den Kindern amerikanischer Farmer, als es zu einer Krise der amerikanischen Landwirtschaft kam. Auch wenn manche Farmerfamilien nun unter der Armutsgrenze leben mussten, meisterten die Kinder die damit verbundenen Härten. Sie waren sowohl auf akademischen Gebieten erfolgreich als auch sozial gut integriert. Folgende Gründe wurden herausgearbeitet:

- Starke intergenerationale Bindungen
- Sozialisation in produktive Rollen
- Starkes Engagement der Eltern
- Engagement der Kirchen, der Schulen und der ländlichen Gemeinschaft[16]

Durch seine Forschungen brachte Elder eine neue Perspektive in die Soziologie ein. ‚Er sah Kinder und Jugendliche nicht länger als passiv, sondern als kompetente Akteure', welche in der Lage sind, aktiv mit den sie umgebenden Umständen umzugehen und sie zu nutzen, um so ihr Leben erfolgreicher zu gestalten. ‚Doch gleichzeitig sind alle Kinder „Kinder ihrer Zeit und Schicht" und können natürlich nur im Rahmen der historischen Möglichkeiten, die sich ihnen bieten, handeln.'[17]

Andere Forscher beschäftigten sich mit Flüchtlingsfamilien in den USA, die in Armut lebten und deren Eltern eine geringe Bildung hatten. Nathan Caplan und Kollegen richteten ihr Hauptinteresse auf die Kinder der Boat People. So wurden in den 1970er- und Anfang der 1980er-Jahre vietnamesische Flüchtlinge bezeichnet, die nach dem Vietnamkrieg aus Angst vor dem neuen kommunistischen Regime mit Booten über das südchinesische Meer flohen. Viele von ihnen suchten eine bessere Zukunft in den USA. Sie besaßen oft nur die Kleidung, in der sie ankamen und sprachen kein Englisch. Über die Hälfte der Eltern hatte nur für einige Jahre die Schule besucht. Meist lebten sie in den heruntergekommensten Wohngegenden der großen Städte. Ihr Scheitern schien vorgezeichnet.

Aus diesen Boat People zogen die Wissenschaftler eine Zufalls-Stichprobe von 200 Familien mit 536 Kindern im Schulalter. Ein zum Erstaunen führendes Ergebnis der Forschung war, dass die Kinder bei allen Leistungstests besser abschnitten als Kinder aus der weißen Mittelschicht, besonders im mathematischen Bereich. Lediglich im sprachlichen Bereich schnitten die Kinder etwas schlechter ab. Emotional am stabilsten und schulisch am erfolgreichsten waren jedoch die Kinder aus den Familien, in denen sowohl die Eltern (obwohl diese selbst keine gute Bildung hatten) als auch ältere Geschwister viel Wert auf Bildung legten und Bildung außerdem nicht als Mittel zum Zweck betrachteten, sondern als Selbstzweck.[18]

Eines der auffälligsten Ergebnisse der Studie war, dass Kinder mit vielen Geschwistern sich als leistungsstärker erwiesen als Kinder mit wenigen Geschwistern oder gar Einzelkinder. Der Grund wird in der stärkeren Prägungskraft der Familie in der vietnamesischen Kultur gesehen, welche wesentlich weniger individualistisch als die deutsche oder auch die amerikanische Kultur orientiert ist. Die vietnamesische Kultur ist eher kollektivistisch geprägt, das heißt, dass die Wünsche des Individuums eine geringere Bedeutung als die Bedürfnisse der Familie als Gruppe haben. So wird von älteren Geschwistern erwartet, dass sie ihren jüngeren Geschwistern bei den Hausaufgaben helfen. Die Jüngeren lernten von ihren Geschwistern nicht nur Fakten, sondern auch Lern-Strategien und Werthaltungen.

> Eine Studie ergab, dass Kinder mit vielen Geschwistern sich als leistungsstärker erwiesen als Kinder mit wenigen Geschwistern oder gar Einzelkinder.

Auch noch nicht schulpflichtige Kinder lernten anscheinend spielerisch, indem sie ihre älteren Geschwister beobachteten.

Einen ganz besonders positiven Einfluss hatte es, wenn die Eltern den Kindern vorlasen. In 45 % der Flüchtlingsfamilien war dies der Fall. Dabei spielte es keine Rolle, ob sie englische Bücher oder Bücher in ihrer Heimatsprache vorlasen. Es kommt laut Caplan und Choy eher darauf an, dass das Vorlesen die emotionale Bindung zwischen Eltern und Kindern stärkt.[19] So trugen die Eltern und ältere Geschwister viel zur Resilienz-Entwicklung von Kindern bei. Nicht materielle Ziele, sondern die Liebe zum Lernen schien für die Schullaufbahn das Wichtigste zu sein. Es konnte nachgewiesen werden, dass die Kinder der Boat People pro Tag drei Stunden und zehn Minuten mit Lernen und Hausaufgaben verbrachten. Bei den amerikanischen Schülern dagegen waren es nur eine Stunde und 30 Minuten pro Tag. Auch zeigte sich, dass für die Kinder der Boat People Bildung ein wichtigerer Wert war als für die Kinder der weißen Amerikaner. So war die Hoffnung der Eltern – und sicher auch der Kinder –, es einmal besser zu haben, die Motivation, sich für eine gute Bildung anzustrengen.

Aber nicht nur ein Drittel der Kauai-Kinder bzw. der Nachwuchs verarmter amerikanischer Farmer- oder vietnamesischer Flüchtlings-Familien zeigte eine erhöhte Fähigkeit, sich trotz sehr ungünstiger Lebensbedingungen gut zu entwickeln. Ähnliche Erfahrungen wurden auch mit anderen Bevölkerungsgruppen gemacht. So offenbarten erste Forschungsvorhaben bei US-Amerikanern mit japanischen Wurzeln eine starke Leistungsmotivation in Verbindung mit einem großen elterlichen Engagement[20].

Eine weitere Volksgruppe, die untersucht wurde, sind die Nachkommen armer osteuropäischer und in die USA eingewanderter Juden. Trotz der großen Benachteiligung dieser Bevölkerungsgruppe erwiesen sich ihre Kinder als gut integriert und weniger kriminell als die amerikanische Bevölkerung ohne diesen Migrationshintergrund. Sie besuchten zudem überdurchschnittlich häufig eine Universität. Unter den Enkeln der Einwanderer besuchten sogar 90 % eine Universität. Dieser Erfolg wurde auf kulturelle Faktoren und auf ein starkes elterliches Engagement zurückgeführt.[21]

Ein weiterer Befund greift die Resilienz von Kindern armer afroamerikanischer Familien auf. Auch wenn diese im US-amerikanischen Schulsystem überwiegend nicht erfolgreich sind, wurden außergewöhnlich positive Resultate festgestellt, wenn die Eltern die Schule bzw. die Lehrer stark unterstützten und sie das Lerngeschehen ihrer Kinder strukturierten.[22]

Andere Forscher untersuchten die Entwicklung von Kindern aus Drittweltländern, die von amerikanischen Familien aus der oberen Mittelschicht adoptiert wurden. Sie wa-

Überbehütung / keine Wertevermittlung

30   Mit mehr Selbst zum stabilen ICH!

ren meist unterernährt und hatten traumatische Kindheits-Erfahrungen. Entgegen der Annahme, dass diese Kinder unter schweren Beeinträchtigungen leiden würden, erwiesen sie sich als überdurchschnittlich intelligent und sozial kompetent. Auch hier kamen die Forscher zu dem Ergebnis, dass diese Kinder sich als erstaunlich resilient erwiesen, wenn sie in stabile Familienverhältnisse adoptiert wurden.[23]

Unabhängig von bestimmten Personen- bzw. ethnischen Bevölkerungs-Gruppen wurde in einer Studie der University of California (USA) die These aufgestellt, dass Kinder ärmerer Eltern der Mittelschicht mehr Empathie an den Tag legten als diejenigen aus reicheren Familien. Begründet wurde dies damit, dass die entsprechenden Personen im Alltag wesentlich stärker auf Kooperation mit Anderen angewiesen seien, dadurch ausgeprägtere Fähigkeiten zum Mitgefühl entwickelt hätten und demzufolge besser kooperieren könnten.[24] Dagegen wurde mangelnde Resilienz bei vielen Kindern aus gut gestellten Mittelschichtfamilien festgestellt, trotz ihrer – durch materiellen Wohlstand und liebevollen Eltern – privilegierten Lebensumstände. Häufig litten diese Kinder an vielfältigen Ängsten, Unsicherheiten und Antriebshemmungen und erschienen profund unglücklich. Die Forscher halten Überbehütung bzw. Verwöhnung, gepaart mit unzureichender Wertevermittlung für das größte Hindernis bei der Vermittlung von Resilienz.[25]

Springen wir von den Vereinigten Staaten von Amerika nach Europa zu einem der renommiertesten Resilienz-Forscher in Frankreich, dem Neurologen, Psychiater und Ethologen Boris Cyrulnik[26]. Bekannt und anerkannt wurde er durch seine interdisziplinären Arbeiten zu einem psychologischen Konzept der Resilienz. Er verdeutlichte, dass Resilienz nicht ein Katalog von Eigenschaften, sondern das Resultat eines sich interaktiv entwickelnden Prozesses ist. In seiner Eröffnungsansprache zum ‚Weltkongress der Resilienz', der im Juni 2012 in Paris stattfand, stellte er heraus, dass sich von der ersten Begegnung in Toulon im Jahr 1993 bis heute viel getan hat.

‚So dachten die amerikanischen Forscher damals, es sei genug, intelligent zu sein, um dem Elend entfliehen zu können. Zwischenzeitlich wurden die Fragestellungen differenzierter, nationale Forschungs-Schwerpunkte bildeten sich heraus: In Brasilien beispielsweise beschäftigten sich Forscher mit der neuronalen Widerstandsfähigkeit und zeigten, wie eine einfache Änderung der sensorischen Umgebung eines Kindes die Hirnfunktion verändert. Diese Erkenntnis der Neurowissenschaften erklärt nicht nur den Erwerb einer neuro-emotionalen Verwundbarkeit im Falle eines vorzeitigen Ausfalls des Mediums, sondern auch die unglaubliche Widerstandsfähigkeit, sich aufgrund neuronaler Umweltfaktoren zu reorganisieren bzw. um neuronale Entwicklung zu stimulieren'.

Auch auf John Bowlby[27], den Pionier der Entwicklung der Bindungstheorie, nahm Boris Cyrulnik in seiner Rede Bezug und unterstrich, dass die emotionale Belastbarkeit in hohem Maße mit dem Vorhandensein positiver Bindungs-Erfahrungen korreliert. Cyrulnik führte auf dem Kongress weiter aus, dass die Spanier und Belgier sich stärker am Aspekt „Psycho-Bildung und Stabilität" ausrichteten, die Amerikaner und Franzosen sich auf „Familien-Systeme und Stabilität" konzentrierten und die Deutschen sich verstärkt für „Resilienz in der Kunst, in der Literatur und in Lebensgeschichten" interessierten. Cyrulnik verwies darauf, dass der aus der Psychologie stammende Begriff „Resilienz" später auch in der Metallurgie und in der Landwirtschaft eingeführt wurde.[28] Resümierend verdeutlichte er: ‚Ein zeitübergreifender Schwerpunkt innerhalb der Psychologie und Psychiatrie wird sein, sich weiterhin um traumatisierte Kinder zu kümmern und die Kräfte zu bündeln, Konzepte und Methoden zur Entwicklung von Widerstandsfähigkeit zu entwickeln.'[29]

> Ein Schwerpunkt innerhalb der Psychologie und Psychiatrie wird sein, sich weiterhin um traumatisierte Kinder zu kümmern und die Kräfte zu bündeln, Konzepte und Methoden zur Entwicklung von Widerstandsfähigkeit zu entwickeln.

Für die Resilienz-Forschung in Deutschland wurden die Untersuchungen der Lebensläufe der Kinder spanischer Arbeitsmigranten bzw. Gastarbeiter bedeutsam. Neben politischen Gründen[30] kamen viele Spanier in unser Land, um hier eine bessere wirtschaftliche Zukunft zu finden. Meist waren die Einwanderer relativ ungebildet und stammten aus den am meisten benachteiligten Gegenden des Landes. Fast alle Familien waren arm, oft ungelernt und konnten kein Deutsch. Daher hatten die Kinder spanischer Migranten mit den typischen Gastarbeiterproblemen zu kämpfen. Heute jedoch sind sie in der Mitte der Gesellschaft angekommen und besetzen ähnliche Berufspositionen wie Deutsche.

Erklärt werden kann dieser erstaunliche Aufschwung mit der starken Selbstorganisation der spanischen Einwanderer und einer gezielten Bejahung der vollen Integration in das deutsche Schulsystem.[31] Dies führte zu guten Schulabschlüssen, frühen Erfolgen bei der Vermittlung von Lehrstellen und entsprechenden Berufserfolgen.[32] Kaum ein spanischer Schüler verließ die Schule ohne Abschluss.[33] Beachtenswert ist, dass die beruflichen und schulischen Erfolge der Spanier nicht mit einem Verlust ihrer kulturellen Identität einherging. Weil sie sich nach wie vor ethnisch als Spanier sahen, schickten sie mehr Geld in ihre Heimat als Migranten anderer Herkunftsgruppen.[34] Sie unterschieden sich aber von vielen anderen Gruppierungen mit Migrationshintergrund durch einen starken Zusammenhalt.

Besonders beeindruckende Lebensläufe

Mein Sternzeichen ist Löwe, sagte Luisa. „Ich bin Kämpfer." Als sie mit 13 Jahren an Blutkrebs erkrankte, brauchte sie alle Kraft, um am Leben zu bleiben. Sie hat es, dank der finanziellen Hilfe von „Ein Herz für Kinder" und durch die Unterstützung ihrer Großeltern, geschafft, den Kampf zu gewinnen. Heute ist Luisa eine starke Frau, der Krebs nur noch eine böse Erinnerung.[35] Wurden in den vorausgegangenen Abschnitten verschiedene Personengruppen dahingehend untersucht, in welchem Umfang sie trotz widriger Lebensumstände zu recht erfolgreichen und zufriedenen Menschen heranwuchsen, so wird nun ein Einblick in die Lebensläufe einiger – eher bekannter oder auch unbekannten – Kämpfer-Naturen gegeben. Allen ist gemeinsam, dass sie in ihrer Jugend – und zum Teil auch darüber hinaus – mit beträchtlichen Problemen zu kämpfen hatten, die sie aber nicht abstürzen oder gar zerbrechen ließen, sondern stark machten.

Charles Dickens, geboren am 7. Februar 1812 bei Portsmouth in England, schrieb mit seinen Weihnachtsgeschichten, vor allem aber mit Werken wie *Oliver Twist* und *David Copperfield* immer wieder neu gegen sein Kindheitstrauma an. Als er zwölf Jahre alt war, nahmen ihn seine Eltern wegen großer Armut trotz deutlichem Talent aus der Schule und steckten ihn in eine Schuhwichsfabrik, ‚ein Drecksloch am Themse-Ufer, überall huschten Ratten herum'. Diesen Schmerz der Erniedrigung und die empfundene Scham prägten sein ganzes Leben. So lässt er Oliver Twist im Arbeitshaus den Satz „I want some more" formulieren, der zum Motto und Motor seines Strebens wurde.[36]

Marshall B. Rosenberg, geboren am 6. Oktober 1934 in Canton (Ohio), wurde in seiner Kindheit in Detroit anlässlich eines Rassenkrieges mit mehr als 40 Toten auf sehr existenzielle Weise mit dem Thema Gewalt konfrontiert. ‚Unser Wohn-Viertel lag im Zentrum der Ausschreitung, und wir sperrten uns drei Tage lang zu Hause ein.' Seit jenem Sommer 1943 widmete er sich der Erforschung der Frage: „Was gibt uns die Kraft, die Verbindung zu unserer einfühlsamen Natur selbst unter schwierigsten Bedingungen aufrechtzuerhalten?" So wurde er zum Entwickler des Konzepts der Gewaltfreien Kommunikation und erhielt weltweite Anerkennung[37].

Der indische Rechtsanwalt, Publizist, Morallehrer, Asket und Pazifist **Mahatma Gandhi,** geboren am 2. Oktober 1869 in Porbandar (Gujarat)[38] nutzte die Beschäftigung mit den Fehlern seiner Jugend als Quelle der Selbsterkenntnis. Diese Auseinandersetzungen bildeten die Grundlage zur Entwicklung von Selbstdisziplin und Selbstbestimmung. Das beharrliche Festhalten an der Wahrheit und das Prinzip der Gewaltlosigkeit wurden zur Basis seines ethisch motivierten politischen Handelns.[39]

Alfred Adler, geboren am 7. Februar 1870 bei Wien, war das zweite von sieben Kindern. Adler hatte eine Organminderwertigkeit, er litt an Rachitis[40] und einem Stimmritzenkrampf[41] beim Weinen. Mit vier Jahren hatte er eine Lungenentzündung, die ihn fast das Leben kostete. Dieses Erlebnis, der Tod seines jüngeren Bruders und die weiteren Erfahrungen mit seinen eigenen gesundheitlichen Beeinträchtigungen sollen seine spätere Berufswahl bestimmt haben. Adler studierte an der Universität Wien Medizin und promovierte 1895. Er arbeitete zunächst als Augenarzt und eröffnete kurz darauf eine Praxis für Allgemeinmedizin in einer Gegend, in der seine Patienten teilweise in ärmlichen Verhältnissen lebten, was ihn in seinen Ansichten über die Notwendigkeit der sozialmedizinischen Betreuung der Wiener Bevölkerung bestärkte.

Soweit einige wichtige Lebensdaten. Setzt man diese – besonders jene aus der Kindheit – in Bezug zu seinen späteren Forschungen bzw. zu seinem Wirken insgesamt, so springt seine fachliche Auseinandersetzung mit dem Thema ‚Organminderwertigkeit‘ besonders ins Auge. Schließlich litt er als Kind stark unter seinen gesundheitlichen Beeinträchtigungen und steuerte aktiv dagegen bzw. suchte einen Ausgleich, um so sein Leiden zu überwinden. Auch seine Arbeiten zu den Themen ‚Kompensation‘ bzw. ‚Überkompensation‘ und seine Ausführungen zum ‚Gemeinschaftsgefühl‘ als Schlüssel zu einem sinnvollen Leben erhalten so eine ganz eigene Bewertung. Er sah den Menschen als freies Wesen, welches die kulturellen Aufgaben lösen muss, die ihm das Leben stellt.[42]

Remy ist mittlerweile 19 Jahre. Sie war elf, als ihre Mutter starb. ‚Ich habe erst gedacht, sie würde schlafen. Da war sie schon tot.' Vorher hatte sie die Mutter versorgt, gefüttert und gepflegt. Ihren Vater hat sie nie kennengelernt. Die Nachbarn sagen, er habe viele Frauen gehabt, sei ein Säufer und Taugenichts gewesen. Die Schule habe sie nie geschwänzt, doch nach dem Tod der Mutter war die Lernzeit zu Ende, denn sie konnte das Schulgeld nicht zahlen. ‚Die Lehrer sagten, ich sei sehr begabt. Es tue ihnen auch leid, aber sie könnten nichts mehr für mich tun.' Der Friseur war nett zu ihr. Er schnitt ihr schon als Kind die Haare kostenlos. Er fragte: „Kann ich dir bei den Schulgebühren helfen?" Eigentlich hatte Remy diesen Mann immer wie einen Vater respektiert, aber er wollte Sex als Gegenleistung. Ihren Alltag prägten Hunger, Angst vor Aids, Gewalt und Raub. Das Leben in Ksanga, einer Slum-Vorstadt von Kampala in Uganda ist hart.

Remy erzählt: ‚Ich habe gehungert, um Nahrung gebettelt, kleine Dienstleistungen im Ort erbracht, mich vor gewalttätigen Männern geschützt, aber nie meinen Körper verkauft. Meine ganze Kindheit habe ich eine Familie gesucht. Nun habe ich eine. Ich hörte von dieser Hip-Hop-Crew. Sie treffen sich am Rande des Gettos. Die Jungs tanzen Breakdance. Ich habe ihnen stundenlang zugeschaut, stumm. Sie sind warmherzig und schlau und entwickelten die Vision, hier im Getto etwas zu verändern. Jetzt wusste ich, dass es etwas gibt, wofür es sich zu leben lohnt. Ich hatte den Traum, für die Kinder aus dem Getto da zu sein, so wie die Jungs für mich da waren. Breakdance hat mir echt das Leben gerettet. Nun leben wir zusammen, wie in einer Familie. Sponsoren unterstützen uns. Die Kinder hier im Getto sind brillant im Breakdance. Das können viele reiche Kinder aus Kampala nicht. Wir geben Workshops, sodass sie von uns lernen können. Manchmal sagen die Eltern der reichen Kinder, wir aus dem Getto sollen zu ihnen kommen. Diese Kontakte bieten für unsere Kids etliche Vorteile und die reichen Kids werden offener, bekommen mit, wie wir leben müssen. Mein Motto: ‚Das Leben ist mehr, als nur ein Opfer zu sein.'"[43]

Milton H. Erickson, geboren am 5. Dezember 1901 in Aurum (Nevada), gestorben am 25. März 1980 in Phoenix (Arizona), war ein amerikanischer Psychiater und Psychotherapeut, der die moderne Hypnose und Hypnotherapie maßgeblich prägte und ihren Einsatz förderte. Er wurde als zweites von neun Kindern der Eheleute Albert und Clara Erickson geboren. In seiner Kindheit litt er an Farben-

> Erickson konnte die Legasthenie offenbar überwinden, indem er übte, schwierige Buchstaben sich bildlich vorzustellen.

Blindheit, Taubheit und Legasthenie. Sein Spitzname war damals „Dictionary", was in seinem häufigen Umgang mit dem Wörterbuch begründet war. Er galt lange Zeit als „zurückgeblieben". Die Legasthenie konnte er offenbar überwinden, indem er übte, schwierige Buchstaben sich bildlich vorzustellen. 1919, kurz nach Abschluss der Highschool, erkrankte Erickson an Kinderlähmung und fiel ins Koma.

38   Mit mehr Selbst zum stabilen ICH!

Zunächst hatte es den Anschein, dass er die Krankheit nicht überleben würde. Nach drei Tagen jedoch kam er wieder zu Bewusstsein, war allerdings vollkommen gelähmt. Bewegungsunfähig saß er später in einem Schaukelstuhl. Der intensive Wunsch aus einem Fenster zu schauen, soll dazu geführt haben, dass sich der Schaukelstuhl leicht bewegte.

Dieses ideomotorische Erlebnis motivierte ihn, weiter zu üben. Durch Imaginationen arbeitete er daran, dass seine gelähmten Muskeln wieder funktionstüchtiger wurden. Nach knapp einem Jahr konnte er an Krücken gehen und besuchte die Universität von Wisconsin. Entgegen dem ärztlichen Rat, sich auszuruhen, begab er sich auf einen 1200 Meilen langen Kanu-Trip auf dem Mississippi. Dabei erreichte er wieder eine beachtliche körperliche Stärke. Zwei Jahre später konnte er ohne Krücken gehen, er hinkte lediglich mit dem rechten Bein. Er hatte die Kraft der Vorstellung in einer Art Selbstrehabilitation am eigenen Leib erprobt.

Im zweiten Jahr auf der Universität beschäftigte sich Erickson mit Hypnose. Er war fasziniert von den Möglichkeiten, übte unentwegt und entwickelte unterschiedliche Techniken. Im Gegensatz zu der damals vorherrschenden Lehrmeinung erarbeitete Erickson individualisierbare Methoden. 1928 schloss er sein Studium mit einem Master of Arts (M.A.) in Psychologie und einem Doktor der Medizin (M.D.) ab. 1939 erhielt er die Approbation als Facharzt für Psychiatrie. Von 1934 bis 1948 hatte er eine ordentliche Professur für Psychiatrie an der medizinischen Fakultät der Wayne State University in Detroit, Michigan.

1947 zog er sich eine Verletzung durch einen Fahrradsturz zu. Wegen der Gefahr einer Tetanusinfektion ließ sich

2 Resilienz 39

Erickson trotz allergischer Reaktionen auf den Impfstoff damit behandeln. Die Folge war ein anaphylaktischer Schock, den er nur knapp überlebte und der anschließend eine schwere Allergie gegen Pollen auslöste. Die Bewusstlosigkeit während seiner Erkrankung nannte er später den Beginn seines Interesses an Trance-Zuständen. Wegen seiner reduzierten Gesundheit betrieb er seine Praxis fortan von zu Hause aus. 1953 erkrankte er am Post-Polio-Syndrom. Soweit es ihm möglich war, setzte er jedoch seine bis dahin umfangreichen schriftstellerischen Tätigkeiten und Vortragsreisen fort.

1957 gründete Erickson die ‚Amerikanische Gesellschaft für Klinische Hypnose', deren Vorsitz er übernahm. 1958 gründete er das ‚American Journal of Clinical Hypnosis', das er bis 1968 herausgab. Wegen seiner sich zunehmend verschlechternden Gesundheit beendete er 1969 seine Vorträge und Reisen. 1974 gab er auch seine private Praxis auf. Ab 1976 erkrankte er ein drittes Mal an Kinderlähmung mit Muskelschwund und multiplen Schmerzzuständen. Danach war er auf einen Rollstuhl angewiesen und im Gesicht halbseitig gelähmt.[44]

Betrachtet man seine bahnbrechenden Verdienste um den ‚Ressourcenorientierten Therapieansatz' und seinen kreativen und punktgenauen Einsatz von ‚Paradoxen Interventionen' vor dem Hintergrund seines eigenen Über-Lebens-Kampfes, dann wird schnell die ungeheure Kraft deutlich, die sich aus dem Kampf mit seinen Krankheiten und den daraus resultierenden Beeinträchtigungen ergab. Er selbst kam zu dem Schluss, dass die Kinderlähmung sein bester Lehrer gewesen sei und ihn das Verhalten des Menschen und insbesondere die Bedeutung der nonverbalen Kommunikation gelehrt habe. Trotz seiner vielen körperlichen Leiden und der damit verbundenen immensen Ausgleichs-Anstrengungen war Erickson ein besonders glücklicher und lebensfroher Mensch, so die Einschätzung aus seinem direkten Lebensumfeld.

Abschließend soll ein Lebenslauf ins Blickfeld gerückt werden, bei dem härteste Schicksalsschläge in der Kindheit zur Basis dafür wurde, sich zu einem international anerkannten Resilienz-Forscher zu entwickeln. Es geht um den Franzosen **Boris Cyrulnik,** von dem schon einige Forschungsbeiträge vorgestellt wurden. Er wurde am 26.7.1937 in Bordeaux in einer aus Russland eingewanderten jüdischen Familie geboren. Im Jahr 1943 wurde er bei einer Razzia mit seinen Eltern und anderen Juden, darunter viele Kinder, in Bordeaux festgenommen. Seine Eltern wurden deportiert und im Konzentrationslager ermordet. Er hingegen schaffte es, sich auf einer Toilette zu verstecken und konnte so seinen Abtransport vereiteln. So entging er als Sechsjähriger nur knapp dem Tod. Er verstecke sich unter dem falschen Namen Jean Laborde auf einem Bauernhof bis zum Ende des Krieges. Über die traumatischen Erlebnisse seiner Kindheit schwieg er. Später führten ihn diese jedoch zum Psychologie-Studium und er wurde ein angesehener Psychiater und Verhaltensforscher. Erst mit dem Papon-Prozess – der sich auch mit dem Mord an seinen Eltern und seiner Festnahme befasste – wurden seine Kindheitserlebnisse publik. Er beschloss, sein Schweigen zu brechen.

In seinem Buch *Die Kraft, die im Unglück liegt* stellte er sein persönliches Schicksal ins Zentrum seiner langjährigen Forschungsarbeit. Seine Hauptthese: Opfer von schwerer seelischen und körperlichen Verletzungen, insbesondere in der Kindheit, sind nicht dazu verdammt, lebenslang Opfer zu bleiben. Das wäre ein später Sieg der Peiniger. Vehement wendete sich Cyrulnik gegen den Determinismus, der Trauma-Opfern ewiges Leiden aufdrängt. Für Boris Cyrulnik sind solche verletzenden Geschehnisse eine Herausforderung, alle Überlebensenergien zu mobilisieren. ‚Wie die Auster, die sich dem eindringenden Sandkorn widersetzt und eine wunderschöne Perle wachsen lässt, setzt beim Menschen die Erfahrung von Schmerz und Verlassenheit ein ungeheures Potenzial frei.' Intellektuelle Kraft, Fantasie und Empfindsamkeit für die Möglichkeiten eines geglückten Lebens lassen eine neue Persönlichkeit wachsen. Cyrulnik löste mit seinen Überlegungen eine Welle von Zustimmung aus. Dieses Buch eroberte die französischen Bestsellerlisten.

> Wie die Auster, die sich dem eindringenden Sandkorn widersetzt und eine wunderschöne Perle wachsen lässt, setzt beim Menschen die Erfahrung von Schmerz und Verlassenheit ein ungeheures Potenzial frei.

Auch die Buchtitel *Scham*, *Warum die Liebe Wunden heilt* oder *Mit Leib und Seele* belegen, was Cyrulnik im Kern bewegt. Er fragt: „Wie wollen Sie mit Ihren Verletzungen umgehen? Stöhnen, leiden, selbst verletzen … oder etwa, indem Sie das eigene Leid in ein Kunstwerk verwandeln, in Engagement für eine sinnvolle Sache, in eine kämpferische Geisteshaltung? In der Antwort liegt die wahre Herausforderung des persönlichen Glücks." Zurückblickend äußert

er sich: „Wenn ich als Kind in einer intakten Familie aufgewachsen wäre und ein ausgeglichenes Wesen gehabt hätte,
mein Leben hätte sich sicher anders entwickelt. Vermutlich
wäre ich Bademeister geworden, oder Tango-Tänzer – Jobs,
mit denen ich mein Medizin-Studium finanzierte. Nun war
ich aber ein Außenseiter, gezwungen, meine Kreativität unter Beweis zu stellen. So habe ich mich für die Psychiatrie
entschieden."[45]

Die Liste bekannter oder auch unbekannter Personen
mit harten oder schier unmöglich aushaltbaren Kindheits-
Erfahrungen und deren positive Wirkung auf das Leben ließe sich beträchtlich erweitern. Ergänzend soll noch auf ein
besonders beeindruckendes Geschehnis jenseits der Kindheit und seine unmittelbare Wirkung hingewiesen werden.
Es geht um den Umgang eines KZ-Häftlings mit seiner Ver-
lobten und seiner Familie im Angesicht des bald zu erwartenden Todes.

Dietrich Bonhoeffer wurde am 4. Februar 1906 in
Breslau geboren. Mit 21 Jahren erwarb er den Doktor-
grad in evangelischer Theologie, im Alter von 24 Jahren
habilitierte er sich mit der Schrift „Akt und Sein" in sys-
tematischer Theologie. Er war ein engagierter lutherischer
Theologe, profilierter Vertreter der Bekennenden Kirche
und ein überzeugter Mitwirkender im Widerstand gegen
den Nationalsozialismus. 1940 erhielt er Redeverbot und
1941 Schreibverbot. Am 5. April 1943 wurde er verhaftet.
Er verzichtete am 5. Oktober auf eine bereits vorbereitete
Flucht, aus Sorge um seine Familie wegen Sippenhaftung.
Am 8. Oktober 1944 überstellte ihn die Gestapo in den
Keller ihrer damaligen Berliner Zentrale in der Prinz-

Albrecht-Straße 8. In einem Brief an seine Verlobte vom 19. Dezember 1944 legte Bonhoeffer einen tief beeindruckenden Text als „Weihnachtsgruß für Dich und die Eltern und Geschwister" bei, der mit folgenden Versen beginnt:

Von guten Mächten treu und still umgeben,
behütet und getröstet wunderbar,
so will ich diese Tage mit euch leben
und mit euch gehen in ein neues Jahr.

Bonhoeffer schrieb in einem Begleitbrief zu diesem vorweihnachtlichen Mutmach-Text an seine Verlobte: „So habe ich mich noch keinen Augenblick allein und verlassen gefühlt. Du und die Eltern, Ihr alle, die Freunde und Schüler im Feld, Ihr seid immer ganz gegenwärtig. (...) Wenn es im alten Kinderlied von den Engeln heißt: zweie, die mich decken, zweie, die mich wecken, so ist diese Bewahrung am Abend und am Morgen durch gute unsichtbare Mächte etwas, was wir Erwachsene heute nicht weniger brauchen als die Kinder."[46] Am 17. Januar 1945 schrieb Bonhoeffer den letzten Brief an seine Eltern; am 7. Februar wurde er in das KZ Buchenwald verlegt. In der Morgendämmerung des 9. April 1945 wurde Bonhoeffer mit anderen Inhaftierten nackt zur Hinrichtung geführt.

Der Lagerarzt beobachtete die Szene und berichtete1955 schriftlich darüber: „Bonhoeffer, den er damals nicht gekannt habe, habe ruhig und gesammelt gewirkt, sich von allen Mithäftlingen verabschiedet, an der Richtstätte ein kurzes Gebet gesprochen, sei gefasst zum Galgen gegangen und in wenigen Sekunden gestorben".[47] Zu dieser Zeit waren sein Bruder Klaus sowie die Schwager Hans von Dohnanyi und Rüdiger Schleicher ebenfalls inhaftiert, sein Bruder Walter war gefallen und seine Zwillingsschwester Sabine hatte sich mit ihrem jüdischen Mann Gerhard Leibholz ins Ausland abgesetzt. Die Frage, wo ein Inhaftierter im Angesicht seines Todes die Kraft hernimmt, solche Gedanken der Zuversicht und des Getragenseins äußern zu können, bleibt unbeantwortet. Bonhoeffer hat den lange vor seiner Inhaftierung formulierten Leitsatz „Nicht in der Flucht der Gedanken, allein in der Tat ist die Freiheit" durch seinen Tod ins Leben getragen.[48]

Bedeutung dieser Herausstellungen für ein Resilienz-Wachstum

Ob es um die Bedingungen des Aufwachsens von Kindern in benachteiligten Bevölkerungsgruppen, um schicksalhafte Einzel-Biografien oder im Falle Bonhoeffers um die unmittelbare Wirkung seiner KZ-Inhaftierung auf sein Umfeld ging, in allen Fällen wurde erkennbar, dass die ungünstigen Rahmenfaktoren oder erlittenen Schicksalsschläge nicht zum Aufgeben führten. Nein, sie wurden als Ressource zur eigenen Lebensgestaltung genutzt. Und in den Fällen der Einzel-Schicksale wurden gar Ideen oder Konzepte entwickelt, um anderen Menschen diese Erfahrung zu ersparen oder ihnen wenigstens Hilfen im Umgang mit ihnen anzubieten. Immer wurde deutlich, dass die Handelnden die Fähigkeit hatten, mit Bodenhaftung, Gelassenheit, Spannkraft und Perspektive auf schwierige oder lebensbedrohliche Situationen flexibel und konstruktiv reagieren zu können. Der daraus resultierende Selbst-Schutz wird in zwei Ausprägungen deutlich:

- Aktiver Schutz (umsichtigeres Agieren bei eigenen Vorhaben)
- Passiver Schutz (größere Gelassenheit gegenüber Angriffen)

Werden im ersten Fall mögliche Probleme gezielt vermieden, erhalten sie im zweiten Fall eine reduzierte Negativ-Wirkung. So lassen sich sinnvolle Vorhaben mit einem gezielten Kräfte-Einsatz realisieren.

‚Ich bezeichne mich als Stehaufmännchen, sehe nach vorne, konzentriere mich auf meine Familie und beurteile eine tragische Situation nicht gleich als Weltuntergang‘, so ein Topmodel nach einem Beziehungs-Crash.[49] Unabhängig von den persönlichen Implikationen ist dies ein wirklich anschauliches Bild für Resilienz im engeren Sinn, verdeutlicht es doch die Fähigkeit dieses Kinderspielzeugs, sich aus jeder beliebigen Lage wieder aufrichten zu können. Diese Art von Resilienz können wir uns auch als Teilmenge des Zustandsraums vorstellen, innerhalb dessen ein System nach einer Störung – im Rahmen einer Selbstregulation – immer wieder zum ‚Grundzustand‘ zurückkehrt. Oft habe ich beobachtet, wie Kinder diese Bauch-Figur auf den Kopf stellten, von allen Seiten erkundeten, um so herauszufinden, wie das denn möglich sein kann. Irgendwann scheint dann der Gesichtsausdruck zu signalisieren: ‚Wie auch immer, es ist halt so!' Gäbe es keinen Schwerpunkt oder läge er im Kopf, wäre der Vorgang nicht möglich. Diese rein technische Information ist aber auch so deutbar, dass eine gute Bodenhaftung nicht per Denkakrobatik entsteht und intellektuelles Gehabe nur Kopflastigkeit zum Ausdruck bringt.

Ein solcher Vorgang ist auch aus systemtheoretischer Sicht erklärbar.[50] ‚Danach werden einzelne Handlungen nicht isoliert, sondern im Rahmen eines strukturellen und funktionalen System-Zusammenhangs betrachtet.'[51] So gleichen Systeme mögliche Beeinträchtigungen aus, ob sie nun von innen oder außen kommen, oder werden unter Aufrechterhaltung ihrer Systemintegrität ertragen. Auf das ‚Stehaufmännchen' bezogen: Die lustige Spielfigur kehrt, trotz zufälligem oder auch absichtlichem Hantieren eines Kindes immer wieder zum ‚Grundzustand' zurück. Überträgt man diesen Denkansatz auf das Resilienz-Thema, dann erschüttern bzw. beeinträchtigen Einwirkungen von außen kaum die Substanz eines Organismus, wenn dieser über ausgeprägte Ausgleichs-Faktoren verfügt.[52] Fehlen diese Stabilisatoren, werden die von innen oder außen kommenden Einwirkungen kräftige Turbulenzen bzw. Zerstörungen auslösen.

Zur Entstehung von Resilienz müssen also in einem ausreichenden Maß förderliche Faktoren in Systemen vorhanden sein, entweder um negative Umfeldbedingungen eines Einzelnen ausgleichen zu können oder um positive zur Entfaltung zu bringen. Wachsen Kinder in einem – durch verlässliche Bindungen geprägten – guten Primär-System auf, dann wird dieser Geborgenheit schaffende Lebens-Raum wie ein Schutzmantel gegenüber möglichen aggressiven Umfeld-Einflüssen wirken. So entwickeln sich natürliche Abwehrkräfte gegenüber negativen Außen-Einwirkungen. Fehlen diese Immunität und Sicherheit schaffenden Voraussetzungen, kann ein Kind zur Entwicklung von Resilienz nur interaktiv auf positive Anregungen eines Außen-Systems reagieren, um diese Erfahrungen dann zur Entwicklung von Selbstwirksamkeit aufzugreifen.

> Wachsen Kinder in einem – durch verlässliche Bindungen geprägten – guten Primär-System auf, dann wird dieser Geborgenheit schaffende Lebens-Raum wie ein Schutzmantel gegenüber möglichen aggressiven Umfeld-Einflüssen wirken.

Zur Konkretisierung nun eine Übertragung auf die Situation der Kauai-Kinder: Diese griffen zu einem Drittel – als Alternative zu ihrem vernachlässigenden Familien-System –, wirkungsvoll die positiven Anregungs-Impulse im Umfeld-System auf. So relativierten sie die negativen Beeinflussungs-Faktoren im Primär-System bzw. wandelten diese gar in einen ‚Ich-will-hier-raus-Faktor‘. Dies ist aber keinesfalls eine Reaktion auf einen formal-abstrakten förderlichen Sozialraum, sondern immer das Ergebnis einer konkreten Interaktion zwischen einem Kind und einzelnen Personen.

Diese müssen, wenn sie eine positive Signalwirkung haben, emotional erfahrbar sein: Der Polizist, die Frau an der Supermarktkasse oder der Pfarrer, welche sich dem Kind emotional zuwenden. Ein älteres hilfsbereites und warmherziges Kind, ein als wirklicher Beistand erfahrbarer Lehrer, ein tröstender Jugendlicher, ein alter Mann mit einer freundlichen Geste, der Obstverkäufer, der schon mal einen Apfel verschenkt, oder ein jenseits der Alltagsfamilie existierender – noch lebender oder durch Erzählungen lebendig gebliebener verstorbener – Verwandter, der das Kind wenigstens zeitweise – real oder gedanklich – aus seiner Getto-Situation in eine bessere Sphäre führt. So kann die Ahnung entstehen und wachsen, dass es neben der desolaten Familien-Situation noch andere Lebens-Welten gibt, auf die es sich lohnt, hinzuarbeiten.

Menschen, die für orientierungslose, aber latent oder offensiv suchende Kinder ihres Lebensraums eine Orientierungs-Funktion darstellen, sind wie Leuchttürme: Sie geben – selbst bei objektiver oder auch subjektiv erlebter Dunkelheit – Orientierung und ermöglichen so, auf einen guten Kurs zu kommen oder zu bleiben. Werden Einzelne zu solchen Richtungs-Punkten, nennt man sie Vorbilder. So hat zum Beispiel das ‚personale Angebot‘ in der Jugendarbeit die Funktion, solche Orientierungs- und Beistandsarbeit zu leisten. Unabhängig davon haben alle Menschen, ob ihnen dies bewusst ist oder auch nicht, die Funktion von Wegweisern. Denn Kinder orientieren sich an dem, was um sie herum passiert. So sind neben den Eltern auch Erzieherinnen, Lehrer, Ausbilder, Priester, Ärzte, Polizisten, Chefs und Politiker, unabhängig von ihrer Funktion, für den Nachwuchs eindeutig Vorbilder. Etwas abgeschwächter trifft dies zum Beispiel auch auf Nachbarn, Postboten, Eisverkäufer, Spaziergänger, Kanalarbeiter oder Zirkusbesucher zu.

Insoweit steht die ganze Erwachsenen-Generation in der Aufgabe, mit ‚Kopf, Herz und Hand' die nachwachsende Generation auf ein Leben in Eigenständigkeit, Selbst- und Mitverantwortung innerhalb globaler Weltbezüge vorzubereiten. Fehlen diese Menschen, werden sie nicht deutlich erkennbar oder hapert es am notwendigen Rückgrat, geraten Kinder und Jugendliche wegen Orientierungsmangel schnell in die Irre. Denn so wie ein ‚Navi' regelmäßig Anhaltspunkte zur Kurs-Festlegung benötigt, so brauchen junge Menschen im Licht von Beachtung und Anerkennung stehende Vor-Bilder, um nicht in einem Umfeld der Beliebigkeit bzw. Gefährdung zu stranden.

Nehmen wir nun die systemischen Erörterungen für das Aufwachsen der schon beschriebenen Kinder in stabilen Familien innerhalb schwieriger Umfeld-Faktoren in den Blick. Hier gilt es, störenden bzw. den Erfolg beeinträchtigenden Faktoren wie Armut, fehlende Sprachkenntnisse oder Ausgrenzung entgegenzuwirken. Wird dies vom System Familie für die eigenen Kinder in einem zufriedenstellenden Umfang durch fürsorgliche Zugewandtheit, Verlässlichkeit und eine ermutigende Lern-Förderung erbracht, dann können die von außen kommenden negativen Einwirkungen wirksam abgeschirmt bzw. ausgeglichen werden.

Dabei scheint die vom ‚Eltern-System' eingebrachte Kraft für diese anregende und stabilisierende Erziehungs-Leistung, so kann es aus den aufgeführten Beispielen abgeleitet werden, sich als Re-Aktion auf die ausgrenzungsbedingte Sonderstellung entwickelt zu haben. Das familiäre Verhaltensmuster stünde dann in Korrespondenz zu den Lebensweisheiten ‚Not lehrt zusammenzuhalten', ‚Außendruck macht stark', ‚Du hast zwar nur geringe Chancen, aber nutze sie!' Wären diese Kinder statt dieser Förderung in die Selbstüberlassung geraten, erhielten die negativen – oder evtl. auch positiven Indikatoren – des ‚Systems Lebensraum' eine Wirkmacht.

Die in diesem Abschnitt zusammengetragenen Forschungsergebnisse und alltäglich beobachtbaren Fakten bieten einem an Ich-Stärkung und Selbstwirksamkeit orientierten erzieherischen Handeln folgende Anhaltpunkte:

- Auch in äußerst unguten familiären Lebensverhältnissen aufwachsende Kinder und Jugendliche haben dann eine positive Chance, wenn sie sich an förderlich-anregenden Menschen – ob als Einzelperson oder als Gruppierung – bzw. an einer Perspektive bietenden Idee orientieren. Eine Ersatz-Zuflucht und die Suche nach Angenommen-Werden sind gleichermaßen Weg und Ziel.
- Bei Kindern und Jugendlichen in sogenannten intakten Familien – innerhalb erschwerter oder auch normaler Lebensumstände – wächst dann eine besondere Selbstwirksamkeit, wenn sie innerhalb der Familie eine große Wertschätzung und Förderung, ermutigende Anregungen und zu Selbstverantwortung führende Herausforderungen erfahren. Neben den Eltern haben dabei auch die Geschwister – falls vorhanden – eine große Bedeutung bei der Entwicklung von Empathie und Kooperations-Fähigkeit als Schlüsselqualifikation zur sozialen Kompetenz.
- Die Kraft bzw. Fähigkeit von Eltern zum Einbringen dieser Förderungs-Voraussetzungen ist nicht an einen formalen Bildungs-Abschluss, finanziellen Status oder bestimmte intellektuelle Kenntnisse gebunden. Am ehesten

ist der erzieherische Elan mit einer natürlichen Herzensbildung erklärbar. Ungünstige von außen einwirkende
Lebensumstände oder die Zugehörigkeit zu einer unter-
privilegierten Gruppierung scheinen das Wahrnehmen
der elterlichen Verantwortung deutlich zu verstärken.

Die Analyse von Strukturen und Handlungsansätzen sowie
die Kenntnis vom Grad einer individuellen Eingebundenheit bzw. Abgegrenztheit der agierenden Personen zu
diesen erlaubt eine Vorhersage über die einsetzende Wirksamkeit und die sich daraus ergebende Entwicklung. Auf
den zwischenmenschlichen Umgang bezogen verdeutlicht
der Volksmund mit ‚Sage mir, mit wem du umgehst, und
ich sage dir, wer du bist' diesen Denkansatz. Somit wird
das Individuum einerseits durch seine Verwurzeltheit in
der Familie und andererseits durch die Wirk-Kraft seines sozialen Umfelds geformt. Welches System nun die
‚Prägungs-Macht' erhält, hängt einerseits von seiner strin-
genten Wirksamkeit bzw. internen Stärke und andererseits
vom Umfang der Offenheit für förderliche Außenbezüge
seiner Mitglieder ab.

Da intakte Familien durch Empathie, persönliche Wertschätzung und emotionale Nähe in einer schicksalhaften Le-
bensgemeinschaft ein stattliches positives Reservoir entstehen lassen, kommt ihnen eine größere Relevanz zu, als dies
durch ein formales System erbringbar wäre. Trifft ein stark
prägender Lebensraum auf ein schwaches Familien-System,
wird dieser sich durchsetzen. Was nun positiv oder negativ
für den Einzelnen ist, wird nur durch ethische Maßstäbe
erklärbar sein. So kann ein mit starkem Aufforderungscha-
rakter ausgestattetes soziales System einem ungeförderten

suchenden Kind einen positiven Lebensraum bieten, aber auch zu einer kriminellen Karriere beitragen. Die Berücksichtigung von Fakten der Resilienz-Forschung und die Erkenntnisse aus der System-Theorie bieten somit wichtige Anhaltspunkte zur Optimierung bzw. offensiven Gestaltung der Wachstums-Voraussetzungen von Ich-Stärke, ob in der Erziehung von Kindern und Jugendlichen oder im Selbstmanagement als Erwachsener.

3

Welche Faktoren fördern bzw. behindern die Entwicklung von Resilienz?

„Wer nicht nach vorne schaut, bleibt hinten!" (Russisches Sprichwort)

Geht es um die Bedingungen der Standfestigkeit von Gebäuden, sind Statiker gefordert. Sie errechnen dann aufgrund der konkreten Bodenbeschaffenheit, Nutzungsart, Bauhöhe und Wettereinwirkungen, wie viel Stahl in welche Betonqualität mit welchen Wandstärken zu packen ist, damit das Vorhaben gelingt. Besonders bei sehr hohen Gebäuden und/oder unsicheren Bodenverhältnissen müssen Bauleitung und Handwerker in größter Sorgfalt auf die Umsetzung der technischen Vorgaben achten. Ergänzend ist zur Erreichung eines guten Nutzungszustands zu berücksichtigen, dass sich das Bauwerk durch die Sonne nicht zu stark aufwärmt bzw. bei Kälte zu stark abkühlt und die Erosions-Prozesse eines aggressiven Klimas soweit wie möglich begrenzt werden.

Zum Schutz vor diesen Witterungseinflüssen wird dem Ganzen daher ein kräftiger Mantel verpasst. So ist in der

A. Wunsch, *Mit mehr Selbst zum stabilen ICH!*, DOI 10.1007/978-3-642-37702-0_3,
© Springer-Verlag Berlin Heidelberg 2013

Kombination von innerer Stabilität und äußerer Schutz-
haut ein sicheres Leben in dem Bauwerk möglich. Hier
existiert eine große Akzeptanz gegenüber den verschiedenen fachlich-technischen Vorgaben und kaum ein Bauherr
käme auf die Idee, entgegen den statischen Vorgaben auf eigene Faust herumzuwerkeln. Und selbst dann würde einem
solchen Mix aus Leichtsinn, Selbstüberschätzung und Ei-
genbrötelei durch die staatliche Bauaufsicht ein deutlicher
Riegel vorgeschoben.

Wenn wir uns den Faktoren zuwenden, die das menschliche Leben von innen stabilisieren und gegen mögliche
Angriffe von außen schützen,
dann geht es um ähnliche
Dinge wie bei der Errichtung
von Gebäuden. Anstelle von
Statikern sind dann Psychologen, Ärzte, Biologen – oft
unter Einbeziehung soziologischer und anthropologischer
Forschungen – und Hirnfor-
scher gefordert. Sie liefern
Erziehungswissenschaftlern
die Fakten für Handlungs-
konzepte, die dann Eltern
und anderen Erziehungskräften zur Umsetzung verfügbar
gemacht werden. So, wie für stabile Bauwerke Körbe,
Matten, Stützpfeiler und Binder eingesetzt werden, so
benötigen Babys für eine gute Entwicklung einen schüt-
zenden Hort (Korb), tragfähige Matten, sie stützende
Rahmenbedingungen und eine gute Verbindung zu ihren
Eltern. Und um die Kleinen vor negativen Außeneinwir-

> So, wie für stabile
> Bauwerke Körbe,
> Matten, Stützpfeiler und
> Binder eingesetzt
> werden, so benötigen
> Babys für eine gute
> Entwicklung einen
> schützenden Hort
> (Korb), tragfähige
> Matten, sie stützende
> Rahmenbedingungen
> und eine gute
> Verbindung zu ihren
> Eltern.

3 Welche Faktoren fördern bzw. behindern die Entwicklung? **55**

kungen weitestgehend zu schützen, benötigen sie gegenüber gefährdenden Sinnesreizen, bedrohlichen Krankheiten, starken Witterungs-Einwirkungen sowie gewalttätigen Menschen einen sicheren und kontinuierlich wirksamen Schutzschirm.

Wenn Resilienz innerhalb der wissenschaftlichen Diskussion als das „Immunsystem der Seele" bezeichnet wird, dann sollte neben dem Aufbau einer sicheren Beziehung als Basis zur Entwicklung eines stabilen Selbst – auch in Analogie zum Gebäudeschutz – in den Blick genommen werden, auf welche Weise denn diese Kind-Ich-Seele vor negativen Außeneinwirkungen zu schützen ist. Unter physischen Aspekten wird dies bei zivilisierten Völkern beispielsweise durch differenzierte Impfsysteme berücksichtigt. Dass aber auch die Psyche vor krank machenden Erregern zu schützen ist, wird eher ausgeklammert. Dazu ist eine Vergegenwärtigung von medizinischen Impfvorgängen sinnvoll. Bei diesen wird die natürliche Reaktion des Immunsystems ausgenutzt, auf krank machende Keime eine Abwehr-Antwort zu geben. So werden die – eigentlich schädlichen – Erreger dem Körper gezielt dosiert zugeführt, um so die Ausbildung von Antikörpern und speziellen Helferzellen zu provozieren. In der Regel entsteht so ein wirksamer Schutz vor der jeweiligen Krankheit, der einige Jahre oder auch lebenslang anhalten kann. So wichtig eine Schutz-Impfung auch ist, um das Ziel zu erreichen, setzt sie eine stabile körperliche Verfassung in einer nicht belasteten Situation voraus.

In Übertragung dieser biologisch-medizinischen Zusammenhänge auf den emotionalen Bereich sind ebenfalls – wohldosierte – Anreger zur Auseinandersetzung mit den im späteren Leben zu erwartenden Willfährigkeiten notwendig. Ob Mangel-Erfahrungen, Bedürfnis-Aufschub, Anstrengungs-Notwendigkeit, Leid oder Schmerz, auch der Umgang damit will gelernt sein. In Parallele zur guten gesundheitlichen Verfassung vor klassischen Impfungen setzt hier die Zuführung eines Anregers/Erregers eine ‚satte‘ emotionale Geborgenheit in einem konfliktfreien Rahmen voraus. Ist dies vorhanden, kann sich eine gut wirkende psychische Schutz-Haut bilden. So können Kinder auf der Grundlage von erfahrener Sicherheit immer umfangreicher lernen, mit den sich ergebenden oder gezielt zugeführten Unsicherheiten oder Mangel-Situationen umzugehen. Denn wenn – je nach Alter differierend – erfahren wird, dass Durst- bzw. Hungergefühle oder fehlende Zuwendung zeitlich befristete Zustände sind, braucht keine Panik einzusetzen.

Auch wenn Psychologen, Bindungsforscher und Neurobiologen immer wieder die prägende Bedeutung der drei ersten Jahre für das weitere Leben unterstreichen, der durch zu viele Politiker und Wirtschaftlobbyisten geprägte Zeitgeist versucht unter dem Stichwort ‚modern‘ das über Bord zu werfen, was über Jahrhunderte den Umgang mit Kindern prägte: Eine positiv-verlässliche Mutter- bzw. Eltern-Kind-Beziehung.[53] Jeder sich und Anderen gegenüber verantwortungsbewusst handelnde Abfahrer kontrolliert die Sicherheit seiner Ski-Schuh-Bindung, bevor er oder sie startet. Auch in vielen anderen Bereichen entscheidet die Festigkeit von Bindungen oft über Leben oder Tod. Geht es aber um die Ur-Bindung eines Kindes an seine Eltern, wird diese entweder als nicht so wichtig betrachtet oder in einer Mischung aus Leichtfertigkeit und Unwissenheit anderen – meist unbekanntem und häufig

3 Welche Faktoren fördern bzw. behindern die Entwicklung? **57**

wechselndem – Personal in Kinderkrippen übertragen. So starten zu viele Kinder ins Leben, ohne eine durch Verlässlichkeit geprägte elterliche Bindung erfahren zu haben. Der aktuelle Trend, Säuglinge in die Krippe zu geben, fördert diese negative Entwicklung.[54]

Sichere Bindung und altersgemäße Herausforderung als Identitätsfindungs-Basis

„Wenn ein Kind auf die Welt kommt, dann ist es Millionen Jahre und neun Monate alt." Dieser – in einem intensiven Gespräch mit dem Pedalo-Erfinder und Praxis-Erforscher des Gleichgewichts-Sinnes ‚Holz Hoerz' entwickelte – Gedanke erstaunt seit Jahren nicht nur die Studierenden meiner Seminare zur „Pädagogik der Kindheit", sondern wird auch manche Hebamme oder gestandene Mutter ins Grübeln führen. Aber jeder neue Mensch ist das genetische Abbild seiner Vorfahren. Die meisten Anlagen verdankt er natürlich seinen Eltern. Da aber auch sie Abbildungen ihrer Vorfahren sind, fließen in jedes neue Menschenkind Erbteile von allen Mitgliedern dieser Ahnenreihe. Außerdem durchläuft das Kind während der Schwangerschaft die Millionen Jahre dauernde Evolution – vom Einzeller zum Vielzeller und damit zum ausdifferenziertesten Lebewesen überhaupt – im Zeitraff-Verfahren.

Der Hinweis auf die neun Monate verdeutlicht die Anlage all jener Prägungen, die zwar mit der Geburt vorhanden, trotzdem aber nicht genetisch begründbar sind. Denn aus dem Lebensverhalten der Mutter wird dem Kind viel mehr mitgegeben, als dies meist im Blick ist. Dass Alkohol, Rauchen und Drogen Schädigungen nach sich ziehen, ist den meisten bekannt, auch wenn dies zu häufig nicht entsprechend berücksichtigt wird. Aber nicht nur der Tages-Rhythmus – wie Ruhegewohnheiten, Hektik oder Stress[55] –, sondern auch der Grad einer gesunden Ernährung, emotionale Grundstimmungen, der Umfang körperlicher Bewegungen und angemessener Anstrengungen, Musik-Bevorzugungen, ob gewollte oder ungewollte Schwangerschaft und der Umgang zwischen den werdenden Eltern prägen die – positive oder negative – Mitgift des neuen Erdenbürgens.

Neugeborene sind demnach nicht das Produkt einer Mischung aus hinzunehmenden Genen und nicht beeinflussbaren Reifephasen in einer ‚Uterus-Black-Box‘, sondern in beträchtlichem Umfang das Resultat der bewusst oder unbewusst eingebrachten Einflüsse auf die Wachstums-Bedingungen während der Schwangerschaft.

Kaiserschnitt-Kinder „haben ein höheres Risiko, krankhaftes Übergewicht zu entwickeln, als Kinder, die auf natürlichem Weg geboren werden." Das berichten amerikanische Forscher, die mehr als 1250 Mütter und ihre Kinder untersuchten, auf der Webseite des Fachblatts *Archives of Disease in Childhood*. Offenbar kommt es auch auf die Art und Weise an, wie ein Kind geboren wird: spontan oder per Kaiserschnitt. Aufsehenerregende Forschungsergebnisse der letzten Jahre verdeutlichen die Folgen. So zeigt die US-

3 Welche Faktoren fördern bzw. behindern die Entwicklung?   **59**

Studie, dass sich bei Kaiserschnitt-Kindern bis zum Alter von drei Jahren die Quote für Fettleibigkeit – medizinisch Adipositas – verdoppelte. Knapp 16 % der Kinder waren mit drei Jahren fettleibig, nachgewiesen per höheren Werten des Body-Mass-Index und der Hautfaltendickenmessung. Diese hatten dagegen nur 7,5 % der Kinder, die normal geboren wurden. Dazu Dr. Herbert Renz-Polster vom Mannheimer Institut für Public Health der Universität Heidelberg: „Wissenschaftliche Studien legen den Schluss nahe, dass das Immunsystem der Babys weniger Fehlfunktionen aufweist und genauer arbeitet, wenn es sich [innerhalb einer natürlichen Geburt] mit möglichst vielen Keimen [der mütterlichen Darmflora] auseinandersetzen muss. Ein derart trainiertes Immunsystem kann Entzündungen besser eindämmen. Das ist sehr wichtig, da ungebremst glimmende Entzündungen allergische und autoimmune Reaktionen auslösen."

Auch die Zunahme von Allergien scheint hier ihren Ursprung zu haben. Nach Herbert Renz-Polster haben Kinder, die im Operationssaal zur Welt kommen, gegenüber im Kreißsaal geborenen Altersgenossen zusätzlich zum verdoppelten Adipositas-Risiko „ein um 20 % erhöhtes statistisches Risiko, an Typ-1-Diabetes zu erkranken". Weltweit nimmt die Zahl der Kinder mit Typ-1-Diabetes zu. Über die Zahlen in Europa berichtet Professor Dr. Anette-Gabriele Ziegler von der Forschergruppe Diabetes e. V. am Helmholtz-Zentrum München: „Wir haben in Europa eine sehr starke Zunahme von Typ-1-Diabetes. Bei Kindern bis 15 Jahre steigt die Zahl der Neuerkrankungen jedes Jahr um 3,9 %. Bei Kindern vor dem Schulalter um knapp 5 % jährlich."

Die beteiligten Forscher befürchten, dass sich in zehn Jahren die Zahl der Typ-1-Diabetes-Kinder in Europa verdoppelt haben wird. Außerdem werden Kaiserschnitt-Kinder seltener gestillt, was wiederum negative Auswirkungen auf die Entwicklung eines wirkungsvollen Immunsystems hat. Ergänzend ist aber auch zu vergegenwärtigen, dass bei Kaiserschnitt-Kindern die von der Natur vorgesehene gewaltige Anstrengungsleistung ausfällt. Somit wird das erste Extrem-Training zur weiteren Lebensbewältigung vereitelt.[56] Würde beispielweise einem Küken das mühevolle Freipicken aus dem Ei per ‚menschlicher Dienstleistung‘ erspart, es würde gar nicht überleben.

Auch wenn Kaiserschnitt-Geburten eigentlich nur für Notfälle vorgesehen sind, so stellt Dr. Wolf Lütje – Chefarzt der Frauenklinik in Viersen – fest: „Die Belastbarkeit der Menschen, ihre Bereitschaft, Schmerzen und Ungemach zu ertragen, sinkt. Immer mehr Frauen entscheiden sich für einen Kaiserschnitt, weil sie Schwangerschaft bzw. Geburt nicht bis zum Ende aushalten oder sich von vornherein die Wehenschmerzen ersparen wollen."[57] Wenn jedoch diese ‚natürlichen‘ Beeinträchtigungen nicht auf sich genommen werden, woher wollen diese Mütter (und die beteiligten Väter) die Kraft und Bereitschaft hernehmen, ihren Kindern manch ‚natürliche‘ Kummer- und Schmerz-Situation zuzumuten? Trotz aller Risiken: „Der Kaiserschnitt liegt im Trend: Immer mehr Frauen bringen ihr Kind so zur Welt – mittlerweile doppelt so viele wie vor 20 Jahren."[58]

Basis zur Entwicklung eines eigenen ‚Kind-Selbst‘ als Voraussetzung zur Weltermächtigung ist das Vorhandensein einer fürsorglich-liebevollen Bezugsperson. In der Regel ist das die Mutter. Sie hat dazu die besten Voraussetzungen,

3 Welche Faktoren fördern bzw. behindern die Entwicklung?   **61**

weil sie dem Neugeborenen etwas von der Sicherheits-Erfahrung des Lebensraums im Uterus erhalten kann. Denn das ‚im Mutterleib geschützte, von der warmen, tragenden Amnionflüssigkeit umhüllte, bei der Geburt bereits mit allen Sinnen ausgestattete und doch überaus hilflose Lebewesen wird bei seinem Eintritt in das Erdendasein von einer Fülle unbekannter und erschreckender Ereignisse überrascht'.[59] Das – aus der Sicht eines Säuglings – harsche oder gar überstürzte Ende der wohligen Rundum-Versorgung im Bauch der Mutter ist ein höchst stressiger Vorgang.[60] Innerhalb kürzester Zeit ist auf ‚Selbstversorgung' umzuschalten: Atmen, trinken, schauen, bewegen und hören, alles muss im Schnellkurs in einer restlos fremden und untertemperierten Welt erlernt werden.[61]

Da ist es fast überlebensnotwendig und äußerst beruhigend, wenigstens an einige vertraute Vor-Erfahrungen anknüpfen zu können, um nicht in eine Angst-Starre zu geraten. So wirken die Stimme der Mutter, ihr Körpergeruch und der Rhythmus ihres Herzschlags bei so viel Fremdheit äußerst wohltuend. Ergänzend wird auch die Stimme des Vaters dem Neugeborenen verdeutlichen, dass nicht alles unbekannt ist. Dies alles erleichtert somit ein erstes Zurechtfinden in dem recht unwirtlichen neuen Lebensraum. Je umfangreicher, kontinuierlicher und anhaltender dieses Anknüpfen an vorgeburtliche Sinnes-Eindrücke ermöglicht wird, desto schneller kann der Schock, durch einen Geburtskanal in einen fremden Seinszustand gepresst worden zu sein, überwunden werden.

Diese Anknüpfungs-Chance an die vorgeburtliche Situation ist die geeignetste Basis dafür, dass in der nun einsetzenden Umsorgung und Zuwendung schnell ein erneutes Sicherheitsgefühl entstehen kann: ‚Ja, ich erhalte auch in meinem neuen Lebens-Umfeld reichlich Nahrung, Wärme und Sicherheit. Die Gesprächs-Kontakte mit Mama und Papa sind auch interessanter, als die Reden an mich im Bauch. Schließlich kann ich nun alle und alles sehen. Und wenn ich keine Sorge mehr haben muss, ob ich wohl überlebe, kann ich auch ganz entspannt immer mehr auf mein Umfeld reagieren. In der vertrauten Bindung zu Mama und Papa werde ich mich gut entwickeln. Ich freue mich über jede neue schöne Erfahrung. Und bald werde ich mir erste Gedanken über mich selbst machen und allen zeigen, was ich so drauf habe.‘ So trifft auf Babys noch existenzieller das zu, was auch Erwachsene oder Wirtschafts-Unternehmen prägt: ‚Unsicherheit, Zukunfts-Angst und eine fehlende Einbettung bzw. Vernetzung in ein Sicherheit bietendes Umfeld erschwert oder verhindert jegliche positive Entwicklung.‘

Im Jahr 1941 veröffentlichte der schweizerische Biologe, Zoologe, Naturphilosoph und Anthropologe Adolf Portmann (*27. Mai 1897, †28. Juni 1982) unter der Überschrift „Die biologische Bedeutung des ersten Lebensjahres beim Menschen"[62] seine bedeutsamen Forschungs-Ergebnisse und rückte damit seine Sonderstellung in der Natur aus ontogenetischer wie phylogenetischer Sicht ins Zentrum. Er verdeutlichte: Die „physiologisch völlig unspezialisierten", in ihrer Entwicklung offenen Menschen unterscheiden sich als „ewig Werdende" von allen anderen physiologisch höchst spezialisierten, „so-seienden" Lebewesen. Portmann prägte die Begriffe der „physiologischen Frühgeburt" und des „sekundären Nesthockers".[63] Danach ist der Mensch, im Vergleich zu anderen Primaten, viel zu früh geboren. Zwar kommt es zu einer Reifung der offenen Sinnesorgane und des Bewegungssystems im Mutterleib, trotzdem ist der Mensch zum Zeitpunkt seiner Geburt völlig hilflos und auf Totalversorgung angewiesen. Diese Tatsache steht im Gegensatz zum Reifestand anderer höherer Säugetiere bei der Geburt. Kennzeichnend für den Menschen ist nach Portmann infolge dieser Vorverlegung der Geburt, dass wesentliche Entwicklungsprozesse noch über viele Monate in großer Behutsamkeit und emotionaler Nähe zu den vorgeburtlichen Bedingungen fortzuführen sind.[64]

„Mit der Geburt tritt der Säugling in einen neuen Lebensabschnitt ein. Das Kind muss genau zu dem Zeitpunkt zur Welt kommen, indem der wachsende Umfang seines Kopfes ihm noch erlaubt, das mütterliche Becken zu durchdringen." Andere Forscher fanden heraus, so die US-Anthropologin Holly Dunsworth, dass die Mutter ab dem neunten Monat den Fötus nicht mehr mit der notwendigen Energie versorgen könne.[65] Daher braucht nach Portmann der Mensch als „habituelle Frühgeburt" – im Unterschied zu anderen Primaten – noch das

> Nach A. Portmann braucht der Mensch als „habituelle Frühgeburt" – im Unterschied zu anderen Primaten – noch das „extra-uterine Frühjahr", um im „sozialen Mutterschoß" seine Überlebensfähigkeiten zu gewinnen und die Entwicklung des Gehirns, quasi in einem zweiten Schwangerschafts-Abschnitt, in möglichst großer Mutter-Kind-Symbiose fortzusetzen.

„extra-uterine Frühjahr", um im ‚sozialen Mutterschoß' seine Überlebensfähigkeiten zu gewinnen und die Entwicklung des Gehirns, quasi in einem zweiten Schwangerschafts-Abschnitt, in möglichst großer Mutter-Kind-Symbiose fortzusetzen.[66] Erst dann setzt die „zweite, ,soziokulturelle' Geburt" ein, welche die Basis zur Entwicklung einer kommunikationsfähigen, soziokulturellen Persönlichkeit ist. So vollendet das kindliche Gehirn im sozialen Umfeld seine Reifung, was prägend für seine Intelligenz-Entwicklung ist.[67] Erst in dieser Periode der Humanisation, die im Anschluss an Portmann von René König und Dieter Claessens soziologisch untersucht wurde, „kann der Mensch ein Urvertrauen zu Mitmenschen gewinnen, ohne dass er ein bindungsunfähiger emotionaler Krüppel bliebe – falls er diese Phase überhaupt überleben sollte".[68]

Ausgehend von der Sonderstellung von Neugeborenen unter dem Aspekt des „extra-uterinen" Frühjahrs lenkt die Bindungs-Forschung den Blick auf die besondere Bedeutung der frühen Mutter- bzw. Eltern-Kind-Beziehung und den bald wachsenden Kreis weiterer Bezugspersonen. Positive Bindungs-Erfahrungen veranlassen das Kleinkind, im Falle objektiv vorhandener oder subjektiv erlebter Gefahr (Bedrohung, Angst, Schmerz) Schutz und Beruhigung bei seinen Bezugspersonen zu suchen und zu erhalten. Primäre Bezugs- bzw. Bindungs-Personen können – neben den Eltern – auch andere erwachsene oder ältere Personen sein, mit denen das Kind den intensivsten Kontakt in seinen ersten Lebensmonaten hatte. Wichtig ist die Konstanz bzw. Verlässlichkeit dieser Beziehung. Je einschneidender eine Trennung oder Ablösung von Haupt-Bezugspersonen ist, desto intensiver führt dies in der Folge zu einer ständigen Suche nach Anerkennung und überstark ausgeprägter Selbstbehauptung. So werden die in der Kleinkind-Phase gemachten – positiven, indifferenten oder negativen – Beziehungs-Erfahrungen das weitere soziale Verhalten in Freundschaft, Partnerschaft, Beruf und Freizeit lebenslang prägen.

Hier setzt der bereits erwähnte britische Kinderarzt, Kinderpsychiater und Psychoanalytiker John Bowlby an. Er wird als Pionier der Bindungsforschung und als Begründer der Bindungstheorien bezeichnet. Bowlby wuchs als viertes von sechs Kindern auf und hatte ein eigenes Kindermädchen, das die Familie jedoch verließ, als er drei Jahre alt war. Mit acht Jahren kam er in ein Internat. Eigene Kindheits-Erlebnisse, seine Lehrtätigkeit mit verhaltensauffälligen Schülern und die klinischen Erfahrungen über die hohe Zahl von stark zerrütteten frühen Mutterbindungen bei jugendlichen Dieben lenkten seine Aufmerksamkeit auf die Auswirkungen von Trennung. Im Jahr 1951 erstellte John Bowlby im Auftrag der WHO eine Studie über den Zusammenhang zwischen mütterlicher Pflege und seelischer Gesundheit. Sie bildete einen Beitrag für das Programm der UNO zum Wohle heimatloser Kinder, mit ausgelöst durch die Ereignisse des 2. Weltkriegs.

1958 verdeutlichte er in seiner Schrift 'The nature of the child's tie to his mother',[69] dass es ein biologisch angelegtes System der Bindung gibt, das für die Entwicklung der emotionalen Beziehung zwischen Mutter und Kind verantwortlich ist. Mit seinem 1969 erschienen Buch *Bindung – Eine Analyse der Mutter-Kind-Beziehung* begründete Bowlby die Bindungstheorie. Damit wandte sich die Forschung neben den hindernden, auch den fördernden Faktoren in der Mutter-Kind-Beziehung zu. Sein Buch *Frühe Bindung und Kindliche Entwicklung* wurde in die Liste der

100 Meisterwerke der Psychotherapie aufgenommen.[70] Eines der großen Anliegen Bowlbys war es, eine wissenschaftliche Basis für den psychoanalytischen Ansatz der Objektbeziehungs-Theorien herzustellen und psychoanalytische Annahmen empirisch überprüfbar zu machen. Auf Dauer wurde die Bindungstheorie zu einer eigenständigen Disziplin. Die Forschung konzentrierte sich auf die überlebenssichere Funktion bzw. Bedeutung einer emotional abgesicherten Bindung. Fehlt diese, entwickelt sich nach Bolwby eine ‚Explorations-Angst, welche die Erkundung der Umwelt be- oder verhindert'.

Bowlby bezieht sich ausdrücklich auf Charles Darwin, wenn er sagt, dass jeder Mensch mit den Verhaltenssystemen ausgestattet ist, die das Überleben der Spezies sichern. Dazu gehört beim Kind das sogenannte Bindungsverhalten. Arietta Slade, eine US-amerikanische Psychoanalytikerin, Bindungsforscherin sowie Kinder- und Jugendlichen-Psychotherapeutin, fasste diesen Denkansatz zusammen:

- Das Kind hat eine angeborene Prädisposition, sich an seine Bezugsperson zu binden.
- Das Kind wird sein Verhalten und Denken so organisieren, dass diese Bindungsbeziehung, die den Schlüssel zu seinem psychologischen und physischen Überleben bildet, aufrechterhalten bleibt.
- Häufig wird das Kind solche Beziehungen um den hohen Preis eigener Funktionsstörungen aufrechterhalten.
- Die Verzerrungen im Fühlen und Denken, die einer frühen Bindungsstörung entstammen, entstehen meistens als Antworten des Kindes auf die Unfähigkeit der Eltern, seinen Bedürfnissen nach Wohlbefinden, Sicherheit und emotionaler Beruhigung Rechnung zu tragen.[71]

3 Welche Faktoren fördern bzw. behindern die Entwicklung? **67**

Ausgangspunkt aller Kind-Umfeld-Interaktions-Vorgänge ist das Lächeln. Bei förderlichen Umgangs-Bedingungen wird es zur Basis von Bindung und Vertrauen. In einem guten Eltern-Kind-Kontakt kommunizieren Väter und Mütter mit ihrem Kind bis zum Alter von sechs Monaten ca. 30.000-mal in der Form der „Lächel-Begegnung". Damit wächst von Tag zu Tag die Erfahrung, als Baby die Quelle der mütterlichen bzw. väterlichen Freude zu sein. Über diese „Lächel-Dialoge" festigt sich beim Säugling das Ur-Vertrauen, so der Facharzt für Nervenheilkunde, psychosomatische Medizin und Psychotherapie Dr. Eckhard Schiffer.[72]

Kontakt-Suche bzw. Bindungs-Verhalten äußern sich weiterhin in Schreien, Festklammern, Blickkontakten zur Bezugsperson, zur Mutter krabbeln usw. Dieses Zusammenwirken von Aktion und Reaktion wird als ein Verhaltenssystem beschrieben. Es ist genetisch vorgeprägt und bei allen Primatenkindern zu finden, besonders beim Menschen. Konkrete Bindungs-Initiativen werden beim Wunsch nach Nähe oder in ‚Alarmsituationen' aktiviert. Finden sie keine Resonanz, löst dies beispielsweise bei zu großer Distanz zur Bezugsperson schnell Unwohlsein, Schmerz, Angst und Stress aus.

> Konkrete Bindungs-Initiativen werden beim Wunsch nach Nähe oder in ‚Alarmsituationen' aktiviert. Finden sie keine Resonanz, löst dies beispielsweise bei zu großer Distanz zur Bezugsperson schnell Unwohlsein, Schmerz, Angst und Stress aus.

Abgewiesene Bindungswünsche verstärken bindungssuchendes Verhalten, erfahrene Nähe zur Bindungsperson

– per Blick und/oder Körper-Kontakt – beendet dieses in der Regel nach kurzer Zeit. Das Kind fühlt sich sicher und kann sein durch Neugier geprägtes Explorationsverhalten, seine Bestrebung zur Umfelderkundung fortsetzen. Die Häufigkeit der ‚Rückversicherung' per Blickkontakt zur Bindungsperson nach dem Motto ‚Alles klar?' von kleinen Kindern belegt, wie wesentlich eine sichere Bindung für die Erforschung der Welt und die damit einhergehende Entwicklung einer gesunden Autonomie ist.

Bowlby konnte einen Zusammenhang zwischen fehlender mütterlicher Zuwendung als Ursache einer „Antisozialen Persönlichkeitsstörung" (APS) nachweisen. Auch Glueck und Glueck stellen bei den Müttern der Personen mit APS einen Mangel an Zuwendung und eine Neigung zur Impulsivität fest. Außerdem neigten sie zum Alkoholismus.[73] Antisoziale Persönlichkeiten kommen häufig aus zerrütteten Elternhäusern, in denen entweder Gewalt vorherrschte oder in denen sie vernachlässigt wurden. Dazu kommt ein Mangel an Liebe und Fürsorge, der zu fehlender Orientierung seitens des Kindes führt. Viele antisoziale Persönlichkeiten sind in einer Familie auf engem – meist konfliktträchtigem – Raum aufgewachsen, erfuhren uneindeutige Erziehungsstile der Eltern, die prosoziales Verhalten nicht oder selten beachtet haben, oder sie hatten delinquente Geschwister. Ein sicherer Vorbote für das im Erwachsenenalter feststellbare antisoziale Verhalten ist das Vorhandensein dissozialer Verhaltensauffälligkeiten im Kindesalter (Tab. 3.1).

Die Bindungstheorie gehört heute zu den etablierten Theorien innerhalb der Psychologie. Sie vermittelt Rückschlüsse auf normale bzw. pathologische Entwicklungen.

Tabelle 3.1 Die bekannten Bindungsmuster – Merkmale, Ursachen und Folgen[74]

Verhalten von Bindungspersonen			
Stabil verfügbar, hilfsbereit, feinfühlige Reaktion auf kindliche Signale, Empathie	Häufige Zurückweisung, Misshandlung, verdeckte Feindseligkeit, unsensibel, überstimulierend	Inkonsistenz, wechselnd hilfsbereit-zugänglich und abweisend, ständiger Wechsel zwischen Aufbau und Enttäuschung von Erwartungen, Drohen mit Verlassen	Gehemmtes Verhalten als Bindungsperson infolge unverarbeiteter traumatischer Erlebnisse, Vernachlässigung, häufiger Wechsel der Bezugsperson
Bindungsmuster Sicher	**Unsicher-vermeidend**	**Unsicher-ambivalent**	**Desorganisiert**

Tabelle 3.1 *Fortsetzung*

Merkmale (äußern sich beim Kind durch?)	Emotionales Wohlbefinden; unbefangener und der Realität angemessener Umgang mit Belastungen, Ausgeglichenheit von Anpassung, Aktivität und Hilfeeinholen bei Verunsicherung, komplikationsloses Annehmen von Hilfe, Zuversicht gegenüber Bindungspersonen	Unterdrücken von Gefühlen, Vermeiden von Nähe und Abhängigkeit, Erwarten von Abweisung, Verunsicherung bei Belastung, Verleugnen des Verlangens nach engeren Beziehungen, Misstrauen, Verschiebung der Aufmerksamkeit auf Objekte	Leichter frustrierbar und irritierbar, Trennungsangst, Erkundungsverhalten reduziert, wechselt zwischen Anhänglichkeit und Kontaktwiderstand, Neigung zur Kontrolle über Bindungspersonen und permanentes Abfordern von Aufmerksamkeit, geringe Kompromissneigung	Mangel an klarer Bindungsstrategie, Wechsel zwischen Protest bzw. Bestrafung und Fürsorge gegenüber Bindungsperson, Wechsel zwischen distanzarm und scheu: sozialkognitive Inkohärenzen, Neigung zu Bizarrverhalten und Übersprungs-Bewegungen

Tabelle 3.1 *Fortsetzung*

| **Folgen für die Persönlichkeits-Entwicklung** | Höhere Stressresistenz gemäß „Dämpfungs-Hypothese" (sichere Bindung dämpft später Stress und Angst, z. B. in Übergangssituationen im Jugendalter), ausgeglichene Emotionalität, realistisches und positives Selbstbild, höhere Ich-Flexibilität und Sozialkompetenz, häufiger intakte Freundschaftsbeziehungen | Labilität oder Starrheit bei Stressbelastung gemäß Risikohypothese: Unsichere Bindung verringert Belastbarkeit infolge mangelnder Integration und Kohärenz der Gefühle; häufiger Selbstunzufriedenheit, Ängstlichkeit, Hilflosigkeit, häufiger Fehlattribution, z. B. von feindseligen Absichten, öfter Aggression als Folge, Probleme beim Aufbau von Sozialbeziehungen, häufiger Persönlichkeitsstörungen, Depression und Delinquenz im Jugendalter. Spezifisch für unsicher-vermeidende Bindung: ausgeprägtere Abhängigkeit, Unselbständigkeit und emotionale Selbstbezogenheit, häufiger unkritisch überhobenes oder reduziertes Selbstgefühl, mehr vermeidende Copingstrategien |

Sicher gebundene Kinder zeigen später adäquateres Sozialverhalten im Kindergarten und in der Schule, mehr Phantasie und positive Affekte beim freien Spiel, größere und längere Aufmerksamkeit, höheres Selbstwertgefühl und weniger depressive Symptome.[75] In anderen Studien zeigten sie sich offener und aufgeschlossener für neue Sozialkontakte mit Erwachsenen und Gleichaltrigen als vermeidende und/oder ambivalent gebundene Kinder. Sicher gebundene Jungen zeigten mit sechs Jahren weniger psychopathologische Phänomene als die unsicher gebundenen.

Diese Forschungen wurden durch die vom englischen Kinderarzt und Psychoanalytiker Donald Woods Winnicott[76] entwickelte „Objektbeziehungs-Theorie" ergänzt. Sein Ansatzpunkt waren die Störungs-Auswirkungen der frühen Mutter-Kind-Beziehung. Nach Winnicott ist ein Neugeborenes in den ersten Monaten mit seiner Mutter zu einer Einheit verschmolzen; das Baby nimmt die Mutter als Teil von sich selbst war. Dabei geht er nicht von einer idealisierten Mutter aus, die durch Abweichungen vom Ideal psychoanalytischer Theorien ihr Kind schädigt, sondern führt den Begriff der „good enough mother" in die Terminologie der Psychoanalyse ein. Diese „ausreichend gute Mutter" ist in der Lage, zumindest so weit auf die Bedürfnisse des Babys einzugehen, dass es sich nie komplett verlassen fühlt. Mit der Zeit löst sie sich aus der engen Verbindung, sodass das Kind lernen kann, dass die Mutter nicht Teil von ihm ist. In diesem Prozess spielt das „Übergangsobjekt" – zum Beispiel der Zipfel eines Tuches oder ein Kuscheltier – eine wichtige Rolle. So schafft sich ein Baby Trost bei einer Abwesenheit der Mutter.

3 Welche Faktoren fördern bzw. behindern die Entwicklung?   **73**

Ist die Mutter nicht ausreichend gut, kommt es zur „emotionalen Deprivation", was bedeutet, dass das Bild der Mutter im Baby stirbt. Diese durch Entbehrung, Entzug bzw. Vertrautheits-Verlust geprägte Erfahrung sowie das daraus resultierende Gefühl einer Benachteiligung sind eine westliche Voraussetzung für das Entstehen eines antisozialen Verhaltens, wie zum Beispiel Stehlen. Dadurch versucht das Kind, seinen emotionalen Mangel materiell auszugleichen. Besonders breit rezipiert wurden Winnicotts Konzepte vom „Übergangsobjekt" und vom „Übergangsraum". Auch sein Bonmot „There is no such thing as a baby" erlangte große Bekanntheit. Damit wollte er zum Ausdruck bringen, dass man ein Baby ohne seine Mutter nicht adäquat erforschen und therapieren kann, da beide eine unzertrennliche Dyade bilden.[77]

Der kanadische Entwicklungs-Psychologe und Bindungs-Forscher Gordon Neufeld stellte beim Umgang mit Gewalt-tätern fest, dass bei fast allen Untersuchten vor bzw. nach der Geburt eine gravierende Störung im Mutter-Kind-Bezug stattgefunden hatte. Durch Intensiv-Interviews mit den Müttern der Delinquenten fand er heraus, dass Vergewal-tigungen, traumatische Ereignisse mit dem ‚Kinds-Zeuger' in Schwangerschaft oder früher Kindheit die sich nor-malerweise in dieser Zeit entwickelnde Zuneigung bzw. Mutter-Liebe zum Kind durch diese Ereignisse blockier-ten.

Bei den Straftätern wiederum konnte durch Hirn-Untersuchungen mit bildgebenden Verfahren wie PET und MRT[78] ein vergleichsweise unterentwickeltes limbi-sches System sichtbar gemacht werden. Es wurde gefolgert, dass sich dieses Hirn-Areal, das der Verarbeitung von Emo-

74   Mit mehr Selbst zum stabilen ICH!

tionen und der Regulation von Triebverhalten dient (ihm werden auch intellektuelle Leistungen zugesprochen), nicht altersgerecht und artgemäß entwickeln kann, wenn ihm die notwendige Zuwendung und Liebe als Kleinkind, die ‚emotionale Nahrung' fehlt. Auch wenn dem limbischen System innerhalb aller Hirnfunktionen nicht die Alleinzuständigkeit für die Entstehung von Emotionen und den Umgang mit Trieben zugesprochen werden kann, verdeutlichen diese Befunde wichtige Zusammenhänge.[79]

Innerhalb solcher Untersuchungen konnte auch ein Einfluss von positiven bzw. negativen Bindungs-Erfahrungen auf die Ausbildung der Rezeptoren des Hormons Oxytocin[80] gefunden werden, das wiederum das Bindungs- und Sozial-Verhalten ganz allgemein beeinflusst.

Eine sichere, förderliche Bindung ist die Basis dafür, sich vertrauensvoll, neugierig und aktiv auf das – immer größer werdende – Umfeld einzulassen. Gelingt diese Phase – möglichst im ‚sicheren Hort des Elternhauses' – gut, wird das Kind sich bald immer umfangreicher auch anderen Personen zuwenden. Ob es die Verwandtschaft, Nachbarn oder Betreuungspersonen im Kindergarten sind, alle Kontakte profitieren vom ‚im Mutter- bzw. Eltern-Kind-Kontakt entstandenen Sicherheits-Polster'. Wie sich Kinder je nach Bindungs-Qualität in ihrem Umfeld verhalten, verdeutlicht Tab. 3.2.

In Parallele und Ergänzung zu den Ergebnissen der Bindungs-Forschung setzte sich der deutsch-US-amerikanische Freud-Schüler, Kinderpsychologe und Psychoanalytiker Erik H. Erikson[81] mit den Bedingungen der Ausformung einer eigenständigen Identität, der ‚Ich-Entwicklung',

Tabelle 3.2 Bindungs-Typen und das dazugehörige Verhalten von Kindern[82]

Bindungstypen	Beschreibung	Verhalten in der Testsituation
Sichere Bindung (A-Typ)	Solche Kinder können Nähe und Distanz der Bezugsperson angemessen regulieren.	Sie sind kurzfristig irritiert und weinen ggf., wenn die Bezugsperson den Raum verlässt, lassen sich jedoch von der Testerin trösten und beruhigen sich schnell wieder. Sie spielen im Raum auch mit der Testerin, laufen der Bezugsperson bei deren Wiederkehr entgegen und begrüßen diese freudig.
Unsicher vermeidende Bindung (B-Typ)	Die Kinder zeigen eine Pseudounabhängigkeit von der Bezugsperson, ein auffälliges Kontaktvermeidungsverhalten und beschäftigen sich primär mit Spielzeug im Sinne einer Stress-Kompensationsstrategie.	Sie wirken bei der Trennung von der Bezugsperson unbeeindruckt. Sie spielen auffallend oft für sich allein. Bei der Wiederkehr der Bezugsperson bemerken sie diese kaum oder lehnen sie mittels ignoranten Verhaltens ab.

Tabelle 3.2 *Fortsetzung*

Bindungstypen	Beschreibung	Verhalten in der Testsituation
Unsicher ambivalente Bindung (C-Typ)	Diese Kinder verhalten sich widersprüchlich-anhänglich gegenüber der Bezugsperson.	Sie wirken bei der Trennung massiv verunsichert, weinen, laufen zur Tür, schlagen dagegen und sind durch die Testerin kaum zu beruhigen. Bei Wiederkehr der Bezugsperson zeigen sie abwechselnd anklammerndes und aggressiv-abweisendes Verhalten und sind nur schwer zu beruhigen.
Desorganisierte Bindung (D-Typ)	Die Kinder zeigen deutlich desorientiertes, nicht auf eine Bezugsperson bezogenes Verhalten.	Hauptmerkmal solcher Kinder sind bizarre Verhaltensweisen wie Erstarren, Im-Kreis-Drehen, Schaukeln und andere stereotype Bewegungen. Daneben treten (seltener) Mischformen der anderen Bindungsmuster wie beispielsweise gleichzeitiges intensives Suchen nach Nähe und deren Ablehnung auf.

3 Welche Faktoren fördern bzw. behindern die Entwicklung? **77**

auseinander. Bekannt wurde er insbesondere durch das von ihm entwickelte Stufenmodell der psychosozialen Entwicklung. Im Jahr 1950 führte er das Konzept des „basic trust" in seinem Werk *Childhood and society* (Kindheit und Gesellschaft) ein. Nach Erikson erwirbt der Säugling im ersten Lebensjahr, während der oralen Phase (nach Freud), ein Grundgefühl dafür, welchen Situationen und Menschen er vertrauen kann und welchen nicht: das „Ur-Vertrauen".

> Nach Erikson erwirbt der Säugling im ersten Lebensjahr, während der oralen Phase (nach Freud), ein Grundgefühl dafür, welchen Situationen und Menschen er vertrauen kann und welchen nicht: das „Ur-Vertrauen".

Die große Bedeutung der Eltern bei diesem Entwicklungsprozess wurde durch die Bindungsforschung herausgestellt. So wächst – oder auch nicht – die Gefühlsqualität der optimistischen Zuversicht im Umgang mit der Welt. In Eriksons Stufenmodell der psychosozialen Entwicklung begünstigt der Erwerb eines soliden Ur-Vertrauens die Bewältigung der nachfolgenden Entwicklungsschritte. Eine mangelhafte Ausbildung dagegen erschwert die weitere Entwicklung und führt unter Umständen später zu spezifischen Verhaltensauffälligkeiten: Der Mangel an echtem Vertrauen wird dann durch ‚Vertrauens-Seligkeit' überkompensiert.

Nach Erikson bekommt das Kind ein erstes Gefühl von der eigenen Identität, wenn ihm klar wird, dass es in Zugewandtheit und Liebe wahrgenommen wird, wenn es merkt, dass es eigene Gedanken, Erinnerungen und Handlungsmöglichkeiten hat, ein ‚Individuum' ist. Indem es sich von seiner Umwelt abgrenzt, nimmt es sich als ‚Ich' wahr. Auch heute stimmt die Entwicklungspsychologie mit Erikson darin überein, dass in den ersten Lebensjahren die Weichen dafür gestellt werden, ob wir der Welt und den Menschen um uns herum tendenziell vertrauen oder eher nicht. Wer seinem Umfeld nicht vertraut, wird es nicht erkunden wollen und damit auch nicht lernen können. Was für Erikson das „basic trust" bzw. „Ur-Vertrauen" war, ist für Bowlby die „sichere Bindung". Beides ist somit die Basis aller Lernaktionen, Bildungsvorgänge und sozialen Kontakte.[83] Das von ihm entwickelte und veröffentlichte Stufenmodell der psychosozialen Entwicklung gliedert sich von der Geburt bis zum Tod in acht Phasen.

1. Ur-Vertrauen gegen Ur-Misstrauen (erstes Lebensjahr)
2. Autonomie gegen Scham und Zweifel (zweites und drittes Lebensjahr)
3. Initiative gegen Schuldgefühle (viertes und fünftes Lebensjahr)
4. Werksinn gegen Minderwertigkeitsgefühle (Zeitraum bis zur Pubertät)
5. Identität gegen Identitätsdiffusion (Adoleszenz und Geschlechtsreife)
6. Intimität und Distanzierung gegen Selbstbezogenheit (frühes Erwachsenenalter)
7. Generativität gegen Stagnierung (Erwachsenenalter)
8. Integrität gegen Verzweiflung und Ekel (reifes Erwachsenenalter)

Nach der Entwicklung des Ur-Vertrauens wird im zweiten bis dritten Lebensjahr erlernt, selbst über den Ausscheidungsvorgang zu bestimmen: Aus einer Empfindung der

3 Welche Faktoren fördern bzw. behindern die Entwicklung? **79**

Selbstbeherrschung ohne Verlust des Selbstwertgefühls entsteht ein andauerndes Gefühl von Autonomie und Stolz; aus einer Empfindung muskulären und analen Unvermögens – der nicht gelingenden Selbstkontrolle und dem übermäßigen Eingreifen der Eltern – entsteht ein dauerhaftes Gefühl von Zweifel und Scham.

Im vierten und fünften Lebensjahr lernt das Kind, sich seine Umwelt immer mehr durch die Sprache und die erweiterten Bewegungsmöglichkeiten zu erschließen. Psychoanalytisch wird hier die ödipale Phase angesprochen. Je nachdem, wie diese ödipale Konfliktsituation gelöst wird, gelingt es dem Kind, seine sozialen Ziele zu wählen und diese auch zu verfolgen, oder es bleibt von Gefühlen der Schuld und Angst dominiert. Die Ich-Identität kann nach Erikson erst entwickelt bzw. fortgesetzt werden, wenn die vorherrschenden Konflikte in den vorherigen Entwicklungsphasen bewältigt wurden. Ist dies nicht der Fall, ist eine sogenannte Identitäts-Diffusion[84] wahrscheinlich. Für Erikson ist die Identitätsbildung, welche zwar mit der Adoleszenz eine besondere Ausprägung erhält, eine lebenslange Entwicklung, die für das Individuum und seine Gesellschaft weitgehend unbewusst verläuft.[85]

Dass diese durch die Geburt unterbrochene Primär-Förderung nicht nur formal versorgend, sondern möglichst emotional umsorgend stattzufinden hat, haben viele Untersuchungen von Kindern aus Heimen in totalitären Staaten offenbart.[86] Welche entwicklungsfördernde Auswirkung eine umfangreiche und gehaltvolle Zuwendung hat, fassten US-Neurologen in die Überschrift „Mutterliebe lässt Kindergehirn wachsen", so berichten amerikanische Psychologen in den *Proceedings* der amerikanischen Akademie der Wissenschaften. Joan Luby und ihre Kollegen von der Universität St. Louis hatten mit 92 drei- bis sechsjährigen Jungen und Mädchen auch einige leichte Stresstests durchgeführt, bei denen den Kindern ein bunt eingepacktes Geschenk in Reichweite gelegt wurde, das sie jedoch erst nach einigen Minuten öffnen durften. Dabei untersuchten die Forscher die Reaktionen der Kinder und legten besonderes Augenmerk darauf, wie sehr die Eltern ihr Kind in der Stresssituation unterstützten und umsorgten.

Drei Jahre später machten die amerikanischen Wissenschaftler bei allen Kindern eine Aufnahme des Gehirns. Dabei entdeckten sie, dass der Hippocampus, eine für Gedächtnis, Emotionen und Stressbewältigung wichtige Hirnregion, bei den Schulkindern, die von ihrer Mutter in dem vergangenen Stresstest stark unterstützt wurden, um bis zu 10 % größer war. Es ergab sich ein starker statistischer Zusammenhang mit dem beim vorherigen Test ermittelten „Zuwendungsindex", der die Intensität und Sorgfalt des mütterlichen Kümmerns einstufte. Insgesamt zeigten die Forschungsergebnisse, dass die liebevolle Unterstützung durch die Mutter wichtige Gehirnregionen anregt und ihre Entwicklung nachhaltig fördert.

> Forschungsergebnisse zeigen, dass die liebevolle Unterstützung durch die Mutter wichtige Gehirnregionen anregt und ihre Entwicklung nachhaltig fördert.

Auch einen Zusammenhang zwischen Mutterliebe und Gehirngröße des Kindes ließe sich nicht ausschließen, schreiben die Wissenschaftler. Bezogen auf die nicht mit einbezogenen Väter gehen die Forscher davon aus, dass sich die Ergebnisse auf alle vom Kind akzeptierten Bezugsper-

3 Welche Faktoren fördern bzw. behindern die Entwicklung?   **81**

sonen anwenden lassen.[87] Ergänzend belegen viele Untersuchungen einen signifikanten Zusammenhang zwischen mütterlicher Zuwendung und der Sprachentwicklung.[88]

Wurde in diesem Abschnitt bisher die Wichtigkeit einer verlässlichen Eltern-Kind-Bindung unterstrichen, so soll nun auf die Bedeutung einer wichtigen, die Familie ergänzenden Einrichtung hingewiesen werden. Es handelt sich um den klassischen „Kindergarten", eine deutsche ‚Erfindung', die weltweit exportiert – vor allem nach Österreich, Japan, in die USA, nach Korea und Russland – und sogar als deutscher Begriff in die englische Sprache übernommen wurde. Konzept und Gründung des Kindergartens gehen auf Friedrich Wilhelm August Fröbel[89] zurück. Er war ein Pädagoge aus Thüringen und Schüler Pestalozzis (Schweiz) und führte die „Freiarbeit" in die Pädagogik ein. Die von ihm entwickelten Spiel- und Lernmaterialien wie Kugel, Zylinder und Würfel sind auch heute noch anerkannt.

Ins Zentrum seiner Pädagogik stellte er das Spiel als typisch kindliche Lebensform und seinen Bildungswert. Auch wenn zu dieser Zeit nicht ansatzweise erkennbar war, welch bahnbrechende Erkenntnisse Neurobiologen – im Zusammenwirken mit Forschern der Nachbardisziplinen – zu den Grundbedingungen einer kindgerechten Entwicklung und Förderung in den letzten 10–20 Jahren herausfanden, erahnt haben muss das große Pädagogen-Duo Pestalozzi und Fröbel diese schon. Mit ‚Kopf, Herz und Hand' sollten Kinder in einem die Sinne anregenden ‚Lern-Garten' in Ergänzung zur elterlichen Erziehung ab einem Mindestalter heranreifen. Dieses liegt idealerweise um den dritten Geburtstag, weil bis dahin, so die entwicklungspsychologischen Erkenntnisstände, wichtige Phasen der Ich-Entwicklung als Voraussetzung zum weiteren sozialen und eigenständigen Lernen absolviert sind.

Spätestens durch den Pisa-Schock wurde der Kindergarten aus seinem vermeintlichen Dornröschen-Schlaf herausgerissen. Deutschland hatte im internationalen Vergleich zu schlechte Schulabschlüsse. Da in Deutschland zu häufig abrufbares Faktenwissen als Beleg von Bildung betrachtet wird, setzte nun eine dementsprechende Offensive auch beim Kindergarten an. Um der Bildung in Kindergarten und Kindertagesstätte einen modernen, auf lebenslangem Lernen gründenden Stellenwert zu verschaffen, erarbeitete Gremien in Bund und Ländern – oft im Schnellverfahren – politische Bildungspläne, an denen sich die Erzieherinnen jetzt bei ihrer täglichen Arbeit orientieren sollen. Aus der Lernforschung wurde punktuell entnommen, dass gerade Kinder von Geburt an ‚Anregungsimpulse aufsaugende Wesen' sind. So sollten Kleinkinder an PCs oder an eine Zweit- oder Dritt-Sprache herangeführt und gleichzeitig das zweckfrei-kreative Spiel oder wichtige Selbsterkundungen reduziert werden.

Die Handlungsmaxime ‚Bildung ist gleich Wissen' äußert sich beispielsweise auch im Konzept „Hirngerechte Bildung in Kindergarten und Schule", bei dem der Schwerpunkt die Förderung der frühen mathematischen Bildung ist.[90] In klarer Abgrenzung zu solch verkopften Konzepten befindet sich beispielsweise der neue Bildungsplan für Kindergärten und Kindertagesstätten in Baden-Württemberg. Hier steht nach wie vor die ‚Freude am Spielen' im Mittelpunkt. Konkret geht es um sechs Bildungs- und Entwicklungsfelder, auf die der Kindergarten Einfluss nehmen soll:

3 Welche Faktoren fördern bzw. behindern die Entwicklung? **83**

„Körper, Sinne, Sprache, Denken, Gefühl/Mitgefühl und Sinn, Werte, Religion". Außerdem soll der Kindergarten eine tragfähige Beziehung zur Umwelt vermitteln. Bei der Umsetzung soll bewusst darauf geachtet werden, „dass es nicht um eine lehrplanmäßige Verschulung des Kindergartens geht", um so Kinder individuell, ganzheitlich sowie entwicklungs- und begabungsgerecht zu fördern.[91]

Wenn Kindergärten ihrer Aufgabe unter Berücksichtigung von ‚Kopf, Herz und Hand' nachkommen, dann erhalten Jungen und Mädchen wirklich eine Bildungschance. Auch wenn dies für manchen Politiker oder Wirtschafts-Lobbyisten verwunderlich klingen mag, auch der ‚moderne Mensch' kann nur existieren, wenn neben der Bedeutung des Gehirns auch der Kreislauf, die emotionalen Bedürfnisse, eine gesunde Ernährung sowie ein umfangreicher Einsatz der Gliedmaßen nicht zu kurz kommen. Und je umfangreicher dies in den ersten Lebensjahren fördernd berücksichtigt wird, desto stabiler und resistenter werden in der Folge Kinder und Jugendliche den vielen Herausforderungen des Lebens – auch in beruflichen Aufgabenfeldern – entgegentreten können.

Wenden wir uns nach diesen Fakten der internationalen Bindungs- und Identitäts-Forschung sowie den kurzen, aber wichtigen Eingaben zur Kindergarten-Pädagogik nun einer

84   Mit mehr Selbst zum stabilen ICH!

besonderen Passage der Bepanthen-Kinderarmutsstudie 2009[92] zu. Diese hat wesentliche „Erkenntnisse gewonnen, wie sozial benachteiligte Kinder zwischen sechs und 13 Jahren selbst ihre Situation wahrnehmen, welche Unterstützung aus ihrer Sicht nötig ist und was sie als fördernd erfahren". Demnach erleben Kinder ihre soziale Benachteiligung höchst unterschiedlich.

Gleichzeitig liefert die Studie, in der nicht Defizite von Kindern, sondern der Mangel an Möglichkeiten und guten Entwicklungsbedingungen thematisiert wird, Hinweise auf die Bedürfnisse der Kinder. Erstmals wurden Kinder in der Studie gefragt, was sie unter einem „guten Leben für alle Kinder" verstehen. Dafür wurde die von der Philosophin Martha Nussbaum konzipierte „Liste des guten Lebens", welche die Voraussetzungen für ein gutes Erwachsenenleben festhält, in eine für Kinder verständliche Sprache übertragen. Ergebnis: Am wichtigsten ist den Kindern

- „von ihren Eltern geliebt zu werden",
- „genug zu essen bekommen",
- „gute Freunde und Freundinnen haben",
- „immer jemanden zu haben, der sich um sie kümmert".

„Das heißt, Kinder wünschen sich für alle Altersgenossen gute Beziehungen, die Versorgung von Grundbedürfnissen, aber sie verlangen auch ein Recht auf Schulbildung, Gewaltfreiheit, Freizeit und medizinische Versorgung", sagt Andresen. Die große Bedeutung von Beziehungen zu Eltern, anderen Erwachsenen und Gleichaltrigen wird auch an anderer Stelle deutlich. Obwohl nach den für sie „wichtigsten Dingen" befragt, nennen die meisten Kinder nicht die Play-

3 Welche Faktoren fördern bzw. behindern die Entwicklung? **85**

station oder das Handy, sondern mit knapp 18 % zuerst Personen wie Familienangehörige und Freunde als elementare Voraussetzung für soziales Wohlergehen.[93] Auch mit diesen Daten erhalten wir – hier aus ‚erster Hand‘ – wichtige Anhaltspunkte dafür, was Kinder brauchen, um zufriedene und selbstsichere Erwachsene werden zu können. Der zwischen Klassik und Romantik einzuordnende deutsche Schriftsteller Jean Paul verdeutlicht: „Mit einer Kindheit voll Liebe kann man ein halbes Leben hindurch die kalte Welt aushalten."

Gesunde Ernährung als Voraussetzung für personale Entwicklung und Stabilität

‚Ohne geistige und körperliche Vitalität ist alles nichts.‘ Dieser salopp formulierte Satz richtet das Augenmerk auf die Bedeutung einer gesunden Lebensführung als Basis für die Entwicklung von Widerstandsfähigkeit bzw. Resilienz. Damit werden gleichermaßen die Faktoren psychischer und physischer Stabilität angesprochen. Folgende Idee könnte neugierig machen: Haben Sie schon einmal als preisbewusster Autofahrer ihren Benziner an der Diesel-Zapfsäule betankt? Oder vielleicht gibt ihnen ihr ‚grünes Gewissen‘ den Tipp, es mit Rapsöl zu probieren? Jedenfalls sind diese Treibstoffe erheblich preiswerter. Dies böte für die nächste Urlaubsreise ein willkommenes Einsparpotenzial. Verbrennungsmotor ist Verbrennungsmotor und Kraftstoff hat Kraftstoff zu sein! – Um es vorweg zu sagen, der Motor würde kräftig protestieren bzw. seinen Geist aufgeben und ein solches Experiment könnte schnell zu einer nie in Vergessenheit geratenden ‚Vor-Urlaubserfahrung' führen.

Dieses Gedankenspiel aus der Automobil-Welt lässt sich leicht auf die Versorgung unseres Körpers mit Nahrungsmitteln übertragen. In beiden Fällen reicht nicht irgendein Kraftstoff, sondern die entsprechende Verwertbarkeit muss garantiert sein. Wenn keine adäquate Verbrennung möglich ist, wird auch die benötigte Energie für Fortbewegung und Wachstum ausbleiben. Bevorzugen Sie beispielsweise anstelle von lebenswichtigen Vitaminen, Mineralien und Ballaststoffen überwiegend fette und süße Gerichte, hat der Körper so viel mit der Verarbeitung und Entsorgung dieser Substanzen zu tun, dass ihm einerseits die benötigte Energie für das tägliche Leistungspensum fehlt und andererseits dauernd neue Ecken im Körper zu suchen sind, um die überschüssigen Fette und Schadstoffe abzulagern. Irgendwann streikt dann der Verdauungsapparat mit deutlichen Funktionsstörungen. Das dabei meist entstehende Übergewicht wird spätestens beim Betreten einer Waage ins Auge springen. Die übrigen Folgen solcher Fehlernährung entwickeln sich eher im Verborgenen. Werden sie offenkundig, sind in der Regel einige Jahre verstrichen und es ist fast zu spät für die notwendige Wende.

Der menschliche Körper reagiert aber nicht so schnell und eindeutig wie ein KFZ-Motor, wenn ihm anstelle Kraft gebender Stoffe nicht oder nur schwer Verwertbares zugeführt wird. Hier ein Überblick über die häufigsten Folgen krank machender Essgewohnheiten: Antriebsmangel, Kraftlosigkeit, reduzierte Denkleistung, ein selbst produzierter Diabetes, Magengeschwüre und Verdauungsstörun-

3 Welche Faktoren fördern bzw. behindern die Entwicklung?   **87**

gen, Kreislaufprobleme, Übergewicht in Verbindung mit erhöhtem Gelenkverschleiß, ein rasant steigendes Infarkt-Risiko. Nicht selten erwachsen aus diesen Beeinträchtigungen starke psychische Störungen.

Darunter haben aber nicht nur die direkt Betroffenen zu leiden, sondern dem persönlichen Umfeld werden die daraus resultierenden Beeinträchtigungen ebenso aufgebürdet wie der Gesamtgesellschaft. Denn diese wird an den Kosten solcher ‚Fehlsteuerungen oder Unmäßigkeiten‘ über die Kranken- bzw. Sozialversicherungen zwangsbeteiligt. Wir leben in einer Zeit, wo über die Gefahren bei der Entsorgung von Atommüll kräftig gestritten und protestiert wird und gleichzeitig mutieren recht unbeachtet immer mehr Menschen zu – mehr oder weniger strahlenden – Endlagerstätten eines brisanten Gemisches aus Fett, Zucker, Teer und ähnlichen Schadstoffen.

Die Ernährung hat das Ziel, die notwendigen Substanzen für unsere Energieversorgung bereitzustellen. Damit wird die Basis für den erforderlichen Kräfteeinsatz geschaffen. Es beginnt schon kurz nach der Geburt.[94] Gestillte Kinder, die erst nach dem vierten Lebensmonat getreidehaltige Beikost bekommen, sind zum Beispiel besser geschützt als andere. So werden schon in den ersten Lebensjahren Rhythmus, Menge und Zusammenstellung der Nahrungsaufnahme grundgelegt.

Ein besonders auffälliges Symptom ungesunden Essverhaltens ist die Übergewichtigkeit. Denn: ‚Jedes Pfund geht durch den Mund.‘ Zu viele Pfunde entstehen in der Regel durch zu viel oder/und falsche Ernährung, meist in Kombination mit starkem Bewegungsmangel. Für alle, die hier blitzschnell genetische Veranlagung als Begründung heranzuziehen suchen: Dicke Menschen sind in erster Linie ein Produkt von Wohlstandsgesellschaften. Menschen in Ländern unterhalb der Armutsgrenze haben mit Hunger und Unterernährung zu kämpfen. Dort scheinen diese vermeintlichen Gene nicht zu wirken. Aber selbst wenn eine genetische Veranlagung existieren sollte, weshalb wird diese dann als Begründung bzw. Entschuldigung für Untätigkeit zu nutzen gesucht? Würden verantwortliche Eltern, bei deren Kind beispielsweise in den ersten Lebensmonaten eine deutlich erkennbare körperliche Fehlfunktion festgestellt wurde, nicht ganz anders reagieren? Fakt ist, dass zum Beispiel im Umgang mit einer angeborenen Seh- oder ähnlichen Funktions-Störung kaum argumentiert wird, dass dieses Handikap so hinzunehmen sei, weil es sich ja nachgewiesenermaßen um eine ererbte Vordisposition handle.

> Ein besonders auffälliges Symptom ungesunden Essverhaltens ist die Übergewichtigkeit. Denn: ,Jedes Pfund geht durch den Mund.'

Wer zu viel oder Falsches zu sich nimmt, leidet an Energiemangel. Wer Muskeln ihre Funktion nimmt, wird sie bald abschreiben können. Wer nicht für eine gute Durchblutung des ganzen Körpers sorgt, sollte mit gravierenden Störungen rechnen. Immer mehr Kinder, Jugendliche und Erwachsene zeigen deutliche Spuren wohlstandsbedingter Blessuren. Körperliche Schlaffheit geht häufig mit geistiger Interessenlosigkeit und ganzheitlicher Lustlosigkeit einhergeht. Selbst bei kleinen Bewegungsabläufen oder anderen Alltagserfordernissen geht blitzschnell die Puste aus. Die Folgen in Ausbildung, Beruf und Familie werden von Jahr zu Jahr deutlicher.

3 Welche Faktoren fördern bzw. behindern die Entwicklung? **89**

Die Zusammenhänge ‚Essen – Bewegung – Motivation – Leistung' sollten genau betrachtet werden. Denn jede körperliche Anstrengung trainiert den Bewegungsapparat, regt die Hirntätigkeit an, fördert den Stoffwechsel und lässt einen kräftigen Appetit – eine wichtige Voraussetzung für ein gesundes Essverhalten – entstehen. Das Untersuchungs-Fazit „Wer sich vier Wochen lang regelmäßig den Bauch vollschlägt, muss dafür zwei Jahre lang büßen" bringt auf den Punkt, dass bereits eine derartig kurze Periode exzessiver Essensaufnahme und reduzierter Bewegung eine dauerhafte Auswirkung auf das Körpergewicht und die Fettspeicherung hat. Dies haben schwedische Wissenschaftler um Asa Ernersson von der Universität in Linköping herausgefunden. Demnach ist der Anteil von Körperfett am Gesamtkörpergewicht nicht nur direkt nach der vierwöchigen Schlemmphase erhöht, sondern auch noch über zwei Jahre später, „selbst wenn das Ausgangsgewicht in der Zwischenzeit wieder erreicht wurde."[95]

„Lust auf ein neues Ich-Gefühl?" Mit dieser Überschrift inserierte eine Praxis für ganzheitliche Medizin. Weiter hieß es: „Deine Nahrungsmittel sollten deine Heilmittel sein." Achten Sie auf einen guten Stoffwechsel. Dieser versorgt jede Körperzelle mit allem, was sie braucht, schafft Gifte und Schlacken in Windeseile aus dem Körper hinaus, baut langsam aber sicher überflüssige Pfunde ab und hinterlässt ein wunderbares Gefühl der Leichtigkeit. Ihr Stoffwechsel kann aber nur dann perfekt funktionieren, wenn Sie ihm das Material dazu liefern und die nötigen Voraussetzungen dafür schaffen. Dies setzt eine gesunde Nahrungsaufnahme voraus und benötigt neben einem reichlichen Wasserkonsum ganz viel Bewegung. Besonders wenn Sie an frischer

90   Mit mehr Selbst zum stabilen ICH!

Luft – möglichst mit anderen Menschen – ausgeübt wird, unterstützt dies den Abbau von Stresshormonen, reduziert gleichzeitig die Stressanfälligkeit und wirkt sich positiv auf das Selbstwertgefühl bzw. das daraus resultierende Selbstvertrauen aus. Lernvorgänge, ob eher geistiger oder funktionaler Art, werden unbeschwerter als Gesamt-Erfahrung kennengelernt.

‚Körper, Geist und Seele bilden eine Einheit.' Je ausgewogener durch diesen Grundsatz Ihr Tagewerk geprägt ist, umso gesünder zufriedener und erfolgreicher werden Sie leben. Genau hier setzt das Konzept der Salutogenese[96] an, bei dem der Fokus nicht auf das Vermeiden-Wollen von Krankheiten, sondern auf ein angenehmes Wohlbefinden gerichtet wird. Danach ist Gesundheit nicht als Zustand, sondern als Resultat eines Prozesses förderlicher Maßnahmen zu verstehen. Der israelisch-amerikanische Medizinsoziologe Aaron Antonovsky (1923–1994) prägte den Ausdruck in den 1970er-Jahren als komplementären Begriff zu Pathogenese[97], um so das Augenmerk vom ‚so nicht' zum ‚besser so' zu lenken. Dazu einige Konkretisierungen: ‚Regelmäßiges Essen von Obst und Gemüse schützt wirkungsvoll vor Allergien. Kinder mit einem hohen Fast-Food-Konsum haben dagegen ein erhöhtes Risiko für Asthma, Heuschnupfen und Hautekzeme', so die Befunde eines internationalen Forscherteams.[98] Demnach ist die einzige und wirkliche Möglichkeit, die Abwehr-Regulatorien des Körpers zu stabilisieren, die Hinwendung zu einer naturgemäßen Lebensweise.

‚Eisenmangel führt zu Lustlosigkeit – auch im Bett' – diese Textpassage lenkt in einer speziellen Weise den Blick auf den Zusammenhang ‚Nahrungsaufnahme, persönliches Wohlbefinden und innere Stabilität'. Schlafstörungen, Li-

3 Welche Faktoren fördern bzw. behindern die Entwicklung? **91**

bidoverlust, Kopfschmerz, Müdigkeit, Leistungsschwäche oder Herzrasen – hinter diesen und vielen anderen Symptomen kann ein Eisenmangel stecken. Dabei handelt es sich um „die weltweit häufigste Mangelerkrankung". „Frauen im gebärfähigen Alter sind am häufigsten betroffen" (10–25 %), weil sie bei der Menstruation regelmäßig Blut und damit Eisen verlieren. Neben jungen Frauen gehören auch Senioren, Kinder im Wachstum, Patienten vor und nach Operationen und Ausdauer-Sportler zu den Risikogruppen. „Viele wissen gar nicht, dass sie Eisenmangel haben", denn das Beschwerdebild ist vielfältig und unspezifisch.[99]

Jede Zelle unseres Körpers braucht Eisen und Sauerstoff. Der Gastroenterologe Univ.-Prof. Dr. Christoph Gasche aus Wien erklärt: „Es ist daher das wichtigste Spurenelement im menschlichen Körper. Das meiste Eisen wird für den Sauerstofftransport im Blut benötigt, es ist aber auch für die Energiegewinnung essenziell." Ein „Eisenfeind" können auch Schmerzmedikamente sein. ‚Oft kommt es vor, dass Menschen wegen ihrer Müdigkeit, Lustlosigkeit und Verstimmung vom Arzt Antidepressiva erhalten.' Dies würde erspart, wenn sie gegen Eisenmangel behandelt würden, verdeutlicht Gasche weiter.[100] Denn „eine optimale Versorgung mit Eisen ist die Voraussetzung für Vitalität, ein intaktes Immunsystem und die ideale Durchblutung unseres Gehirns." ‚Bereits ein leichter Eisenmangel kann dazu führen, sich den ganzen Tag nur schwer konzentrieren zu können oder unter Kurzatmigkeit zu leiden.' Andererseits führt eine regelmäßig zu hohe Eisenaufnahme langfristig zu chronischen Erkrankungen.[101] Ob zu viel oder zu wenig, die falsche Dosierung zehrt an der psychischen Substanz.

,Der Westen hat so viele Lebensmittel, dass er durch diese darin gehindert wird, gut zu leben.' (Aus China)

> ,Der Westen hat so viele Lebensmittel, dass er durch diese darin gehindert wird, gut zu leben.' (Aus China)

So werden, bei unkontrolliertem, falschem oder übermäßigem Einsatz dieser ,Mittel, um gut zu leben' kräftig ungute Lebens-Bedingungen geschaffen. Die Weltgesundheitsorganisation (WHO) spricht von einer „globalen Adipositas-Epidemie".[102]

Ob es nun um Ernährungsart, Gewichtszunahme, Fettbildung, Tages-Rhythmus, Schlafmenge, den Umgang mit Genussmitteln, Trinkgewohnheiten, Medikamenten-Konsum, das Bewegungs-Verhalten oder den Detail-Aspekt ,Eisenmangel' geht, alles hat direkte Auswirkungen auf unsere Selbstsicherheit und die daraus resultierende Ausstrahlung bzw. den Umfang der Gelassenheit in Reaktion auf als störend empfundenen Außeneinwirkungen. Somit entscheidet die Ausgewogenheit eines dem Körper zugeführten Inputs über das verfügbare Output-Potenzial unserer Gesamt-Persönlichkeit. Der eigene Lebens-Stil wird zum Maßstab für das Zusammenwirken von biologischer Gesundheit und emotionalem Wohlbefinden bzw. krankheits-abwehrenden Verhaltensweisen und somit für das Selbstwertgefühl und die damit einhergehende Selbstwirksamkeit.

Aber eine auskömmliche Widerstandsfähigkeit ist das, was modernen Menschen immer mehr fehlt. Dass Viele ihre Lebensweise darauf abgestellt haben, sich Anstrengungen und unangenehme äußere Einflüsse möglichst zu ersparen, führt zu einer Verkümmerung der natürlichen menschlichen Abwehrregulationen. Wir leben in überwärmten Räumen, nehmen Medikamente bei kleinen Störungen und ignorieren wichtige Alarmsignale.[103] Wir brauchen personale Stabilität zum Überleben. Aber zu häufig reagiert der Körper wie der Croupier beim Roulette mit: ‚Nichts geht mehr!'

Zugehörigkeit zu einer sinnstiftenden Sozietät als begünstigender Faktor

Unter den vielen benennbaren positiven Faktoren jenseits der Kleinkindphase soll hier ein Aspekt besonders herausgegriffen werden: Die erfahrene Zugehörigkeit zu einer Sozietät bzw. die Eingebundenheit in ein soziales Netzwerk. Sie ist zeitlebens ein starkes Motiv, Aktivitätspotenziale in ein gemeinsames Handeln einzubringen. So erweisen sich Menschen dann als besonders resilient, wenn sie den Zusammenhalt in einer Gemeinschaft positiv fanden. Dabei erhalten neben der Familie, inklusive erlebbarer Großeltern, Freundschafts-Cliquen und Gesinnungs-Gemeinschaften für Kinder, Jugendliche und Erwachsene eine bedeutsame Funktion.

Solche Erfahrungen aus dem Zusammenleben mit Anderen führen dazu, dass diese Menschen sich eher sozial als individualistisch orientieren. In der Regel basiert dieses Verhalten auf einem gemeinsamen Wertekanon bzw. auf lebendig gehaltenen Übereinkünften. ‚Ohne Beziehung kein Erfolg; intensive Kontaktpflege ist das A und O fürs berufliche und private Leben', so das Credo des Finanzunternehmers

Carsten Maschmeyer als Spezialist für stille Verknüpfungen zwischen Politik und Wirtschaft. „Ein Leben ohne Beziehungen ist wie Tauchen ohne Sauerstoffflasche", schreibt er im Ankündigungstext für sein neues Buch *Selfmade, erfolgreich leben.*[104]

Sehr verständlich wird dies, wenn wir dazu die Forschungsergebnisse des Individual-Psychologen Alfred Adler einbeziehen. Er stellte wie kein Anderer heraus, dass der Mensch ein „Ur-Bedürfnis" nach einem ‚anerkannten Platz in der Gemeinschaft' hat. Seine Lehre hatte eine große, eigenständige Wirkung auf die Entwicklung der Psychologie und Psychotherapie im 20. Jahrhundert. Die ‚Kooperation' mit Anderen, als erstes in der Familie und später in weiteren überschaubaren Gruppierungen, ist ein besonders geeignetes Mittel, diese Anerkennung und Wertschätzung erhalten zu können.

Mit dem Hinweis von Abraham Maslow, dass Menschen durch Bedürfnisse zum Handeln motiviert werden, schließt sich der Kreis. Die auf Maslow zurückgeführte „Bedürfnis-Pyramide" verdeutlicht ihren hierarchischen Aufbau. Das heißt, bevor ein Mensch sich mit seiner Selbstverwirklichung befasst, kümmert er sich um grundlegendere Bedürfnisse wie Hunger, Durst und soziale Sicherheit. Eine emotional starke Persönlichkeit kann erst dann wachsen, wenn eine ausreichende oder zufriedenstellende existenzielle Absicherung geschaffen wurde. Wächst ein Kleinkind in der Unsicherheit oder Angst auf, ob es die nötige Versorgung erhält, wird damit gleichzeitig die ‚Ich-Du-Beziehung' beeinträchtigt. Letztlich entscheiden erfahrenes Ur-Vertrauen und der daraus gebildete Selbstwert über die Eigenständigkeit eines Individuums, die sich in den persönlichen Handlungsoptionen äußert.

Innerhalb der Auswirkung einer besonderen Verbundenheit zu Gruppierungen erhält die Funktion bzw. Rolle der organisierten Religion eine besondere Bedeutung für das Handeln des Einzelnen. Schon Carl Gustav Jung (1875–1961), der Begründer der analytischen Psychologie, beschäftigte sich mit den stärkenden Auswirkungen von Religion innerhalb seiner therapeutischen Arbeit[105], und Albert Einstein sah in der Religion einen geeigneten Weg zum Streben nach vernünftiger Erkenntnis. Hier ergänzen sich gemeinschaftliches Verbundensein und eine starke – meist klar definierte – Wertebasis.

Durch die Analyse der Daten der National Longitudinal Study of Adolescent Health, an der 10.000 Jugendliche teilnahmen, wiesen Glen Elder und Mark Regnerus nach: ‚Die Einbindung in eine religiöse Gemeinschaft erhöht die Resilienz nachweislich.'

> ‚Die Einbindung in eine religiöse Gemeinschaft erhöht die Resilienz nachweislich.'

Es gab durchweg eine positive Korrelation zwischen Kirchgang und Schulnoten, und je ärmer ein Jugendlicher war, desto stärker war diese Korrelation. Es konnte zudem festgestellt werden, dass nicht die Religiosität selbst, sondern die Einbindung in eine religiöse Gemeinschaft zu den guten schulischen Ergebnissen führte. Arme Jugendliche, die zwar fromm, aber nicht in eine Gemeinschaft eingebunden waren, hatten genauso schlechte Schulnoten, wie ihre weniger religiösen Altersgenossen. Neben den Schulnoten wurden auch das psychische und physische Wohlbefinden durch die Einbindung in eine Glaubensgemeinschaft positiv beeinflusst: „Was wir in der Kirche finden, ist eine Gruppe von Leuten, die Werte teilen und denen es auf den Erfolg des Kindes ankommt", kommentierte Elder das Ergebnis. Diese gelebte Werte-Basis führte unter anderem zu besserer Selbstdisziplin und einer ausgeprägteren Kontrollüberzeugung.[106] Von diesen sich nicht isolierenden, sondern sich aktiv im Kontakt zu Gleichgesinnten einbringenden Eltern profitierten natürlich auch die Kinder, indem diese wiederum von sich aus Verantwortung in sozialen Gruppen übernahmen.

Andere Studien kamen zu ähnlichen Ergebnissen. Es konnte etwa festgestellt werden, dass nach den Verwüstungen durch den Hurricane Katrina in New Orleans die Nachbarschaft rund um die katholische „Mary Queen of Viet Nam Church" als eine der ersten wieder aufgebaut war; dabei handelte es sich um eine der ärmsten Nachbarschaften von New Orleans. Die Antwort war einfach: Die Kirche hatte ein Programm namens „Mary Queen of Viet Nam Community Development Corporation" (MQVN CDC) ins Leben gerufen, und Nachbarn hatten sich gegenseitig geholfen, nach den Verwüstungen ein neues Leben aufzubauen. Doch wie kam es zu der großen Bereitschaft, bei diesem Programm teilzunehmen und seinen Nachbarn zu helfen, selbst wenn man keinen direkten Nutzen davon hatte? Nachforschungen ergaben, dass durch den von vielen Nachbarn gelebten gemeinsamen Glauben ein eng geknüpftes soziales Netzwerk existierte, mit der „Mary Queen of Viet Nam Church" als Zentrum. Ein Anwohner: „Schon vor dem Hurricane Katrina haben wir uns jeden Tag getroffen. Wir gingen zusammen zur Kirche. An den Wochenenden haben wir sogar morgens und abends die Kirche aufgesucht. Wir haben auch zusammen gegessen. Wir haben unsere gesamte Freizeit zusammen verbracht."[107]

Auch für den schon diskutierten Erfolg der Kinder der vietnamesischen Boat People (die zum Teil katholisch waren) wird der Glaube eine Rolle gespielt haben. Nach Studien von Caplan, Rumbaut und Ima sowie von Bankston und Zhou, waren katholische vietnamesisch-stämmige Amerikaner noch erfolgreicher, als vietnamesisch-stämmige Amerikaner, die einer anderen Religionsgemeinschaft angehörten. Der häufige Besuch der katholischen Kirche führte zu einer stärkeren Einbindung in soziale Netzwerke, die zum einen Unterstützungsleistungen boten und zum anderen auch Werte vermittelten. Dies löste eine starke Aufwärtsmobilität aus.[108] Zeitungs-Überschriften wie ‚Religiöse Menschen leben länger, nehmen weniger Drogen, werden seltener kriminell, sind glücklicher verheiratet und leben zufriedener' werden so nachvollziehbar.[109]

Die Mischung aus Religionszugehörigkeit, persönlicher Glaubensüberzeugung, praktizierter Spiritualität, aktiven Kontakten zu Gleichgesinnten und ein Leben in Sinnzusammenhängen schafft nach Prof. Dr. Klaus Baumann – einem Theologen aus Freiburg – in der Regel eine „Ordnung des Lebens". Daraus resultieren starke Kräfte zur Krisen-Bewältigung bzw. Konflikt-Regulation. ‚Der Glaube gibt Kraft und die Gruppe bietet Halt und praktische Unterstützung. Gelebte Spiritualität kann keine Naturgegebenheiten des Menschen außer Kraft setzen, aber sie kann viel Zuversicht im Umgang mit Trauer, Leid, Versagen und Scheitern aktivieren.'

‚Im Verein ist Sport am schönsten', dieser Slogan bringt die Erfahrung auf den Punkt, dass im Zusammenwirken mit

Anderen – meist gleichgesinnten – Menschen eine große Kraftquelle für mehr Lebenszufriedenheit liegt. Interaktionen weiten das eigene Blickfeld und sind ein Trainingsfeld zur Steigerung von sozialer Kompetenz. Kooperatives Handeln erweitert die Umsetzungs-Möglichkeit von Vorhaben. Das ‚Feiern‘ gemeinsamer Erfolge hat eine tiefere Nachhaltigkeit als ein einsamer Sieg. Ob Natur-Erkundung, Abenteuer-Reise, soziale Projekte, Wochenend-Ausflüge, Video-Filmclubs, Fahrrad-Touren, Tanzkurs, Wander-Woche, Koch-Treff, Geburtstags-Feier, Krimi-Dinner, Grill-Party, Konzert-Abend oder Public-Viewing, immer führen interessante Unternehmungen mit Anderen zu neuen Sichtweisen und einer erhöhten emotionalen Erregung. Diese wiederum aktivieren die Ausschüttung des Glückshormons Serotonin mit der Folge, dass ein wohliges Gefühls-Gemisch aus Erfolg und Zufriedenheit einsetzt. Die Werbung hat's begriffen und versucht das Konsumverhalten per Erlebnis zu steigern.

All das bringt Menschen zusammen, reduziert Einsamkeit, ermöglicht anregende Kontakte, lässt die alltägliche Tristesse überwinden und verordnet einem ‚Schwach-Ich‘, das sich ständig in den Mittelpunkt zu stellen versucht, eine Auszeit. Wer sich in eine Gemeinschaft förderlich einbringt, erhält Wertschätzung, welche sich identitätsfördernd auswirkt und die Basis von gegenseitiger Hilfeleistung ist. ‚Wer gibt, erhält auch!‘ So wird aus der Erfahrung ‚Gemeinsam geht's besser, ist's leichter‘ eine nie versiegende Kraft-Quelle für ein stabileres Ich.

Unterforderung und Verwöhnung als Multi-Blocker von Ich-Stärke

„Jedes Kind hat ein Recht, vor verwöhnenden Menschen geschützt zu werden!" Dieser Appell stand quer über einem Plakat der UN-Kinderechts-Konvention in einer individualpsychologischen Praxis.[110] In einer Seminararbeit zum Thema Verwöhnung fand ich die These „Wer verwöhnt, verstößt gegen das Gesetz",[111] weil so das Kindeswohl missachtet wird. Das Leben lehrt uns, dass eine nicht altersgemäße Herausforderung im Sinne einer Unterforderung schnell zur Überforderung führt, weil die Betroffenen nicht für das Leben ermutigt, sondern stattdessen entmutigt werden. Denn wer grundlegende Dinge nicht lernt, kann – teilweise recht banal und alltäglich wirkende – Aufgaben nicht lösen. Die Betroffenen reagieren dann abweisend, fühlen sich unter Druck gesetzt, abgelehnt oder gar gemobbt.

Subjektiv mag das verständlich sein, aber objektiv fehlt es grundlegend an Wollen und Können. Das Leben ist halt kein Zuckerschlecken, und die jeweiligen Aufgaben bzw. Herausforderungen in Beruf, Partnerschaft und Familie erfordern eine beträchtliche Menge an Mut, Zielstrebigkeit und Kraft. Verweichlicht oder überbehütet aufgewachsene Menschen werden somit wenig Widerstandskraft zur eigenständigen und selbstverantwortlichen Bewältigung der jeweiligen Aufgabenstellungen haben.

Mit seiner Analyse des verwöhnten Oblomow[112] umriss Josef Rattner[113] wesentliche Grundgedanken der Individualpsychologie. Er zeigt auf, dass dieser nach Jahren Erwachsene kleinsten Anforderungen des Lebens nicht gewachsen ist und sich vor diesen Schutz suchend den Tag meist im Bett aufhält. Alles Bewegen ist Belastung, jede Begegnung angstbesetzt. Das Fazit: ‚Ein substanziell entmutigter Mensch ist nicht lebensfähig.'

Diese auf Alfred Adler zurückgehende tiefenpsychologische Sichtweise hat sich wie kaum eine Andere mit den Folgen der Verwöhnung in der Erziehung beschäftigt. Adlers Menschenbild drückte sich gut in dem von Nietzsche übernommenen Gedanken „nur im Schaffen gibt es Freiheit" aus. Auf die hier erörterte Fragestellung bezogen heißt das: Verwöhnte Kinder oder Erwachsene werden sich nicht positiv in eine Gemeinschaft und somit auch keinen anerkannten Platz in dieser einnehmen können. Die notwendige Fähigkeit und Stärke zur Lebensbewältigung bleibt dann auf der Strecke.

Nach Adler sind Verwöhnung und Vernachlässigung die größten „Bürden in der Kindheit". Eine ausbleibende Förderung der Fähigkeiten des Einzelnen führt dazu, dass Menschen einen Platz in der Gemeinschaft zulasten Anderer einzunehmen suchen. Wird der Einzelne dazu aufgefordert, stärker die Verantwortung für das eigene Leben tragen zu sollen, wird in der Regel das von Adler als „Ja-Aber" bezeichnete Grundmuster neurotischen Reagierens deutlich. Scheinbar wird eine Aufgabe akzeptiert, gleichzeitig aber für unlösbar erklärt. Eine typische Redewendung: ‚Grundsätzlich betrachte ich dies ja als möglich, aber bei diesen Rahmenbedingungen kann es nicht gelingen.'

Verwöhnte Menschen sind Meister der Inszenierung von Hilflosigkeit bis hin zur Panikmache, um so Zuwendung durch Unterstützung zu erlangen. Gleichzeitig sind sie Opfer ihrer vielfältigen Schwächen. Diese äußern sich als Unsicherheiten und Fluchttendenzen bis hin zu hypochondrischen Ängsten. Alles was den Menschen jedoch ängstigt, „macht ihn nicht besser, sondern böser"![114] Unberechenbarkeit und ein gemeinschaftsschädigendes Verhalten sind die Folgen. Damit werden äußerst ‚geeignete' Begründungen für eine grundlegende Verweigerung dem Leben gegenüber geschaffen. Alles, was zu einem eigenen Beitrag, zum Mittun herausfordern könnte, wird wegen zu großer Mühe oder offensichtlicher Unerreichbarkeit abgelehnt. Dies zeigt einen gewissen Infantilismus; die menschliche Reife lässt stark zu wünschen übrig.

‚Verwöhnte sind im Freudschen Sinne in ihrer Entwicklung beim ‚Lustprinzip' stehengeblieben und haben das ‚Realitätsprinzip' nur teilweise adoptiert.' Die Handlungsfähigkeit des Verwöhnten ist deutlich eingeschränkt, das Gemeinschaftsgefühl stark reduziert. „Sein Verbundenheitsgrad mit den Mitmenschen reicht nicht hin, um in Arbeit, Liebe und Gemeinschaft (die drei Lebensaufgaben) einen nützlichen und produktiven Beitrag zu leisten. Aus Angst vor dem Versagen erfolgt ein Ausweichen in die Phantasie, in eine ‚fiktive Lebensführung'. Der neurotische Zusammenbruch kommt in der Regel zustande, wenn das Leben dem nur ungenügend vorbereiteten ‚Kranken' an den Leib rückt, von ihm Leistungen und Lösungen fordert, die zu geben er nicht imstande ist oder zu sein glaubt." Als Ausweg-Mechanismus „tritt dann die ‚Flucht in

> Verwöhnte sind im Freudschen Sinne in ihrer Entwicklung beim ‚Lustprinzip' stehengeblieben und haben das ‚Realitätsprinzip' nur teilweise adoptiert.

die Krankheit' in Erscheinung, ein Rückzugsmanöver von der ‚Front des Lebens', das erleichternd und entlastend wirken soll".[115] Entsprechend bezeichnet Alfred Adler die Verwöhnung als „wichtigste Wurzel psychischer Entwicklungshemmungen".[116]

Eine fatale Situation ergibt sich für den Verwöhnten bei seinem dauernden Kreisen um sein minderwertiges, schwaches Selbst. Denn „je weniger man ‚in sich selbst' ist, um so mehr möchte man es sein und gelten; man giert immer nach dem Schein, wenn das Sein nicht zu tragen vermag".[117] Das ‚Minderwertigkeitsgefühl' ist nach Adler das „Kernstück jeder pathologischen Entwicklung des Seelenlebens".[118] Vom Grundsatz sehen verwöhnte Menschen schon die Möglichkeit, sich aktiver in das soziale Umfeld einzubringen; aber die Welt müsste dazu doch etwas positiver sein. Wozu sollte man sich vital durch Arbeit oder Liebe in die Welt einbringen, in der doch so viele Missstände vorherrschen?[119] Irgendwann „verdichten sich sein Pessimismus und seine Ängstlichkeit zum ‚Minderwertigkeitskomplex'", was nach Rattner zu einem krankhaften Stillstand der seelischen Bewegung führt.[120] Da der verwöhnte Mensch in der Kindheit die falsche Information bekommen hat, dass sich alles im Leben um ihn dreht, hat er diese Meinung auch noch als Erwachsener.

Parallel zu Alfred Adler bietet der verhaltensbiologische Ansatz des Felix von Cube weitere Ansatzpunkte zur Verdeutlichung. Seine These lautet, dass Verwöhnung Ausdruck von „Lusterleben ohne Anstrengung" sei. Mit seiner in etlichen Auflagen erschienenen Schrift *Fordern statt verwöhnen – Die Erkenntnisse der Verhaltensbiologie in Erziehung und Führung* stieß der als Professor für Erzie-

3 Welche Faktoren fördern bzw. behindern die Entwicklung? **103**

hungswissenschaft an der Universität Heidelberg Tätige vor gut 20 Jahren eine teilweise leidenschaftlich geführte Diskussion an. Er stellte heraus, dass man in der Alltagssprache unter einem verwöhnten Menschen jemanden versteht, „der es gewohnt ist, dass seine Bedürfnisse sofort und lustvoll befriedigt werden. Kommt nur geringer Durst auf, verlangt er sofort zu trinken, und zwar nicht Wasser, sondern Bier, Wein, gesüßten Fruchtsaft oder dergleichen. Kommt auch nur geringer Hunger auf, verlangt er lecker und lustvoll zu speisen, kommen sexuelle Bedürfnisse auf, verlangt er nach rascher Befriedigung ohne lange Investition. Verwöhnt wird aber auch derjenige genannt, der jede Anstrengung scheut, der sich ‚hinten und vorne' bedienen lässt, der seine Aktivitäten am Fernseher erlebt, der auch kurze Strecken mit dem Auto fährt usw."[121] Zwangsläufig nimmt so der Einsatz von Kraft, Zeit und Strebsamkeit zur Erreichung von Zielsetzungen ab; stattdessen steigen die Ansprüche ständig bis ins Unermessliche. Werden sie nicht entsprechend erfüllt, wächst aggressives Verhalten.

„Wir strengen uns nur dann an, wenn die Triebbefriedigung es verlangt. Wird uns das Essen serviert, sexuelles Handeln leicht gemacht, der Sieg geschenkt, so haben wir kein Motiv, keinen ‚Beweggrund' mehr, unser Aktions- und Kampfpotenzial einzusetzen."[122] Zur besseren Nachvollziehbarkeit dieser Zusammenhänge hier eine Kurz-Skizzierung der verhaltensbiologischen Forschungsergebnisse von Cubes: Nach dem Gesetz der doppelten Quantifizierung kommt eine Triebhandlung und das damit verbundene Lusterlebnis nur dann zustande, wenn entweder die Triebstärke oder die Reizintensität – oder beide – genügend hoch sind. Ein niedriges Reizniveau macht eine

104 Mit mehr Selbst zum stabilen ICH!

hohe Triebstärke erforderlich, schwach ausgeprägte Triebe benötigen starke Reize, um eine Reaktion auszulösen.[123]

Da Verwöhnung auf eine schnelle Reduzierung von Reizen baut, sich diese jedoch mit der Zeit abschleifen, müssen sie ständig verstärkt werden. Dies führt, damit ein Reiz noch reizen kann, zu einer permanenten Erhöhung von Ansprüchen. „Können die immensen Ansprüche nicht erfüllt werden, kommt es zu weiteren Frustrationen und damit zu einem" sich verstärkenden Aktionspotenzial. Dieses äußert sich in ‚aggressiver Langeweile'.[124]

In diesem Zusammenhang hat die Verwöhnung ‚deutlich zwei Komponenten: sofortige Triebbefriedigung und Vermeidung von Anstrengung'. Monika Meyer-Holzapfel spricht treffend von der Nichtaktivierung von Trieben. „In dieser Formulierung steckt sowohl die Nichtaktivierung spontaner Werkzeugaktivitäten als auch die Nichtaktivierung des Triebpotenzials selbst." In der Situation wird das Prinzip vom ‚schnellen und leichten Genuss' als angenehm erlebt; häufig hält dieser Zustand jedoch nicht lange an. Es entsteht nach Konrad Lorenz das Problem einer „Tatenlosigkeit der Überfütterung" mit folgender Auswirkung: „Die Reize müssen der Abstumpfung wegen ständig erhöht werden",[125] gleichzeitig staut sich jedoch das Triebpotenzial. Jede Bewegung, jegliches explorative Verhalten wird so verhindert.

Verwöhnte Menschen geraten schnell in folgenden – sich selbst verstärkenden – Teufelskreis: Ein „mangelnder Einsatz von Bewegungspotenzial führt zu Muskelschwäche und Kreislaufstörungen, zur Abnahme der Leistungsfähigkeit, dies wiederum macht den Einsatz der Werkzeuginstinkte mühevoll, und man bewegt sich noch weniger. Sämtliche

3 Welche Faktoren fördern bzw. behindern die Entwicklung? **105**

dem Bewegungsmangel entspringende Zivilisationskrankheiten unterliegen dieser Rückkopplung."[126] Erhält ein Kleinkind zulange Brei oder Fertig-Nahrung, reduziert das ausbleibende Kauen die Zahnentwicklung mit der Folge gezielter Kau-Verweigerung. Gleichzeitig entwickeln sich der Kiefer und gesamte Mundbereich nicht so, wie dies als Resonanz-Raum für die Lautbildung nötig ist. Reduzierte Bewegungsabläufe wirken sich nicht nur auf Muskeln und Knochenbau, sondern auf Dauer auch auf die sozialen Kontakte aus. Sie reduzieren die geistige Entwicklung, werden bald Übergewicht produzieren, was wiederum die Anstrengungs-Motivation minimiert und sich als mangelhafte Bewegungs-Aktivität äußert.

Liegt der Grund für ein fehlendes Zugehen auf andere Menschen anfänglich in der zu großen Bequemlichkeit, wird dieser Trend im Laufe der Zeit durch ein geschrumpftes Selbstwertgefühl verstärkt. Mit einem schwachen Ich traut man sich erst recht nicht aus den ‚häuslichen vier Wänden', was einer selbstbezogenen Verharrung einen weiteren Negativ-Schub gibt. Werden Kinder verwöhnt, sind damit meist alle Bereiche betroffen. Diese Wechselwirkungen liegen nicht nur an einem aus sich heraus wirkenden Automatismus beim Kind, sondern daran, dass die Hauptbezugs-Personen in der Regel nach demselben Grundmuster – dem leichtesten Weg – handeln.[127]

Verwöhnung pflanzt sich durch Verwöhnung fort. Trotz aller kontrovers geführten Diskussionen zur Erziehung scheint sich die Verwöhnung als zeitüberdauernde Konstante zu behaupten. Immer neu werden nachwachsende Generationen zu Opfern, die zeitlebens mit den zugrunde gelegten Verhaltensstörungen leben müssen. B. Hasenstein schreibt über Verwöhnung als Erziehungsfehler: „Dem verwöhnten Kind werden alle Wünsche sogleich erfüllt, ohne dass es eigene Aktivität und Phantasie entfaltet, Mühe und Anstrengung aufbringt, und ohne dass es zu Triebaufschub und Triebverzicht fähig wird."

Zur Differenzierung ist die Unterscheidung zwischen ‚verwöhnt werden' und ‚sich verwöhnen' wichtig. Dies hervorzuheben ist deshalb klärend, weil häufig Verwöhnung nur im Zusammenhang mit Erziehung gesehen wird. Aber das Gesetz der doppelten Quantifizierung wirkt genauso zwischen Erwachsenen wie auch im Umgang mit sich selbst. Insoweit wird Verwöhnung nicht nur erduldet, sondern auch gesucht. Denn der Mensch wollte immer schon Lust ohne Anstrengung genießen. Das schadet nicht nur dem nach Verwöhnung Trachtenden und seinem sozialen Umfeld, sondern verursacht auch lebensbedrohliche ökologische Probleme. Denn „Anspruchsverwöhnung führt letztlich zur Zerstörung der Umwelt, Anstrengungsverwöhnung zu Aggression und Selbstzerstörung".[128]

Zum Abschluss eine Kurz-Rezeptur für den Fall, dass Sie sich zwischen ‚lockender Verwöhnung' und ‚nüchterner Einsicht' hin- und hergerissen fühlen sollten: „Lust ohne Anstrengung" höhlt schnell die Lust aus, „Anstrengung ohne Lust" ist bestenfalls als Buße tauglich. Nein es geht – im Rückgriff auf Konrad Lorenz – um eine „ausgeglichene Lust-Unlust-Ökonomie".[129]

Wenden wir uns der Art, Intensität und Qualität der Sprach-Entwicklung und Sprech-Fähigkeit zu. Beides geschieht in der Regel nicht im Rahmen eines organisierten Lernprogramms, sondern ist das Ergebnis eines aktiven Umgangs zwischen Erwachsenen und Kindern. Dieser Vor-

3 Welche Faktoren fördern bzw. behindern die Entwicklung?   **107**

gang wird als ‚Erwerb der Muttersprache' bezeichnet. Dass nicht nur die Mutter, sondern auch der Vater und andere Beziehungspersonen an diesem Prozess beteiligt sind, ist selbstverständlich. Fakt ist aber, dass richtig sprechenden Bezugspersonen die Hauptfunktion zukommt. Da jedoch der Spracherwerb in der Regel mit Mühe, Übung, Zuwendung, Kontinuität und Zeit verbunden ist, werden Trägheit, Inkonsequenz, fehlende Empathie und Zeitmangel starke Beeinträchtigungen nach sich ziehen.[130]

Bei der Einschulung wird festgestellt, dass immer mehr Kinder – auch ohne Migrations-Hintergrund – sprachlich unterentwickelt sind, sowohl auf den Wortschatz als auch auf die Artikulationsfähigkeit bezogen. Da es sich bei der Fähigkeit der Sprach-Nutzung um *die* Schlüssel-Kompetenz zur Lebensbewältigung handelt, reduzieren Defizite in diesem Bereich automatisch das Ausmaß von Weltermächtigung und Lebenszufriedenheit. Den Betroffenen fehlt dann nicht nur die Basis der Interaktion, sondern sie werden sich auch wichtige Texte für unterschiedlichste Vorhaben in Beruf und Freizeit nicht erschließen können bzw. dies gezielt vermeiden. Damit wird wiederum die Entwicklung von Ich-Stärke und Handlungs-Kompetenz immens verhindert.

Die Unterforderungs- bzw. Verwöhn-Regeln konkret:

- Falsches Helfen → Eltern oder andere Erziehungskräfte übernehmen die vom Nachwuchs selbst zu erlernenden Funktionen
- Fehlende Begrenzung → Eltern oder andere Erziehungskräfte kapitulieren vor den Aktionen der Kinder bzw. Jugendlichen

108   Mit mehr Selbst zum stabilen ICH!

- Ausbleibende Herausforderung → Eltern oder andere Erziehungskräfte verhindern eine Mut machende Entwicklung

Die Konsequenz ist: Wenn ich etwas nicht erlerne, kann ich es nicht. Wenn ich es aber brauche oder möchte, bin ich abhängig von Anderen. Geben mir diese nicht (mehr) das Erwünschte, werde ich es beanspruchen und einfordern. In Kurzform: Nichtkönnen produziert Abhängigkeit und Anspruchsverhalten! Die Unterforderungs-Überforderungs-Hypothese wird als – gegen sich selbst oder Andere gerichtetes – aggressives Verhalten deutlich.

Somit verhindert ein verwöhnender und inkonsequenter Umgang Interesse und Neugier, Auseinandersetzungsbereitschaft, Kraft und Ausdauer, Zielstrebigkeit, angemessene Rückmeldungen, Grenzerfahrungen, selbstgeschaffenen Erfolg, ein realistisches Selbstbild, Selbstvertrauen (wer sich nicht traut, traut auch keinem Anderen), Eigenständigkeit, Verantwortung, soziale Kompetenz, Toleranz und Rücksicht. Je grundlegender der Umgang mit Kindern durch verwöhnende Verhaltensweisen geprägt ist, umso umfangreicher wird die wichtige Selbst-Kompetenz verhindert. Stattdessen lautet die subtile Botschaft des Verwöhners: ‚Ich traue es dir nicht zu, ich halte dich für schwach, schau auf meine Stärke!' Anstelle eigenen Probierens agieren Andere. ‚Ich mache es schon für Dich', so die nett klingende Entmündigungs-Offerte. Wer dies häufig erfährt, wird in vergleichbaren Situationen erneut auf den ‚Tischlein-deck-Dich-Effekt' setzen. Denn wer lernt, dass Erfolge ohne eigene Aktivitäten möglich sind, wird sich diesem Lebensmuster ausliefern, selbst wenn eigenes Handeln sinnvoll

3 Welche Faktoren fördern bzw. behindern die Entwicklung?

oder notwendig wäre. So wird Eigenverantwortung und Resilienz verhindert. Letztlich führt jedes Anstelle-Handeln zu „erlernter Hilflosigkeit".[131] Verwöhnung und Unterforderung verhindern somit ein selbstbestimmtes Leben.

Jede Gesellschaftsform hat ihre eigenen Erziehungs-Leitlinien. Da sich das Leben in einer Spaß- und Konsumgesellschaft an der leicht erreichbaren Annehmlichkeit bzw. einer ‚Jetzt-und-sofort-Mentalität' orientiert, wirkt sich dies auch auf den Umgang mit Kindern aus. In den Leitsätzen ‚Lernen muss Spaß machen', ‚unserer Kinder sollen es besser haben', ‚Genuss pur', ‚trendy sein' und ‚Mithalten' präsentieren sich die Handlungsmaximen. Die Lebenserfahrung ‚ohne Fleiß (und Anstrengung) kein Preis' wird in diesem Zusammenhang weitestgehend aus dem Alltag verbannt. In der Folge haben zu viele Menschen kollektiv verdrängt: ‚Wachstum entsteht durch Anstrengung, durch das eigenständige Meistern von Aufgaben oder Problemen.' Um diese aufgreifen zu können, brauchen Kinder kein – durch Erwachsene eingebrachtes – ‚ich mach das schon für Dich'. Nein, sie benötigen wohlwollende und zielgerichtete Ermutigungen, um die auf sie zukommenden Herausforderungen des Lebens aufgreifen und meistern zu können.

Dabei sind Härte oder Strenge kontraproduktiv, weil sie die Entwicklung von Eigenmotivation und Selbstständigkeit verhindern. Stattdessen sind Klarheit, Verlässlichkeit und zeitnahe Rückmeldungen unerlässlich. Kinder und Jugendliche brauchen Initiativen zur Entwicklung von Eigentätigkeit, Selbstverantwortung, Durchhaltevermögen, Problemlösungsfähigkeiten und Kreativität als Voraussetzung von Erfolg – und daraus resultierender Zufriedenheit!

110   Mit mehr Selbst zum stabilen ICH!

‚Wenn Eltern und andere Erziehungskräfte zu dieser Eigenständigkeit ermutigen, engagiert Orientierung bieten, für mehr Klarheit und Konsequenz in Erziehung und Bildung sorgen, Grenzen verdeutlichen und wohlwollendes Verhalten zeigen, fördern sie die Eigenständigkeit und Widerstandsfähigkeit der ihnen anvertrauten Kinder.'[132] So wird in eine nachhaltige, lebenswerte und Zufriedenheit schaffende Zukunft investiert – oder auch nicht. Das Statement des bekannten Jugendforschers Prof. Klaus Hurrelmann ist vor diesem Hintergrund Situationsanalyse und Appell zugleich: „Kinder bekommen zu wenig von dem, was sie brauchen, wenn sie zu viel von dem bekommen, was sie wollen!"

Trennung und Scheidung als vom Kind erlebter Selbstwertverlust

Unter der Überschrift „Auf die Familie kommt es an" trugen drei US-amerikanische Wissenschaftlerinnen[133] die Ergebnisse soziologischer Familienforschung aus den USA zusammen, um so die Wirkung unterschiedlicher Familienstrukturen auf die Entwicklung von Kindern ins Blickfeld zu rücken. Sie erläutern: „Bei einer traditionellen Familienstruktur handelt es sich um Haushalte mit einem verheirateten Elternpaar und ihren leiblichen Kindern. Zu den nicht traditionellen Strukturen gehören Familien mit einem leiblichen Elternteil und einem Stiefelternteil, einer alleinerziehenden Mutter oder alleinerziehendem Vater, nicht eheliche Lebensgemeinschaften oder andere Verwandte, die für die Kinder sorgen."

3 Welche Faktoren fördern bzw. behindern die Entwicklung? **111**

Sie begründen ihre Arbeit damit, dass es immer mehr Kinder gibt, die in nicht-traditionellen Familien aufwachsen. Daher sei es dringend erforderlich zu untersuchen, welchen Einfluss die jeweilige Familienstruktur auf die schulische und soziale Entwicklung des Kindes hat. So zeigten die meisten Forschungsergebnisse, dass Kinder aus sogenannten traditionellen Familien bessere Schulleistungen, eine ausgeprägte Ambiguitäts-Toleranz, geeignetere Konfliktlösungs-Modelle, eine größere Zielstrebigkeit und bessere Voraussetzungen zur Lösung von Problemen oder Herausforderungen hatten.

Im Gegensatz dazu stellte sich heraus, ‚dass Kinder in nicht traditionellen Familienstrukturen häufiger unter Stress, Depressionen, Angst und Minderwertigkeits-Gefühlen litten'.[134] „Der negative Einfluss der nicht ehelichen Lebensgemeinschaften auf das kindliche Wohlergehen war bei den Ängsten und Depressionen besonders hoch." Außerdem zeigten diese Jugendlichen aus nicht traditionellen Familien schlechtere schulische Leistungen. „Bei Jugendlichen zwischen 12 und 15 Jahren aus nicht intakten Familien bestand eine zwei- bis zweieinhalbfach höhere Wahrscheinlichkeit, dass sie sexuell aktiv waren, als bei Jugendlichen aus intakten Familien." Kinder, die mit ihren leiblichen Eltern aufwachsen, werden von den Eltern am stärksten unterstützt. „Kinder aus Stieffamilien berichten über die geringste Unterstützung."[135] Auch die hier vorgelegten Fakten zeigen auf, was die Forschung bereits mehrfach nachwies, dass es einen signifikanten Zusammenhang zwischen der Struktur einer Familie und deren Leistung für das Wohlergehen des Kindes gibt. In Kurzform: „Es besteht kein Zweifel darüber, dass Kinder aus nicht traditionellen Familien benachteiligt sind.“[136]

Die Psychologin Judith Wallerstein aus Kalifornien verfolgte 25 Jahre lang das Leben von 93 Kindern aus zerbrochenen Ehen. Dabei stellte sich heraus, dass die Scheidung der Eltern großen Einfluss auf das spätere Liebesleben der Kinder hat. Die Hälfte der beobachteten Scheidungswaisen heiratete bereits vor dem 25. Lebensjahr. Dieses Verhalten kann als Flucht aus dem Elternhaus gedeutet werden. So ist es nicht verwunderlich, dass 60 % dieser Ehen wieder geschieden wurden, in der Vergleichsgruppe waren es nur 25 %. Außerdem hatten nach dieser Studie 25 % der Scheidungswaisen noch vor ihrem 14. Geburtstag Kontakt mit Alkohol und Drogen, in der Gruppe der Vergleichskinder waren es nur 9 %. Die Psychologin nimmt diese Ergebnisse als Beweis dafür, dass eine Scheidung substanzielle und langfristige Folgen hat.[137]

Eine kürzlich erschienene Studie des deutschen Robert-Koch-Instituts untersuchte, wie weit die Familienverhältnisse mit der Anzahl psychisch erkrankender Kinder korrelieren. ‚Es zeigte sich, dass aus ‚intakten‘ Familien mit Vater und Mutter die Rate etwa bei 12 % liegt, bei Kindern alleinerziehender Eltern oder aus Patchworkfamilien jedoch auf etwa 24 % ansteigt.‘ Eine im Oktober 2012 veröffentlichte Studie der Universität Duisburg-Essen ging der Frage nach, wie unterschiedlich sich die Trennung von Eltern auf Jungen und Mädchen aus-

> Die Rate psychischer Erkrankungen bei Kindern aus ‚intakten‘ Familien mit Vater und Mutter liegt bei etwa 12 %, bei Kindern alleinerziehender Eltern oder aus Patchworkfamilien steigt die Rate auf etwa 24 % an.

3 Welche Faktoren fördern bzw. behindern die Entwicklung? **113**

wirkt. Danach gibt es „zum Teil erhebliche Unterschiede. So zeigt die Untersuchung, dass Jungen unter der Trennung ihrer Eltern vor allem im Bezug auf ihre schulischen Leistungen sehr viel mehr ‚leiden' als Mädchen. Die Studie ergab auch, dass erwachsene Scheidungskinder, die die Scheidung der Eltern im Alter bis zu 18 Jahren miterlebt haben, einer späteren Heirat ablehnender gegenüberstehen als erwachsene Studierende, die in intakten Familien aufgewachsen sind."[138]

Da Kinder aus Trennungs- und Scheidungsfamilien in der Regel im Bereich vieler Grundbedürfnisse elementare Brüche oder Defizite erfahren haben, bedürfen sie besonders wirkungsvoller Mangelausgleichs-Zuwendung. Unterbleibt diese, werden mit großer Wahrscheinlichkeit die vielen kaum verkraftbaren emotionalen Blessuren nicht nur die eigene Lebens-Zufriedenheit bzw. -Fähigkeit reduzieren, sondern auch zusätzlich in die nächste Generation getragen. Eine deutliche Portion Zuversichtlich bei dem hier notwendigen Engagement kann aus der Erfahrung geschöpft werden, dass die verschiedenen wissenschaftlich zusammengetragenen Fakten zum Thema ‚Trennung und Scheidung' zwar statistisch erwartbare Störungen bzw. Beeinträchtigungen vorhersagen, diese aber im Einzelfall durch ein äußerst beherztes und wirkungsvolles Handeln stark reduziert werden können. So gibt es nicht wenige Beispiele, wo getrennt lebende Eltern ihren eigenen Beziehungs-Konflikt soweit aufgearbeitet hatten, dass sie wieder in abgestimmter Weise gemeinsam für ihre Kinder handeln konnten. Werden dann auch noch die neuen Hauptbezugspersonen des Kindes – Stiefmutter oder Stiefvater – in ein förderliches Gesamthandeln einbezogen, sind dies gute Chancen zum Abmildern bzw. Ausgleichen der seelischen Verletzungen und Enttäuschungen.

Finden Kinder keine – oder zu wenig – Unterstützung in ihrer Ursprungs-, Primär-, Lebensabschnitts- oder Ersatz-Familie und suchen sie deshalb Orientierung und Halt bei sie ansprechenden Bezugspersonen jenseits der Familie – meist innerhalb von förderlichen sozialen Systemen –, leitet auch dieser Schritt die Entwicklung von Resilienz ein. Je einfühlsamer und verlässlicher dann diese Menschen eine positive umsorgend-emotionale Beziehung zu den unsicheren, innerlich nicht gefestigten Kindern und Jugendlichen aufbauen, umso nachhaltiger werden diese davon profitieren.

Neben dieser von außen einwirkenden Unterstützung können auch positive Kräfte im erweiterten Familien-System eine solche Funktion übernehmen. Hier erhalten die Großeltern eine wichtige Funktion und Mitverantwortung, wenn sie – besonders in der Trennungs-Situation – eine durch Kontinuität geprägte Verbundenheit außerhalb des elterlichen Konflikts gewährleisten können. Daneben erhalten Paten, andere Onkel oder Tanten und weitere – oft entfernter lebende – Verwandte in solchen Situationen für diese Kinder durch eine langjährig existierende emotionale Verbundenheit eine wichtige Ersatz-Bedeutung. Ergänzend können nahe Nachbarn oder die Eltern von Schulkameraden eine starke Orientierungs-Funktion erhalten. Selbst real nicht zugängliche Menschen – zum Beispiel Martin Luther King, Mutter Theresa oder auch noch lebende herausragende Persönlichkeiten – können als Vorbild bzw. Bezugspunkt außerhalb der Mangelsituation genutzt werden. Oft gab und gibt diese Verbundenheit so viel Kraft

3 Welche Faktoren fördern bzw. behindern die Entwicklung? **115**

und Handlungsperspektive, dass die betroffenen Kinder, Jugendlichen oder auch Erwachsenen nicht untergingen, sondern sich stattdessen für das ‚Dranbleiben und Aufsteigen' entschieden.

So können solche Kinder und Jugendliche durch positive Alternativ-Erfahrungen ihren emotionalen Mangel oder Hunger ausgleichen, indem sie Wertschätzung, Angenommensein und Unterstützung erfahren und so neue Zuversicht entwickeln. Durch Offenheit, Empathie, Stabilität und soziales Engagement geprägte Menschen und Personengruppen bieten somit einen wichtigen alternativen Begegnungsraum für solche Kinder, als Ausgleich vielfältiger Nichtbeachtungs-, Zurückweisungs- oder Verletzungs-Erfahrungen in der Ursprungsfamilie. Bieten diese neuen Beziehungen eine gut lebbare Perspektive, verlassen die Kinder meist so früh es geht, spätestens nach der Schulzeit, das negative Milieu ihrer Familie und erschließen sich durch entsprechende Hilfe von ‚außen' bessere Lebensbedingungen.

Sind die Kinder noch zu jung, um sich formal aus dem negativen Familien-System entfernen zu können, dann ‚kündigen sie häufig innerlich ihre Kontakte' und leben gedanklich und teilweise auch real so oft es geht in den neuen und erfüllenderen Bezügen. Fehlen solche Menschen als ‚personales Angebot', um als Tröster, Unterstützer und Wegbegleiter wirken zu können, bleibt den suchend-hoffenden Kindern und Jugendlichen nur die ‚Wahl', sich mit dem desolaten System der Beziehung im Rest der Ursprungs- bzw. der Ersatz-Familie zu arrangieren oder in der Vereinsamung unterzugehen.

Intensive Krippen-Betreuung als latent destabilisierender Einfluss

Inzwischen gibt es eine Reihe aussagekräftiger Untersuchungen zu Fragen der sozio-emotionalen und kognitiven Entwicklung von Kindern in Tagesbetreuung. Unter der Regie des renommierten National Institute of Child Health and Development (NICHD) entwickelte eine Gruppe weltweit führender Spezialisten für frühkindliche Entwicklung Anfang der 1990er-Jahre ein ausgefeiltes Untersuchungsdesign, in dem nahezu alle Faktoren berücksichtigt wurden, die für die kindliche Entwicklung relevant sind. Mehr als 1300 Kinder, überwiegend aus weißen Mittelschichtfamilien, im Alter von einem Monat wurden in die Studie aufgenommen. Über einen Zeitraum von 15 Jahren wurden dann die kognitive Entwicklung und das Verhalten der Kinder detailliert gemessen.

Am beunruhigendsten war der Befund, dass Krippenbetreuung sich unabhängig von sämtlichen anderen Messfaktoren negativ auf die sozio-emotionalen Kompetenzen der Kinder auswirkt. Je mehr Zeit die Kinder kumulativ in einer Einrichtung verbrachten, desto stärker zeigten sie später dissoziales Verhalten wie Streiten, Kämpfen, Sachbeschädigungen, Prahlen, Lügen, Schikanieren, Gemeinheiten-begehen, Grausamkeit, Ungehorsam oder häufiges Schreien. Unter den ganztags betreuten Kindern zeigte ein Viertel im Alter von vier Jahren Problemverhalten, das dem klinischen Risikobereich zugeordnet werden muss. Später konnten bei den inzwischen 15 Jahre alten Jugendlichen signifikante Auffälligkeiten festgestellt werden, unter anderem Tabak- und Alkoholkonsum, Rauschgiftgebrauch, Diebstahl und Vandalismus.[139]

3   Welche Faktoren fördern bzw. behindern die Entwicklung?   **117**

Noch ein weiteres, ebenfalls unerwartetes Ergebnis kristallisierte sich heraus: Die Verhaltensauffälligkeiten waren weitgehend unabhängig von der Qualität der Betreuung. Kinder, die sehr gute Einrichtungen besuchten, verhielten sich fast ebenso auffällig wie Kinder, die in Einrichtungen minderer Qualität betreut wurden. Grundsätzlich zeigte sich aber, dass das Erziehungsverhalten der Eltern einen deutlich stärkeren Einfluss auf die Entwicklung ausübt als die Betreuungseinrichtungen.[140]

Diese in den letzten zehn Jahren erhobenen Daten belegen, so Dr. Rainer Böhm, Kinder- und Jugendarzt mit Schwerpunkt Neuropädiatrie[141], dass es sich bei den Verhaltensauffälligkeiten, die in der NICHD-Studie registriert wurden, nur um die sprichwörtliche Spitze des Eisbergs handelt. Dank einer neuen Technik konnten Wissenschaftler in den Vereinigten Staaten Ende der 1990-erJahre bei Kleinkindern in ganztägiger Betreuung in zwei Daycare Centers erstmals das Tagesprofil des wichtigsten Stresshormons Cortisol bestimmen. Entgegen dem normalen Verlauf im Kreis der Familie – hoher Wert am Morgen und kontinuierlicher Abfall zum Abend hin – stieg die Ausschüttung des Stresshormons während der ganztägigen Betreuung im Verlauf des Tages an, ein untrügliches Zeichen einer erheblichen chronischen Stressbelastung. Eine Meta-Analyse einer niederländischen Wissenschaftlerin, die neun ähnliche Folgestudien auswer-

> Cortisol-Tagesprofile, wie sie bei Kleinkindern in Kinderkrippen nachgewiesen wurden, lassen sich am ehesten mit den Stressreaktionen von Managern vergleichen, die im Beruf extremen Anforderungen ausgesetzt sind.

tete, bestätigte diese Ergebnisse. Somit muss als gesichert gelten, dass besorgniserregende Veränderungen des Cortisolprofils vor allem bei außerfamiliärer Betreuung von Kleinkindern auftreten, und das selbst bei qualitativ sehr guter Betreuung. Cortisol-Tagesprofile, wie sie bei Kleinkindern in Kinderkrippen nachgewiesen wurden, lassen sich am ehesten mit den Stressreaktionen von Managern vergleichen, die im Beruf extremen Anforderungen ausgesetzt sind.

Vor allem Kinder im Alter unter zwei Jahren zeigten nach fünf Monaten qualitativ durchschnittlicher Krippenbetreuung Cortisol-Tagesprofile vergleichbar mit den Werten, die in den 1990er-Jahren bei zweijährigen Kindern in rumänischen Waisenhäusern gemessen wurden. Diese Befunde lassen keinen anderen Schluss zu als den, dass eine große Zahl von Krippenkindern durch die frühe und lang andauernde Trennung von ihren Eltern und die ungenügende Bewältigung der Gruppensituation emotional massiv überfordert ist. Demnach wirkt sich die Krippenbetreuung weder kompensatorisch noch schützend aus. „Alles in allem steht fest, dass Krippenbetreuung die Stressregulation auch langfristig negativ beeinflusst. Und: Das in der Öffentlichkeit verbreitete Mantra ist falsch, alle Probleme der Krippenbetreuung ließen sich alleine mit Qualität lösen. Erhöhte Stressbelastung und vermehrte Verhaltensauffälligkeiten wurden mittlerweile auch bei ersten systematischen Untersuchungen zur U3-Betreuung in Tagespflege gefunden. Durch nichts zu belegen ist dagegen die Hoffnung auf Förderung des Sozialverhaltens, die viele Eltern derzeit einen frühen Krippenbesuch in Betracht ziehen lässt. Eine signifikante, moderate Förderung der Lernleistungen kann nur bei hoher Betreuungsqualität erwartet werden. Diese

3 Welche Faktoren fördern bzw. behindern die Entwicklung?   **119**

ist in deutschen Krippen derzeit nur in Ausnahmefällen anzutreffen. Die von der Bertelsmann-Stiftung mit großem publizistischen Aufwand plakatierte hohe Rate an Gymnasialanmeldungen nach Krippenbetreuung ist daher eher auf höhere Ansprüche der Eltern zurückzuführen und nicht auf einen tatsächlichen Gewinn kognitiver Fähigkeiten."[142]

Diese Befunde decken sich mit einer Studie über den „Zusammenhang zwischen Quantität, Art und Dauer von externer Kinderbetreuung und Problemverhalten", die Margit Averdijk vom Institut für Soziologie an der ETH Zürich im Januar 2012 veröffentlichte. Die Resultate zeigen klar: „Kinder, die in den ersten sieben Lebensjahren außerfamiliär in Gruppen betreut wurden, weisen mehr Problemverhalten auf." Dies äußerte sich in den Bereichen „Aggression, Aufmerksamkeits-Defizit/Hyperaktivitäts-Syndrom ADHS, nichtaggressives Problemverhalten wie Lügen und Stehlen sowie Angst und Depression."[143]

Auch hier wurde bei den Krippenkindern ein höherer Stresspegel, gemessen am Cortisol-Spiegel im Blut, als bei Kindern, die zu Hause oder von einer Tagesmutter betreut wurden, festgestellt. „Bei Kindern in der Krippe steigt dieser Wert im Lauf des Tages noch höher an", so Carola Bindt, Kinder- und Jugendpsychiaterin an der Hamburger Universitätsklinik Eppendorf. Dieses Mess-Ergebnis zeigt für sie nun nicht, dass alle Kinder in Krippen dauerhaft überfordert sind. Allerdings kann ein konstant hoher Stresslevel besonders bei anfälligen Kindern zu psychischer Auffälligkeit führen: „Sie sind aggressiver, impulsiver, kommen schlechter mit Belastung zurecht und können sich schlechter sozial integrieren", erklärt die Kinderpsychiaterin.[144]

Auch wenn viele Anhaltspunkte dafür existieren, dass Kleinstkinder bei Tagesmüttern in der Regel besser aufgehoben sind als in Krippen, verlangt auch diese Betreuungsform nicht selten zu viel. Ein Beispiel aus der Nachbarschaft von guten Freunden: Jeden Morgen dasselbe Weinen, wenn die gut einjährige Sarah von ihrer als Lehrerin tätigen Mutter um Punkt 7.30 Uhr zur Tagesmutter gebracht wird. Täglich dasselbe Ritual: „Du musst nicht weinen, bei Frau X ist es doch so schön. Gleich kommen auch wieder die anderen Kinder." Das Kind weint noch schluchzender. ‚Begreif doch, ich habe jetzt keine Zeit; ich muss pünktlich in die Schule, wo all die Kinder auf mich warten. Heute Nachmittag habe ich wieder mehr Zeit. Tschüs, ich hab dich lieb!' So stressig beginnt in der Regel der Tag für Sarah. Jeden Morgen scheint sich erneut in ihrem kleinen Köpfchen das gleiche Gedankenkarussell zu drehen: ‚Ich bin Mama wichtig, so sagt sie, aber dann lässt sie mich hier im Stich. Also hat sie mich doch nicht lieb, bin ich ihr also nicht wichtig. – Nein, sie drückt mich doch immer so fest und gibt mir ein Küsschen. Aber die Kinder in der Schule sind ihr wichtiger, sonst bliebe sie ja bei mir.' – „Tschüs, ich hab dich lieb!" Wer kann eine solche Botschaft begreifen, ohne bitterlich zu weinen!

Bei aller Kritik an einer durch Staat, Medien, Wirtschaftsverbände und vielen Eltern favorisierten U3-Betreuung in Krippen oder bei Tagesmüttern ist das Ausmaß eines Erfolgs bzw. Misserfolgs dieser Aufwachsbedingungen von folgenden Faktoren abhängig:

- Kommt ein Kleinkind direkt nach der Mutterschutz-Zeit (eine Säuglings-Schutz-Zeit gibt es noch nicht) oder – eine entsprechende Reife vorausgesetzt – im Alter von gut zwei Jahren in die Betreuung?

3 Welche Faktoren fördern bzw. behindern die Entwicklung?   **121**

- Wie zeitlich-emotional einfühlsam verlief bzw. verläuft für den Säugling bzw. das Kleinstkind die Phase des Hineinfindens in die Betreuungssituation?
- Für wie viele Stunden täglich und wie viele Tage in der Woche ist ein Kleinkind in der Betreuung?
- Existiert eine – belegbar und nicht deklariert – gute oder indifferente Mutter-/Elternbindung?
- Sind Vater oder Mutter bei auftretenden Problemen schnell erreich- und verfügbar?
- Achten Eltern und Betreuungspersonal auf ein abgestimmtes erzieherisches Vorgehen und informieren sie sich täglich gegenseitig über Entwicklungsschritte oder Vorfälle?[145]
- Wie viel belegbare Bindungs-/Umgangs-Zeit erhält das Kleinstkind innerhalb der Familie?
- Handelt es sich um ein Angebot mit hoher oder durchschnittlicher Qualität und durch welche Kriterien wird dies deutlich?
- Ist die Konstanz der Ersatz-Bezugspersonen innerhalb der Einrichtung groß oder wechseln diese häufig in der Kleinkindphase (bei Schichtdienst ist das unabhängig von einem möglichen Stellenwechsel täglich der Fall)?

Die wichtigsten Befunde weisen in dieselbe Richtung: Je früher und länger Kleinkinder in der Krippe oder anderen außerhäusigen Betreuungs-Diensten verbringen, desto umfangreicher sollte mit mangelhafter individueller Förderung bzw. auftretenden Störungen gerechnet werden. Zu diesen Zusammenhängen äußert sich der häufig als Krippen-Befürworter bemühte Prof. Dr. Dr. Dr. Wassilios Fthenakis[146] in einem TAZ-Interview: „Die Bindungsqualität ist heute genauso so wichtig, wie früher (...). Die Eltern lassen sich durch nichts ersetzen (...). Man kann aber das Aufwachsen des Kindes bereichern, wenn es in eine Einrichtung von hoher Qualität geht." Er führt weiter aus: „Bei Kindern unter zwei Jahren muss man sehr individuell schauen. Ich empfehle den Eltern, das Kind erst ab 18 Monaten in eine Einrichtung zu bringen. Vorher sollte es aber viel Kontakt mit Gleichaltrigen haben, etwa in Spielgruppen. Das Familiensystem bloß nicht geschlossen halten." Aber es gibt kein Konzept für alle, jedes Kind ist anders. „Ich habe meinen Sohn in die Krippe gebracht, und als ich sah, wie er reagiert hat, habe ich ihn wieder herausgenommen."[147]

Ob diese Erkenntnisse Einfluss auf den § 6 des schwedischen Schul-Gesetzes aus dem Jahr 1985 hatten, ist unklar. Geregelt ist dort jedenfalls, dass die Kommunen erst für Kinder ab dem Alter von einem Jahr Plätze bereitzustellen haben. Nur für Kinder mit physischen, psychischen oder anderen Beeinträchtigungen gibt es nach § 9 Ausnahmen. Da keine Kindertagesstätte ohne staatliches Geld zu nehmen arbeiten kann, gibt es faktisch keine Angebote für jüngere Kinder in dem von deutschen Krippen-Befürwortern häufig als Musterland der Fremdbetreuung dargestellten Schweden.

Folgerungen bzw. Konsequenzen für die Erziehung von Kindern

Alle Erziehung hat dem Ziel zu dienen, dass unser Nachwuchs im Alter zwischen 20 und 25 Jahren selbständig

3 Welche Faktoren fördern bzw. behindern die Entwicklung? **123**

– emotional, sozial und finanziell – sein Leben meistern kann. Das geeignetste Mittel ist, vom Tag der Geburt an lernend zu erfahren, dass Interesse, Kraft, Mut und Ausdauer die besten Voraussetzungen für ein eigenständiges und zufriedenstellendes Leben sind. Dazu gehören viele positive Erfahrungen zur Schaffung einer wirkungsvollen Motivations-Basis, um vom ‚Gefordert-Werden' zur eigenverantwortlichen ‚Selbst-Forderung' zu gelangen. Eltern haben dabei die größte Verantwortung und Wirkmöglichkeit. Erich Bruckberger von der Stifung my way vertritt die These, dass die frühe Kindheit für 90 % des Lebenserfolgs verantwortlich ist. Etwas relativierter und wissenschaftlicher äußert sich der Forscher der frühen Kindheit, Prof. Dr. W. E. Fthenakis: ‚Kinder erhalten Zweidrittel ihrer Lebensprägung durch die Familie.'[148] Und der bekannte dänische Familien-Therapeut Jesper Juul verdeutlicht, es gebe zwar keine perfekte Familie, „doch die größte therapeutische Kraft in unserem Leben ist die Familie".[149] Hier eine Zusammenfassung der wichtigsten Erkenntnisse, welche Faktoren die Entwicklung von Resilienz fördern bzw. behindern:

- Natürlich geborene Kinder starten mit mehr Widerstandskräften und weiteren günstigen Voraussetzungen ins Leben als Kaiserschnitt-Kinder.
- Sichere Bindungs-Erfahrungen in den ersten drei Lebensjahren sind die Basis einer offensiv-selbst-sicheren Weltaneignung und damit positiver ‚Dreh- und Angelpunkt' aller weiteren Lern-, Bildungs- und Interaktions-Prozesse. Unsichere Bindungen dagegen sind der Auslö-

ser für Selbstzweifel und führen in Partnerschaften häufig zu Beziehungsbrüchen.

- Eine gesunde Ernährung und Lebensführung ist nicht nur von biologischem Vorteil, sondern begünstigt auch die geistige Entwicklung und prägt die Selbstsicherheit einer Persönlichkeit.
- Die Einbezogenheit in sinnstiftende Gemeinschaften gibt neben der emotionalen Sicherheit und dem Raum fürs soziale Lernen auch eine ‚ansteckend-ermutigende' Motivations-Basis zur Verwirklichung von Zielen.
- In einem verwöhnend-unterfordernden Erziehungs-System wächst anstelle von Selbstwirksamkeit und Stabilität ein Anti-Resilienz-Gemisch aus Entmutigung, Unfähigkeit und Anspruchsverhalten.
- Kinder aus Trennungs- und Scheidungsfamilien, besonders auf das Alter von drei bis 14 Jahren bezogen, leiden – oft zeitlebens – an einem Selbstwert-Verlust, der sich in unterschiedlichen Verhaltens-Auffälligkeiten manifestiert.
- Je früher und umfangreicher Kleinstkinder in Krippen gegeben werden, desto umfangreicher muss mit Beeinträchtigungen der Identitätsbildung gerechnet werden.
- Die Autoren der NICHD-Studie leiteten aus ihren Ergebnissen folgende Empfehlungen ab: ‚Die Qualität der Betreuung müsse gesteigert werden, die Dauer der Betreuung sei zu reduzieren, während die Eltern in ihrem Erziehungsauftrag gestärkt werden müssten.'

Kinder brauchen aber ergänzend zu Ur-Vertrauen, sicheren Bindungs-Erfahrungen, gesunder Lebensführung,

3 Welche Faktoren fördern bzw. behindern die Entwicklung? 125

einem förderlichen bzw. sinnstiftenden Beziehungs-Umfeld und ermutigenden Bedingungen des Aufwachsens in einer nicht verwöhnenden Erziehung auch klare Orientierungspunkte im Rahmen einer Werte-Erziehung. Denn wer nicht erfahrend lernt, zwischen richtigem und falschem, gutem und schlechtem, förderlichem bzw. schädlichem Handeln unterscheiden zu können und sich gegen das Sozial-Positive entscheidet, wird nicht nur zum gemiedenen Einzelgänger, sondern stört – oder zerstört – gleichzeitig jegliches Zusammenleben. Oft wird dann machtvoll ein ‚Gemisch aus Nicht-Können und Ohnmacht' aggressiv ins Leben getragen.

> Kinder brauchen ergänzend zu Ur-Vertrauen, sicheren Bindungs-Erfahrungen, gesunder Lebensführung, einem förderlichen bzw. sinnstiftenden Beziehungs-Umfeld und ermutigenden Bedingungen des Aufwachsens in einer nicht verwöhnenden Erziehung auch klare Orientierungspunkte im Rahmen einer Werte-Erziehung.

Die Familie ist neben diesen das Leben ebenfalls prägenden förderlichen und zur Selbstverantwortung führenden Rahmenbedingungen – normalerweise – auch der Ort, wo Kinder erfahren, dass Durststrecken mit Durchhaltevermögen zu begegnen ist und Lernvorgänge nicht Spaß machen müssen. Sie erfahren, wie in Konflikten auf vertretbare Weise Lösungen zu entwickeln sind, wie auf angemessene Weise mit ‚Andersartigkeit' oder ‚Fremdheit' unter dem Stichwort Toleranz umzugehen ist, welche tragende Bedeutung sich gegenseitig stützende Freundschaften oder religiöse Verbundenheiten haben und dass eine gesunde Nahrungsaufnahme eine wichtige Voraussetzung für das körperlich-seelische Wohlbefinden ist.

Mit fortschreitendem Alter erhalten auch die Personen des familiären Umfelds, Kontakte in Kindergarten, Schule, Freizeitgruppen oder Sportverbänden und Freundschafts-Cliquen eine immer größere Bedeutung für Kinder und Jugendliche. Ob diese positive oder negative Auswirkungen haben, wird jedoch wiederum weitgehend durch Weichenstellungen in der Familie mitgeprägt. Trotz vieler – sich häufig jedoch als wenig belastbar erweisenden – Freundschafts-Kontakte, in denen Menschen unterschiedlichen Alters stehen mögen[150], alltäglich ist neu zu beobachten, dass kein System eine so große Bereitschaft und Fähigkeit hat, in Not geratenen oder gescheiterten Mitgliedern einen Auffang-Hort zu Regeneration und Neuanfang zu bieten, wie die Familie.

Es wurde verdeutlicht, unter welchen Voraussetzungen dem Wachstum von Resilienz der Nährboden fehlt. Parallel dazu belegen breit erfasste Forschungsergebnisse, wie Resilienz entstehen und wachsen kann. Dabei stellt ‚die elterliche Mitgift' das Fundamt dar und wird ergänzt durch günstige Einflüsse von Kindergärten, Schulen, positiven Freundesgruppen, Gemeinschaften und sozialen Netzwerken. Hier eine Übersicht, wie sich resiliente Kinder von nicht resilienten Kindern unterscheiden. Resiliente Kinder:

- sind oft ‚Überleister', d. h. sie bringen bessere Schulleistungen, als es von ihrer Intelligenz her zu erwarten wäre.
- haben ihre Impulse eher unter Kontrolle als nicht resiliente Kinder und sind diszplinierter.

3 Welche Faktoren fördern bzw. behindern die Entwicklung? **127**

- sind eher zum Bedürfnis- bzw. Belohnungs-Aufschub in der Lage als nicht resiliente Kinder.
- sind anderen Menschen zugewandt, sie reagieren positiv auf Aufmerksamkeit, sind einfühlsamer und sozialer als nicht resiliente Kinder.
- haben eine größere Frustrations-Toleranz und sind daher weniger aggressiv.
- sind kooperationsfähiger, ersuchen andere eher um Hilfe. Sie können Konflikte besser lösen als nicht resiliente Kinder und geben Schwächen eher zu.
- haben eine realistische Selbsteinschätzung und realistische Zukunftsvorstellungen.
- sind ‚leichter zu lenken‘ und versuchen, den Erwartungen Erwachsener eher gerecht zu werden.
- Sie sind interessiert an Menschen, Sachen und Ideen und lernen gerne, gehen offener auf neue Situationen zu. In der Regel gehen sie gerne zur Schule.
- Sie haben eine ausgeprägtere interne Kontrollüberzeugung.[151]

Hier stellt sich die Frage, wieso Erziehungs-Prozesse in Familien zu so qualitativ unterschiedlichen Ergebnissen kommen. Konkreter: Was gibt denn förderlich handelnden Müttern und Vätern die Kraft, ihren Kindern so gute Voraussetzungen zum Start in ein eigenständiges Leben angedeihen zu lassen? Zum ‚Null-Tarif‘ ist sie nicht erhältlich. Als Erklärungsfaktoren bieten sich an: Eine stabile Persönlichkeit als Basis einer tragfähigen Partnerschaft, ein erträglicher und zufriedenstellender Beruf sowie eine gute Eingebundenheit in sinnstiftende Gemeinschaften scheint die Mixtur zu sein, aus welcher Eltern die Kraft und Zuversicht schöpfen, ihren Kindern – jeden Tag erneut – eine angemessene Zugewandtheit und Unterstützung angedeihen zu lassen. So sind resiliente Eltern – auch bei eigenen Problemen – freundlicher, einfühlsamer, verlässlicher und unterstützender. Sie nehmen umfangreicher am Leben ihrer Kinder Anteil und sind somit der Nährboden zur Weitergabe von Resilienz.

Es gibt reichlich weitere Faktoren außerhalb bzw. in Ergänzung zur Familie, welche die Selbständigkeit und Widerstandsfähigkeit bei Kindern und Jugendlichen fördern. Diese fangen mit Frühförderprogrammen zum Ausgleich offensichtlicher Defizite an, werden bald durch gute Kindergarten-Erfahrungen ergänzt und gehen über wirksame Sonder-Projekte in der Schule weiter. Auch Jugendverbände, Sportvereine, kirchlich oder sozial ausgerichtete Initiativen fördern die Selbstständigkeit und soziale Kompetenz rasant.

Aber nicht alles, was da von außen an Kinder herangeführt wird, ist auch sinnvoll. Vieles ist eine Reaktion auf zu geringe Förderungsimpulse innerhalb der Familie, sei es, dass diese mangels Zeit oder erhoffter größerer Fachlichkeit bewusst ausgelagert werden oder Ausdruck einer Vernachlässigung sind. Dazu berichtete *Die Welt* in dem Artikel „Therapiewahn beginnt schon bei den ganz Kleinen": „Zwölf Monate alt und schon Therapie-Erfahrung: In Deutschland haben viele Kinder vor dem ersten eigenen Dreirad ihren ersten eigenen Logopäden oder Ergotherapeuten. – Unterliegen wir einem Förderwahn?"[152] Somit ist weniger oft mehr, weil Kinder und Jugendliche keine Festplatten sind, die – am besten rum um die Uhr – mit

3 Welche Faktoren fördern bzw. behindern die Entwicklung?   **129**

Judo, Chinesisch, Reiten, Ballett, Geige, Sport, Benimm-Seminaren usw. aufgeladen werden können.

,Selbst bei den Kleinsten wird von Ausbildung gesprochen und die Herzensbildung vergessen', merkt Götz Werner – Gründer und Aufsichtsratsmitglied des Unternehmens dm-drogerie markt – kritisch an. Damit sich eine Bildungsoffensive rechnet, sollen vielmehr Welt- und Wertorientierung vermittelt werden. So können Kinder und Jugendliche soziale Fantasien und Kreativität entwickeln und zu eigenverantwortlichen und stabilen Entdeckern und Gestaltern ihrer Welt werden.[153]

Ob durch folgenreiche Beziehungs-Defizite in der Kindheit, eine zu frühe oder zeitintensive Krippen-Betreuung, die Trennung der Eltern, mangelhafte sinnstiftende Erfahrungen, eine schädigende Ernährung, unterfordernde bzw. verwöhnende Erziehungsmuster oder andere Entwicklungs-Beeinträchtigungen emotionale, soziale, kognitive oder gesundheitliche Störungen entstehen, ohne Ich-Stärke und Selbst-Wirksamkeit kann weder der Einzelne noch die Gesellschaft auf Dauer Bestand haben. Wer mit einer zu mageren Mitgift in die Eigenständigkeit starten soll, wird sich das Leben nicht zutrauen. Wer sich jedoch selbst nicht traut, kommt nicht aus sich heraus, wird verharren, wo Bewegung und Entwicklung ansteht. Denn ohne Selbstvertrauen sind keine Selbstwirksamkeits-Erfahrungen und wegen fehlenden Könnens keine Erfolge möglich – Lern- und Bildungsprozessen fehlt so die Basis.

Gerade wer keine oder zu wenig Zuwendung erfahren hat, braucht verlässliche Bezüge, Nähe und Sicherheit gebende Geborgenheit. Selbst in der Schule oder später in Berufsausbildung bzw. Studium, wo es vordergründig in erster Linie um die Vermittlung von Wissen geht, hat das Vorhandensein positiver emotionaler Rahmenbedingungen eine prägende Bedeutung. Grundschulkinder lernen für die Lehrerin, und auch die älteren Schülerinnen und Schüler bzw. Studierenden brauchen Lehrkräfte, von denen sie sich angesprochen fühlen.

‚Stoff' mag man in Bücher und wortgewaltige Lehr-Einheiten packen können, aber zur Aufnahme wichtiger Lebens-Botschaften – und erst recht zu ihrer Übernahme – müssen die Menschen emotional geöffnet sein bzw. werden. Jeder Lernvorgang hat in der Regel das Ziel, Neues aufzunehmen. Das ist oft mühevoll genug. Eine wesentliche Implikation der Aufnahme neuer Fakten ist, den bisherigen Erkenntnisstand damit erweitern, korrigieren oder verwerfen zu sollen. Das ist nicht nur recht mühevoll, sondern die Erkenntnis, eine bisherige – vertraut gewordene, aber nicht mehr haltbare – Position aufgeben zu müssen, löst häufig auch Abwehr und Angst aus.

Wie schwer haben sich viele Zeitgenossen damit getan, dass die Sonne sich nicht um die Erde dreht? Welch grausame Dinge mussten erst passieren, um einzusehen und – wenigstens ansatzweise – umzusetzen, dass alle Menschen ein Recht auf ein würdevolles Leben haben? Was muss meist erst geschehen, bis ein Suchtkranker zulassen kann, der Hilfe zu bedürfen? Und viele Menschen können noch nicht einmal im Angesicht eines selbst angerichteten Schadens ihr Verschulden – oder wenigsten ihre Mitbeteiligung daran – zugeben. Jedes Blocken wird umso vehementer sein, je instabiler ein Selbst ist. Denn ein schwaches oder unsicheres Ich

3 Welche Faktoren fördern bzw. behindern die Entwicklung? **131**

‚darf bzw. kann' sich keine Anfragen oder Veränderungen ‚leisten', weil es alle Kraft auf den Selbstschutz konzentrieren muss. Ignoranz, Abwehr oder Angriff sind dann die Reaktionen nach dem Muster: ‚Es kann nicht sein, was nicht sein darf!'

4

Wann wird Resilienz im Lebens-Alltag gebraucht?

„Besser auf neuen Wegen etwas stolpern, als in alten Pfaden auf der Stelle zu treten." (Chinesische Weisheit)

„In der einen Hälfte unseres Lebens opfern wir die Gesundheit, um Geld zu erwerben. In der anderen opfern wir Geld, um die Gesundheit wiederzuerlangen. Und in dieser Zeit gehen Gesundheit und Leben von dannen." Diese Gedanken äußerte nicht ein über das hektische Leben unserer Tage sinnierender kluger Mensch. Nein, sie stammen vom französischen Philosoph und Schriftsteller Voltaire (1694–1778). Sie müssen ihm vor ca. 250 Jahren bei seinen recht beschaulichen Reisen per Postkutsche durchs unvereinte Europa aus dem Kopf in einen Gänsekiel geflossen sein. Welche aufklärende Weitsicht. Im 21. Jahrhundert leiden die Menschen – trotz dieser treffenden Erkenntnis – noch intensiver unter dem Spagat, einerseits für Konsum und Wohlstand viel Geld erarbeiten zu wollen und gleichzeitig gesundheitlich-emotional darunter zu leiden. Ein Lebens-Konzept im Hamster-Rad bietet wirklich keine Chance für ein durch Stabilität und Zufriedenheit geprägtes Leben.

Der Individualpsychologe Alfred Adler verdeutlicht, dass jeder Mensch drei grundlegende Lebensaufgaben zu lösen

A. Wunsch, *Mit mehr Selbst zum stabilen ICH!*, DOI 10.1007/978-3-642-37702-0_4,
© Springer-Verlag Berlin Heidelberg 2013

134   Mit mehr Selbst zum stabilen ICH!

hat, die alle sozialer Natur sind. Seiner ‚Logik‘ nach geht es beim Prozess der Evolution um das Bestehen und die Weiterentwicklung der Menschheit. Adler unterscheidet folgende Bereiche:

- Das **Gemeinschaftsleben**, die Notwendigkeit der Vergesellschaftung. Hier geht es um: soziale Beziehungsfähigkeit, öffentliche Aufgaben, Kooperation, soziale Stellung der Eltern, Geschwister, Kranksein, Schule, Krieg, Todesstrafe, Rassenprobleme, Selbstmord, Verbrechen, Trunkenheit etc.
- Die **Arbeit**, die Sorge für den Unterhalt, fürs eigene biologisch-emotionale Überleben. Hier geht es um: Arbeitsteilung, Kooperation und Fleiß, um die Absicherung der Tätigkeit im Beruf.
- Bei **Liebe, Partnerschaft und Ehe** geht es um ein sich gegenseitig bereicherndes Zusammenleben und die Sorge für die Nachkommenschaft zur Absicherung des kollektiven Überlebens. Hier geht es um: Partnerwahl, gutes kooperieren und harmonieren, das Wahrnehmen der Erziehungsaufgabe sowie die Beziehung zu Sexualität und Erotik.

Somit kann der Mensch als soziales Wesen nur in dem Maße psychisch gesund und zufrieden leben, wie er seine Lebensaufgaben für sich selbst und Andere ausgeglichen und zufriedenstellend erfüllt hat. Die moderne Trias: Karriere, Konkurrenz und Kollaps steht einem solchen Denken diametral gegenüber.

Haben oder Sein?, fragte Erich Fromm im Jahr 1976 kritisch und setzte sich mit den ‚seelischen Grundlagen einer neuen Gesellschaft' auseinander. Da Persönlichkeit nicht kaufbar ist, führt hier der ‚Haben-Wollen-Modus' nicht zum Ziel. Ein eigenständiges Ich entwickelt sich in einer durch ‚Wollen und Ermöglichen' geprägten Auseinandersetzung mit anderen Menschen. Widerstandsfähigkeit erlangt es, wenn reichlich altersgemäße Herausforderungen und Konflikte zugelassen werden, um sich durch ihre Bewältigung viel Kraft, Geschick, Ideenreichtum und Ausdauer für die weiteren Hürden auf dem Lebensweg anzutrainieren. Als Kraft-Quelle dient dabei für Jung und Alt die Einbezogenheit in eine förderliche Gemeinschaft.

Ja, es gibt robuste und widerstandsfähige, unsere Gesellschaft stützende und voranbringende Kinder, Jugendliche und Erwachsene. Als Kleine zeigen sie soziales Verhalten im Kindergarten, können ihren Redefluss den Gegebenheiten anpassen bzw. ihn bei Bedarf stoppen, bringen sich interessiert, lernbereit und selbstbewusst in die Schule ein und lassen sich von störenden Mitschülern nicht einfangen. Sie richten nicht per Nägel-Kauen, Schlagen, Treten, Spucken, Haare-Ausreißen oder gestörtem Essverhalten stille oder laute Hilferufe an Erwachsene, wie dies Armin Krenz im Buch *Kinderseelen verstehen* ausdrückt, sondern erledigen ihre Hausaufgaben und erbringen anstelle von Schulversagen gute Lernleistungen.

Sie sind resistent gegen Drogen und kriminelle Handlungen, haben recht klare Vorstellungen von einem eigenverantwortlichen Leben und geben auch bei der soundsovielten Bewerbung nicht auf. Im Berufsleben können sie sich von unguten Entwicklungen abgrenzen, bringen ihren Anteil ein, ohne sich dabei kaputt zu machen, und bekommen die Doppelbelastung von Familienarbeit und Erwerbs-arbeit relativ gut hin. Sie ernähren sich gesund, halten ihren Körper in Bewegung und greifen Herausforderungen gezielt auf. In Partnerschaft und Ehe stützen sie sich gegenseitig durch Zutrauen und Vertrauen, Geben und Nehmen und kehren der Beziehung in Krisenzeiten nicht zu leichtfertig den Rücken. Aus einem guten Eins-Sein mit sich selbst oder aus der Verbundenheit in einer Partnerschaft ziehen sie dann auch noch die Kraft für ein vielfältiges gesellschaftliches Engagement. Aber wie ein Blick ins Alltagsgeschehen zeigt, scheint dies eher die Minderheit zu sein.

Erfolg bzw. positive Rückmeldungen steigern den Selbstwert und das Wohlbefinden erheblich. Andererseits fördert das Ausbleiben von Beachtung den Prozess der Entmutigung. So wird die Nicht-Reaktion – häufig ein Ausdruck von Gleichgültigkeit – zur wirkungsvollen Bremse von Gutem. Irgendwann geht dann das bei der Geburt quasi als Start-Ration erhaltene Ur-Vertrauen in sich und andere Menschen zur Neige. Dem Kindesalter entwachsen vegetieren solche Zeitgenossen entweder als menschliche Ruinen in Beruf und Partnerschaft dahin oder wollen zum Nulltarif Vorteile bei Anderen erheischen. Jegliche Aufforderung zum Einbringen eines vertretbaren Maßes an eigenverantwortlichem Handeln wird dann mit Nicht- oder Nicht-mehr-Können begegnet. So wird ein Nährboden für emotionale Dissonanz, für Misserfolg, Unglück und Frustration geschaffen.

Zu viele Menschen in einer durch Konsum, Spaß und Verwöhnung geprägten Welt haben kollektiv verdrängt:

,Wachstum entsteht durch Anstrengung, durch das eigenständige Meistern von Aufgaben oder Problemen', ob im körperlichen, geistigen oder emotionalen Bereich. Niemandem hilft ein – durch überfürsorgliche Gut-Menschen eingebrachtes – ,ich mach das schon für dich'. Stattdessen wird wohlwollende Ermutigung benötigt, um den jeweiligen Anforderungen des Lebens gewappnet zu sein. Der Resilienz-Faktor Ich wird somit zum Dreh- und Angelpunkt einer wirkungsvollen Selbst-Kompetenz starker Persönlichkeiten, welche in Freude und Zufriedenheit leben.

Beim alltäglichen Selbst-Management

Sobald sie geschlüpft ist, muss alles ruck-zuck klappen, denn die Eintags-Fliege hat nicht gerade viel Lebenszeit: Gleich nach der letzten Häutung schlägt sie mal kurz zur Probe mit den Flügeln und hebt ab. Nun ist sie geschlechtsreif. Weil's eilt, geht's direkt zurück zur Wasseroberfläche, wo sich Männchen und Weibchen zum Date treffen. Jetzt steht – nach Turbo-Flirt – die Paarung per Flug an. Nach einer Stunde ist dann alles vorbei, auch das Leben der Männchen. Die Weibchen hingegen fliegen noch ein paar Stunden im Pulk flussaufwärts, jeweils mit einer riesigen Menge befruchteten Eiern im ,Gepäck'. Nach dem Ablegen dieser auf dem Wasser hauchen auch die Kurzzeit-Mütter ihr Leben aus. Währenddessen sinkt die Brut auf den Flussgrund, um sich als Larve – einige Arten brauchen fast 1000 Tage – in verschiedenen Stadien auf den großen Eintags-Auftritt vorzubereiten. Stress scheint nicht zu entstehen.

138   Mit mehr Selbst zum stabilen ICH!

Bei so viel Vorbereitungszeit muss der Schaffens-Prozess des Lebens reibungslos klappen: Buddeln, fressen, häuten, fliegen und fortpflanzen, Eintagsfliegen haben ein sehr komprimiertes Dasein. Wie entspannt könnten wir Menschen da unser Sein und Sollen angehen. Schließlich stehen uns ca. 30.000 Lebens-Tage zur Verfügung. Zigmal ist gezieltes Lernen in Versuch und Irrtum, Umorientierung oder Scheitern und Neuanfang möglich. Aber zu Viele schleppen sich ausgemergelt von Tag zu Tag dahin und vermissen eine tragende Lebens-Motivation. Es gibt also reichlich Gründe für ein offensives und sinnvolles Selbst-Management, bevor ein ausgebranntes Ich auf irgendeiner Intensivstation per Psychopharmaka in Zwangsruhe versetzt wird.

Jedes Planen beginnt mit einer – manchmal sogar utopisch scheinenden – Idee. Ob es um die erste Weltumsegelung, den Bau des Suez-Kanals oder die Eroberung des Mondes ging, immer gab es Menschen, die von etwas Fernem und kaum Erreichbaren begeistert waren und sich mit viel Elan – häufig durch ähnlich Denkende unterstützt – für die Verwirklichung einsetzten. Aber welche Vorstellung haben Menschen von dem, was sie in ihrem Leben erreichen wollen? Geht es eher ums kleine Glück oder um den großen Ruhm? Wird die Gründung einer Familie angestrebt? Welche Bedeutung hat dabei eine beruflich-finanzielle Karriere? Möchte ich mit Gleichgesinnten zusammenleben oder eher ein Einzelkämpfer sein? Für welche Werte werde ich mich engagieren? Was gibt meinem Leben nachhaltig Sinn? Wird hier keine – wenigstens ansatzweise – Klärung vorgenommen, ist auch keine Zielerreichung möglich. So bleibt auch der entsprechende Erfolg und die damit einhergehende Zufriedenheit aus. Denn wer nicht weiß, wohin er will, kann

4 Wann wird Resilienz im Lebens-Alltag gebraucht? **139**

auch nie ankommen, weil ohne Zielsetzung keine Annäherung und erst recht keine Erreichung möglich ist. Erst wenn uns klar ist, was wir – oder auch nicht – wollen, kann ein Selbst-Management einsetzen. Die Produktion von Waren oder die Bereitstellung von Dienstleistungen im Wirtschaftskreislauf setzt voraus, dass viele Beteiligte ihren Part einbringen. Auch wir sind nur erfolgreich, wenn wir die in uns steckenden Begabungen ziel-fördernd zur Entfaltung bringen.

Friedemann Schulz von Thun, einer der großen deutschen Kommunikations-Experten, vergleicht unter dem Stichwort des „inneren Teams" die in uns liegenden verschiedenen Fähigkeiten bzw. Beweggründe mit der Existenz von verschiedenen Fachabteilungen eines Unternehmens. So gibt es ein Ressort für die Entwicklung von Gedanken und Gefühlen, Finanzen, Außenkontakte, (Weiter)-Bildung und Erziehung, Gesundheit und Ernährung, innere Angelegenheiten, zur ‚Produktion' von Dienstleistungen, usw. Erst wenn all diese in unserer Persönlichkeit existenten Ressourcen in einen guten Abgleich mit dem eigenen Wollen und Können gebracht werden, kann unser Selbstmanagement im alltäglichen Handeln erfolgreich sein. Eine wichtige Voraussetzung dabei ist nach Schulz von Thun, dem „inneren Schweinehund" nicht das Handlungsfeld zu überlassen.

Der Begriff „Ressource" als Basis für jegliches Handeln wurde 1981 von Bernhard Bandura[154] in die Sozialwissenschaften eingeführt. Nicht das Belastende oder Störende, sondern das Mögliche sollte im Zentrum unseres täglich neu zu erbringenden Handelns stehen. Dieser Denkansatz lenkt das Augenmerk auf das Machbare und ist die Basis einer wirkungsvollen Selbststeuerung.

Der Wecker klingelt – aufstehen oder liegen bleiben? Dann duschen oder schnelles waschen, ein reichhaltiges Frühstück oder nur ein Kurzimbiss unterwegs? Mit dem Fahrrad oder doch per Auto zur Arbeit, mit freundlichem Morgengruß oder eher als Muffel im Betrieb starten? In der Mittagspause was Gesundes oder eher Dickmachendes, zwischendurch ne nette SMS an die Freundin bzw. Ehefrau oder ein selbstverständliches Nichts? Nach dem Dienst zur Fortbildung, ins Fitness-Studio, nach Hause oder mit Kollegen und Kolleginnen zur After-Work-Party, mit der Familie gemeinsam zu Abend essen oder sich hinter den PC verziehen? Dem Konsum per Online-Shopping frönen oder ein erbauliches Buch lesen, mitteilende Gespräche im Familien- oder Freundes-Kreis führen oder auf TV-Berieselung setzen? Die Finanzen im Blick halten oder sich überschulden? Zeitig oder übernächtigt ins Bett, am Wochenende als Vater was mit den Kindern oder/und der Familie unternehmen oder statt dessen irgendwie herumhängen, auf Alkohol bzw. andere Drogen oder auf körperlich-geistiges Revitalisierung setzen? – Ständig stehen Entscheidungen an, werden Weichenstellungen in gute oder weniger gute Richtungen vorgenommen. Es gehört schon viel Klarheit und Umsetzungs-Willen dazu, bei all den vielen Detail-Entscheidungen das fürs eigene Leben wirklich Wichtiges nicht aus den Augen zu verlieren.

Nun gibt es nicht wenige Menschen, die meinen, gar kein bestimmtes Ziel anzustreben. Entweder setzen sie recht bewusst auf den Mainstream und schwimmen mit der Masse oder ihnen ist die eigene Richtung wirk-

4 Wann wird Resilienz im Lebens-Alltag gebraucht? **141**

lich unklar. Diesem Phänomen stellt Alfred Adler einen klärend-entlarvenden Leitsatz entgehen: ,Wenn Du wissen willst, was du wirklich willst, dann schaue, was Du tust!' Dieser Erkundungs-Prozess zur Entwicklungs-Richtung des eigenen Selbst kann systematisch am ehesten im Rahmen eines therapeutisch-beraterischen Kontrakts zur Lebens-Stil-Analyse erfolgen. Aber auch ein eigener prüfender Blick auf die Etappen des bisher beschrittenen Lebensweges und der somit eingeschlagenen Richtung

> ,Wenn Du wissen willst, was du wirklich willst, dann schaue, was Du tust!'

gibt wichtige Anhaltspunkte zum persönlichen ,Woher und Wohin', macht die „Bedürfnis- und Ziel-Landschaften"[155] eines Ich offensichtlich. Erst durch eine solche Selbstvergewisserung gelangen wir zu konkreten Anhaltspunkten, wo nachjustieren angesagt, was denn in der Zukunft zu lassen oder auszubauen ist. Um die bisherige ,vermeintliche Zufälligkeit' des eigenen Handelns zu überwinden, sind demnach konkrete Strategien zur Vermeidung von Störendem bzw. zur Erreichung des Erstrebten zu entwickeln.

Die Schlüsselfrage dabei lautet: ,Für welches Ziel ist unter Berücksichtigung welcher Rahmenbedingungen bis zum Zeitpunkt X was zu unternehmen?' Im Grunde sind es die Fragen, die auch bei jedem Projekt in der Arbeitswelt zur Klärung anstehen. So sollten Sie als ,Unternehmer in eigener Sache' den konkreten Arbeitsaufwand, technische Voraussetzungen, die benötigte Zeit, den Umfang des eigenen Wissens und Könnens, das Einhalten von Vorschriften, den verfügbaren Finanzrahmen und die Frage der Einbeziehung anderer Menschen – ob als Beteiligte oder Betroffene – klären. Wichtig, besonders bei größeren oder langfristigen Vorhaben, ist die Entwicklung von Zwischenschritten auf dem Weg zum Ziel, um so für bestimmte Zeitfenster die konkreten Handlungen zu definieren.

Ob es nun um eine betrieblich Fortbildung, die Idee einer beruflichen Veränderung, eine Urlaubsreise, den anstehenden Kauf eines neuen Autos oder um die Familienplanung geht, jedes Vorhaben kann nur möglichst störungsarm gelingen, wenn vorher die anstehenden Punkte geklärt wurden. Denn erfolgreiche Menschen lassen sich nicht von Zufällen, äußeren Umständen oder momentanen Befindlichkeiten bestimmen, sondern übernehmen selbst das Steuer in Richtung einer nachhaltigen Entwicklung, ergreifen die Initiative! Dabei wird auch deutlich, dass Erfolg in der Regel nicht mit vordergründigem ‚Machen' zu erreichen ist, sondern eher per Gelassenheit, ‚nämlich Überflüssiges zu lassen'. „Wir müssen lernen, Schritte zu tun, die groß genug sind, um anstrengend zu sein, aber nicht so groß, dass sie entmutigen."[156]

Einen Handlungsansatz, wie eine solche Zielsetzung im alltäglichen Leben zu verwirklichen ist, bietet das von Heckhausen (1989) und Gollwitzer (1990) entwickelte motivations-psychologische ‚Rubikon-Prozess-Modell'.[157] „Es gibt einen Überblick über die verschiedenen ‚Reifungsstadien', die ein Wunsch, ist er einmal im Bewusstsein aufgetaucht, durchlaufen muss, bis der betreffende Mensch soweit mobilisiert, motiviert und aktiviert ist, damit dieser Wunsch zum Ziel wird, mit Willenskraft verfolgt und aktiv in Handlung umgesetzt" wird.[158] Da Menschen häufig verschiedene Ziele gleichzeitig anstreben, ist das Rubikon-Modell quasi der rote Faden in einem selbst häufig als

Labyrinth empfundenen Handlungs-Prozess. Professor Dr. med. Klaus Grawe[159] erweiterte dieses ursprünglich vierstufige Modell, indem er der Phase des Motivs eine eher vor- oder unbewusste Phase des Bedürfnisses voransetzte. Somit umfasst der erweiterte Rubikon-Prozess die Phasen: Bedürfnis → Motiv → Intention → präaktionale Vorbereitung und → Handlung.

Wenn wir dieses Modell nun mit der Lebens-Stil-Analyse von Alfred Adler in Bezug setzen, erhält der Einzelne durch die Vergegenwärtigung seiner zurückliegenden Handlungen wichtige Informationen zu seinen Motiven und den ihnen zugrunde liegenden Bedürfnissen. Ob nun die Frage nach dem passenden Make-up bzw. Jackett für einen bestimmten Anlass oder dem Aufwand und Ertrag einer beruflichen Fortbildung zur Entscheidung ansteht, immer geht es um Bedürfnisse, die uns Antrieb (Motiv) für konkrete Handlungs-Entscheidungen sind.

Jegliches Selbst-Management dient also dem Ziel, Bedürfnisse zu verwirklichen. Dabei steht das Sicherheits-Bedürfnis – hier sei an die Bedürfnis-Pyramide von Maslow erinnert – sowie das Bedürfnis nach Anerkennung im Zentrum (Letzteres ist nach Adler das Grundbedürfnis des Sozial-Wesens Mensch). Auch wenn viele Menschen davon ausgehen, dass sie ‚ein Anrecht auf Dazugehörigkeit haben, setzt dies voraus, dazu auch einen angemessenen Beitrag zu leisten‘. Nur wenn Sicherheit und Anerkennung spürbar sind, hat ein Ich den notwendigen Atem- und Erkundungs-Raum, wird ein förderlicher Umgang mit anderen Ichs möglich.

Somit ist die mit Resilienz umrissene Standfestigkeit des Einzelnen das Ergebnis einer sättigenden biologischemotionalen Grundversorgung. Nur aus dieser Position heraus kann im sozialen Miteinander auch der Sicherheits- und Anerkennungs-Bedarf anderer Menschen gewährt werden. Gefestigt wird diese Position durch die Verwirklichung sinnvoller Aufgaben und förderlicher Eingaben innerhalb eines gelingenden Zusammenlebens. Nichts gibt soviel Kraft und Motivation, wie erfolgreiche Handlungen. Übrigens gibt es *den* richtigen Moment zu Veränderungen oder einem Neuanfang nicht, es sei denn, wir schaffen ihn durch ein klares ‚Ja, ich will!'

In Schule, Ausbildung und Studium

‚Höher, schneller, weiter, dies ist das Motto unserer Zeit. Das geht nicht nur Erwachsenen so, sondern auch Kindern.' Bei ihrer Erziehung verschwimmt oft die Grenze zwischen fördern und überfordern. Der Druck, der heute auf Kindern lastet, ist enorm. *Der Spiegel* griff dieses Thema unter der Überschrift „Das überforderte Kind. Wie viel Ehrgeiz verträgt gute Erziehung?" auf.[160] Die Autorin Katja Thimm zeigte, mit welchen Herausforderungen Kinder heute zu kämpfen haben. Welche Probleme können auf unseren Nachwuchs zukommen? Und wie können Eltern ihm am besten zur Seite stehen? Dabei wird schnell klar: „Weniger ist oft mehr."[161]

Der Leistungsdruck ist längst bereits bei Kindern im Alter von sieben bis neun Jahren angekommen. Sie leiden offenbar unter Psychostress, wie eine Kindergesundheitsstudie des Instituts für Sozialforschung PROKIDS und des Deutschen Kinderschutzbundes (DKSB) ergab. Fast jedes zehn-

4 Wann wird Resilienz im Lebens-Alltag gebraucht?   **145**

te Grundschulkind schläft schlecht; Kopfschmerzen, geringe Leistungsfähigkeit und eingeschränkte Konzentrationsfähigkeit sind die Folge. Außerdem bewegen sich zu viele Kinder tagsüber zu wenig und gehen zu spät ins Bett.[162] 9 % aller Grundschüler gehen ohne Frühstück in die Schule, bei den 11- bis 14-Jährigen sind es 18 % und bei den 15- bis 18-Jährigen sogar 23 %, also fast jeder Vierte! Die Eltern gaben laut einer Umfrage der Techniker Krankenkasse als Gründe an: kein Appetit (25 %) bzw. keine Zeit (33 %). 21 % der Eltern meinten, ihr Kind frühstücke meist allein. Jedes fünfte Grundschulkind klagt über Leistungsdruck und Angst vor schlechten Noten; jedes zehnte Kind leidet unter Ausgrenzung, Mobbing, Streitereien mit Freunden oder langen Schultagen. Bereits ein Viertel der Zweit- und Drittklässler fühlt sich oft oder sogar sehr oft überfordert. „So können beispielsweise bereits die 7-Jährigen den Begriff Stress mit eigenen Worten eindringlich beschreiben. Fragt man die Kinder selbst nach den Auslösern, dann nennt jedes dritte Kind die Schule als Stressfaktor – vor ‚Ärger und Streit' und familiären Auslösern."[163]

Mit der Überschrift „Immer mehr Jungen leben in einer anderen Welt" rückt Diplom Psychologe Dr. Rudolf Hänsel einen geschlechtsspezifischen Aspekt der mangelhaften Beschulbarkeit ins Blickfeld, auch wenn solche Befunde im Gegensatz zur modern deklarierten Gender-Hysterie stehen. Eltern und Lehrer beobachten und beklagen diese Entwicklung seit Jahren. Auch neuere Bildungsberichte machen darauf aufmerksam. Wirksame Handlungsansätze scheinen nicht zu existieren. So kommt der vom bayerischen Kultusministerium in Auftrag gegebene Bildungsbericht 2012 zu dem Ergebnis: Schon bei der Einschulung werden Jungen

146 Mit mehr Selbst zum stabilen ICH!

häufiger zurückgestellt als Mädchen, sie treten seltener an Realschulen oder Gymnasien über, wiederholen häufiger eine Jahrgangsstufe, profitieren seltener von Schulartwechseln und nehmen weniger häufig Anschlussmöglichkeiten wahr. Am Ende ihrer Schullaufbahn sind die jungen Männer im Durchschnitt älter als ihrer Mitschülerinnen, sie schneiden bei den zentralen Abschlussprüfungen schlechter ab und erwerben seltener den mittleren Schulabschluss oder das Abitur. Diese Unterschiede haben sich in den letzten Jahren kaum verändert. Der vierte Deutsche Bildungsbericht 2012 und der erste Dresdner Bildungsbericht 2012 kommen zu ähnlich beunruhigenden Ergebnissen: Sie sprechen von „zunehmenden Bildungsmisserfolgen von Jungen" bzw. von einem „geringeren Bildungserfolg (...), der sich oftmals auch durch die Schul- und Ausbildungszeit fortzieht".[164]

Die Gründe dafür, dass Mädchen die Jungen in der Schule überholt haben und Jungen gefühlsmäßig immer schwerer zu erreichen sind, sind vielfältig und individuell verschieden. Aber eines ist unbestritten und erfordert laut Psychologe Dr. Rudolf Hänsel die größte Aufmerksamkeit und Fürsorge aller Erziehenden: „Die digitalen Medien absorbieren heutzutage viele unserer Jungen bewusst oder unbewusst den ganzen Tag über. Entweder beschäftigen sie sich gedanklich mit dem letzten Computerspiel und dem Verfehlen der erforderlichen Punktzahl oder mit ihrem Spiel-Clan, mit dem sie sich zu einem bestimmten Zeitpunkt im Netz verabredet haben. Gleichzeitig fiebern sie der nächsten passenden Gelegenheit entgegen, um das neueste Videospiel auf ihrem Handy auszuprobieren."[165]

Prof. Manfred Spitzer verdeutlicht in seinem Buch *Digitale Demenz. Wie wir uns und unsere Kinder um den*

Verstand bringen, dass ein solches Verhalten ohne Zweifel zu schlechteren Schulleistungen führt. Und da die Jungen die Problemgruppe unter den Spielern darstellten, sieht er ihre intellektuellen Fähigkeiten durch Video- und Computerspiele massiv gefährdet.[166] Auch das Kriminologische Forschungsinstitut Niedersachsen (KFN) weist immer wieder auf den Zusammenhang zwischen Mediennutzung, Schulerfolg und der Krise der Jungen hin. „Jeder dritte Junge" prophezeite KFN-Direktor Prof. Christian Pfeiffer bereits 2004, „drohe in die Falle von Fernsehen, Internet und Videospielen abzurutschen". Hänsels Resümee: „Heute sind wir so weit."[167] Somit führt diese – sich rasant beschleunigende – Entwicklung nicht zu Ich-Stärke und Bewältigungs-Vermögen, sondern stattdessen zu Schwäche und Schul-Versagen.

‚Mit der Schule beginnt der Ernst des Lebens', soweit der Volksmund. Schon nach wenigen Unterrichtstagen zeigt sich, in welchem Umfang die bisherige Erziehung tatsächlich auf die nun anstehenden Aufgabenstellungen vorbereitet hat. Können sich die Kinder in die Klassengemeinschaft hineinfinden oder sehen sie sich als Mittelpunkt der Welt? Ist ihre geistige und körperliche Reife angemessen oder gibt es gravierende Defizite? In welchem Umfang beherrschen sie die deutsche Sprache? Sitzen sie schüchtern und unsicher auf ihrem Platz oder üben sie unkontrolliert Macht aus? Wie ausgeprägt ist ihre Fein- und Grobmotorik, sind ihre lebenspraktischen Fertigkeiten? Beherrschen sie die wichtigsten Körperfunktionen? Kommen sie ausgeglichen und fröhlich oder unkonzentriert und hyperaktiv zur Schule?[168] Mit welcher Klarheit und Konsequenz fand Erziehung statt? Eine kritische Bilanz verdeutlicht, dass zu viele Kinder offensichtliche Defizite haben.

Unter dem Buch-Titel *Die sieben Grundbedürfnisse von Kindern* haben T. Berry Brazelton (Prof. für Kinderheilkunde an der Harvard Medical School) und Stanley J. Greenspan (einer der anerkanntesten Kinderpsychiater Amerikas) eindrucksvoll aufgelistet, „was jedes Kind braucht, um gesund aufzuwachsen, gut zu lernen und glücklich zu sein", um mit innerer Stärke ins Leben hineinzufinden:

- Das Bedürfnis nach beständigen liebevollen Beziehungen,
- Das Bedürfnis nach körperlicher Unversehrtheit, Sicherheit und Regulation,
- Das Bedürfnis nach Erfahrungen, die auf individuelle Unterschiede zugeschnitten sind,
- Das Bedürfnis nach entwicklungsgerechten Erfahrungen,
- Das Bedürfnis nach Grenzen und Strukturen,
- Das Bedürfnis nach stabilen, unterstützenden Gemeinschaften und nach kultureller Kontinuität,
- Das Bedürfnis, die Zukunft zu sichern.

Je stärker hier Defizite sichtbar werden, desto umfangreicher werden unsere Jungen und Mädchen im Mangelhaften aufwachsen. Da die Kinder unserer Zeit weder als ‚Kanonen-Futter', noch als ‚tumbe Fabrikarbeiter' abgerichtet werden sollten (bedauerlicherweise schien dies das Ziel vieler früherer Herrscher gewesen zu sein), kann es bei heutigen Bildungsprozessen nur um die eigenverantwortliche, stabile und selbstsichere Persönlichkeit gehen.

4 Wann wird Resilienz im Lebens-Alltag gebraucht? **149**

Keine Frage: In Bildung und Erziehung der Kinder muss investiert werden. Aber um was geht es dabei? Soll in erster Linie ein hoher Konsum-Standard abgesichert werden? Müssen deshalb Kinder und Jugendliche immer früher und mehr in immer kürzeren Zeiten lernen? Wie kann Unterricht wirkungsvoller werden? Steht das kollektive oder das individuelle Wohl im Zentrum? Welche Bedeutung hat ein Engagement für Frieden und Gerechtigkeit als gesellschaftlicher Grundkonsens?

„Nicht für die Schule, sondern für das Leben lernen wir", so formulierte es vor ca. 2000 Jahren der römische Philosoph Seneca. Vermutlich hat jeder Schüler diesen Satz während seiner Laufbahn schon zu hören bekommen. Aber führt das deutsche Schulsystem wirklich zu dieser Lebens-Leistung? Dazu wäre notwendig, nicht mehr Lernstoff in Kinderköpfe zu pfropfen, sondern viel umfangreicher ihre Potenziale in größtmöglicher Eigenverantwortung zu entwickeln. „Alle internationalen Studien zeigen, dass die leistungsschwächeren Kinder in ihren Lernständen (von einem solchen Unterricht) profitieren, ohne dass die Leistungsstärkeren Nachteile haben müssen."[169]

> „Alle internationalen Studien zeigen, dass die leistungsschwächeren Kinder in ihren Lernständen (von einem solchen Unterricht) profitieren, ohne dass die Leistungsstärkeren Nachteile haben müssen."

Fakt ist, dass die Schule zu häufig auf wichtige Bereiche des Lebens nicht angemessen vorbereitet. So beklagen Ausbildungsbetriebe und Hochschulen seit Jahren, dass es neben vielen fachlichen Defiziten gravierend an Lernbereitschaft, Eigenverantwortung und Durchhaltevermögen

150   Mit mehr Selbst zum stabilen ICH!

mangelt. Neun oder zwölf Jahre Schule scheinen an vielen Jugendlichen relativ spurlos vorüberzugehen. Nicht wenige Schüler verlassen das Schulsystem als Analphabeten.[170]

So werden bei den Schulabgängern seit Jahren eine zu große Motivationsschwäche, unzureichender Wettbewerbs-Wille sowie die Unfähigkeit, Probleme eigenständig zu lösen, beklagt. Gleichzeitig suchen Betriebsstätten händeringend qualifizierte Arbeitskräfte. Auszubildende als ‚potenzielle Störfälle' sind jedoch nicht erwünscht. Als Gründe der Probleme werden schwierige häusliche Verhältnisse, Lernfrust, Arbeitsentwöhnung und ein allgemeines Desinteresse angegeben. Je nach Branche brechen 20–30 % der Jugendlichen eine begonnene Berufsausbildung in den ersten Monaten ab, meistens jedoch nicht wegen einer möglichen beruflichen Fehlentscheidung, sondern aus Gründen fehlender Belastbarkeit bzw. Einsatzfähigkeit. Im Bereich des Studiums sieht es nicht anders aus. Insgesamt haben 28 % derjenigen, die 2006/2007 an Fachhochschulen ein Bachelor-Studium angefangen haben, dieses abgebrochen. Zwei Jahre zuvor waren es 25 %. Ob die Reduzierung der Abbrecher-Quote im Jahrgang 2010 auf 19 % Bestand hat, wird sich nach dem Abschlussexamen zeigen. An den Universitäten, wo die Studiengänge in der Regel später als an den Fachhochschulen umgestellt wurden, sind die Abbrecherzahlen innerhalb von vier Jahren von 25 % auf 35 % angestiegen.[171]

Die „Jugend ist arbeitsunfähig", resümiert der Kinder- und Jugendpsychiater Dr. Michael Winterhoff und geht hart ins Gericht mit dem deutschen Erziehungssystem: „Kinder, die auf uns zukommen, sind lustorientiert. Sie haben keine Frustrationstoleranz, keine Gewissensinstanz oder Arbeitshaltung." Diese jungen Menschen können Strukturen nicht erkennen, ihnen fehlen mathematische Kenntnisse und die wesentlichen Kulturtechniken. Sie wissen nicht, dass man sich im Unterricht anders benehmen muss als in der Pause. Nach Jahren sind sie erwachsen, aber „haben den Reifegrad von Kleinkindern und können demnach nicht arbeiten oder Partnerschaften eingehen". Seine Analyse bestätigt das, was Arbeitgeber oder Hochschul-Lehrkräfte mit dem Nachwuchs täglich erleben.

Tragisch ist: Die Ursachen werden nicht wirklich erforscht. Sie liegen natürlich in der Erziehung, in erster Linie im Verantwortungsbereich der Eltern. Winterhoff sagt: „Die Eltern ruhen zu wenig in sich selbst, sind selbst Getriebene, rastlos." Fast jedes zweite Kind ist heute in Logo-, Psycho- oder Ergotherapie. Er bezieht auch kritisch Stellung zum Thema Ritalin, ein Mittel, das heute flächendeckend bei störenden Kindern eingesetzt wird und eigentlich unter das Betäubungsmittelgesetz fällt.[172] „Leider kümmert sich die Politik zu wenig um die Ursachen und behandelt nur Symptome – und diese in meinen Augen auch noch falsch." Die Frage ist doch: „Wenn immer mehr Eltern Schwierigkeiten bei der Erziehung haben, wie gehen wir vor? Nehmen wir die Erziehung aus der Hand der Eltern – so wie es derzeit gemacht wird – oder sollten wir nicht vielmehr die Eltern stärken?"[173]

Statistisch betrachtet hat sich der Psycho-Pharmaka-Konsum unter Studenten innerhalb von vier Jahren mehr als verdoppelt. Vor allem Stimmungs-Aufheller bzw. Antidepressiva werden verschrieben. So erhielt ein Student im Jahr 2010 statistisch betrachtet 13,5 Tagesdosen und damit 55 % mehr als 2006 (8,7 Tagesdosen), wie die Techniker

Krankenkasse zum Jahresende 2012 mitteilte.[174] Gründe für den gestiegenen Psycho-Pharmaka-Konsum nannte die Techniker Krankenkasse nicht. Sie verwies auf eine Umfrage aus Nordrhein-Westfalen, wonach sich viele Studenten heutzutage häufig oder ständig gestresst fühlten. Als Hauptursachen seien dabei Prüfungsdruck, Zeitnot und finanzielle Sorgen genannt worden.[175]

Meist wird bei der Ursachensuche ausgeblendet, in welchem Umfang diese Mängel durch ungünstige Voraussetzungen in den ersten Lebensjahren forciert oder angelegt wurden. Denn Bindungs-Störungen bzw. -Brüche führen in der Regel zu grundlegenden Verunsicherungen, während eine verwöhnende Erziehung zur Kraft- und Mutlosigkeit führt. Beides äußert sich in einem mangelnden Selbstvertrauen. Wie stark dieses ausgeprägt ist, bringt auch eine aktuelle Studie des Statistischen Bundesamts zum Ausdruck. Danach stehen Suizide an zweiter Stelle der Todesursachen bei Jugendlichen.[176] Dies sind wahrlich keine adäquaten Voraussetzungen, um in einer hochdifferenzierten und unübersichtlich geworden Welt bestehen zu können.

Im Feld des beruflichen Handelns

Generation Doof – so lautet der Titel eines sehr informativen, salopp formulierten und mit einer kräftigen Portion Selbstironie ausgestatten Buches, das manche Bestürzung auslöst. Spätestens diese Veröffentlichung von Stefan Bonner und Anne Weiss rückte ins Blickfeld der bundesrepublikanischen Öffentlichkeit, dass zu viele Menschen mit einer

4 Wann wird Resilienz im Lebens-Alltag gebraucht? **153**

zu geringen Basis-Ausstattung ins Leben wachsen. Dass dem Buch einige Zeit ein Spitzenplatz in einer Bestsellerliste beschieden war, mag Autoren und Verlag erfreut haben. Ob dies die Entscheidungsträger in Politik, Schule und Berufswelt auch zum Anlass nahmen, sich für verbesserte Bedingungen des Aufwachsens einzusetzen, um wirkungsvollere Voraussetzungen für Erziehung und Ausbildung zu schaffen, ist offen.

Ein Zeitraum von 17–20 Jahren bietet eine beträchtliche Chance, Kinder und Jugendliche bis zum Berufseinstieg mit einer satten Selbstwirksamkeit und Widerstandsfähigkeit auszustatten. Liegt diese vor, wäre viel Resilienz vorhanden, um für den Umgang mit Konflikten, Gerüchten, kritischen Rückmeldungen, verletzenden Aussagen, mit beruflichen Sondererfordernissen oder kurzfristig zu treffenden Entscheidungen gut gerüstet zu sein. Denn alle diese Situationen erfordern Umsicht, Mut und eine klare Positionierung: Steht nachgeben oder nachhaken an? Muss ich meine Kompetenz erweitern? Was ist zu ertragen und was abzulehnen? Wie gehe ich mit der Forderung um, dass ich mich ‚einfach anpassen' soll? Lass ich mich von Anderen runterziehen oder gehe ich meinen geraden Weg? Muss ich mir das aufdrücken lassen oder gehört das nicht zu meinem Auftragsbereich? Teile ich meinen Vorgesetzten mit, wie es mir gesundheitlich oder auch privat wirklich geht, oder schweige ich besser? Wie reagiere ich angemessen auf Mobbing, Verleumdung oder Bestechlichkeits-Vorgänge in meinem Umfeld? Was kann oder sollte ich unternehmen, um meinen Arbeitsplatz, meine fachliche Qualifikation abzusichern? Welche beruflichen Herausforderungen sich auch stellen mögen, immer sind klare Entscheidungen zu treffen, steht konkretes Handeln an. Dann zeigt sich, ob das Reservoir an Selbstsicherheit, Widerstandsfähigkeit, Geradlinigkeit, Kraft, Verantwortung und Engagement für diese Herausforderungen reicht oder auch nicht.

Es ist zu beobachten, dass manche Berufstätige mit Phänomenen wie Arbeitsplatz-Unsicherheit, Anpassungs-Notwendigkeiten oder Stressbelastung recht gekonnt und zuversichtlich umgehen. Häufige Konflikt-Szenarien, nicht zufriedenstellende Arbeitsabläufe und Krankmelde-Stände belegen, dass Andere schlecht oder gar nicht damit zurechtkommen, schwer erkranken oder scheitern.[177]

,So haben sich nach einer Statistik der AOK die burn-out-bedingten Krankheitstage von 2004 bis 2011 verzehnfacht.'[178] Dies liegt jedoch nicht nur an körperlich schädigenden Arbeitsbedingungen, auch wenn diese in manchen Berufsfeldern menschen-unwürdig sind, sondern sehr stark auch daran, wie mit ihnen in psycho-sozialer Hinsicht umgegangen wird. Auch wenn viele Arbeitskräfte anfangs recht gut mit beruflichen Belastungen und deutlich werdenden Blessuren klarkamen, wurden sie immer schneller und substanzieller von den unterschiedlichsten Ansprüchen zerrieben. Es erfordert schon viel Widerstandskraft und Übung im Umgang mit solchen Belastungen, um auf Dauer einsatzfähig zu bleiben.

> Nach einer Statistik der AOK haben sich die burn-out-bedingten Krankheitstage von 2004 bis 2011 verzehnfacht.

Es gibt reichlich objektive Fakten zur Stressauslösung, ob zu lange Arbeitszeiten, ein permanenter Termindruck oder begrenzt qualifizierte Führungspersonen. Zu Letzteren fanden Verhaltensforscher wie Brad Gilbreath von der Indiana

4 Wann wird Resilienz im Lebens-Alltag gebraucht? **155**

University in Fort Wayne heraus, dass ‚Chefs die wichtigsten Bezugspersonen in unserem professionellen und auch in unserem Privatleben sind'. Das Team von Gilbreath befragte innerhalb einer Studie – sie wurde im Fachjournal *Work and Stress* veröffentlicht – mehr als 1000 Angestellte aus den unterschiedlichsten Berufssparten nach ihren Vorgesetzten. Heraus kam, dass über die Hälfte der Befragten „von den schlechten Stimmungen des Arbeitgebers auch privat negativ beeinflusst wurden". Und fast noch schlimmer: Jeder zweite Befragte gab zu, dass er ein gestörtes Verhältnis zum Boss hat. Der Psychologe Gilbreath ist überzeugt: „Die Beziehung zum Chef ist für einen Menschen fast ebenso wichtig wie das Verhältnis zu seinem privaten Partner."

Annie McKee, Arbeitsplatzcoach und Leiterin des Teleos Leadership Institutes in Philadelphia, konstatiert: „Emotionen sind ansteckend. Ist ein Boss unglücklich, dann ist die Gefahr durchaus groß, dass auch die Angestellten unglücklich sind." Nach einer Untersuchung des Beratungsunternehmens Gallup ist das gestörte Verhältnis zwischen Chef und Arbeitnehmer der häufigste Grund dafür, dass ein Untergebener seinen Hut nimmt und kündigt. Die Zeitschrift *Psychology Today* bestätigt: Eine angespannte Beziehung zum Chef übertrumpft sogar noch die anderen wichtigen Kündigungsgründe wie zu niedriges Gehalt, Überstunden und tägliche Aufgaben im Job deutlich.

Mehr noch: „Unser Verhältnis zum Boss kann uns krank machen", bringt es Nadia Wagner, Psychologin am Buckinghamshire Chilterns College in Großbritannien, auf den Punkt. In einer Studie mit Krankenhausangestellten fand sie heraus, dass mangelnde Führungsqualitäten von Managern

156   Mit mehr Selbst zum stabilen ICH!

– wie etwa unsensibles Auftreten, Respektlosigkeit und unfaire Gesten – sich direkt auf die Physis der Angestellten auswirkten. Krankenschwestern, deren Vorgesetzte menschlich schwierig waren, verzeichneten einen bis zu 20 % höheren Blutdruck als jene, die mit sanften und verständnisvollen Chefs zu tun hatten. Management-Coach Reinhard Sprenger resümiert: „Mitarbeiter verlassen nicht schlecht geführte Unternehmen, sondern schlecht führende Vorgesetzte."[179]

Das Engagement am Arbeitsplatz in Deutschland ist auf unverändert niedrigem Niveau: Nach einer Gallup-Studie aus dem Jahre 2003 sind nur 15 % der Mitarbeiter loyal, produktiv und empfinden ihre Arbeit als befriedigend, während 69 % als Un-Engagierte „Dienst nach Vorschrift" machen. Die 16 % aktiv Un-Engagierten sind verstimmt und zeigen ihre negative Einstellung zur Arbeit und zum Arbeitgeber oftmals deutlich. Somit verspüren 85 % der Mitarbeiter keine echte Verpflichtung ihrem Unternehmen gegenüber! Der gesamtwirtschaftliche Schaden wird auf etwa 221.1 Milliarden Euro pro Jahr taxiert und entspricht fast dem gesamten Bundeshaushalt von 2003.[180]

Der Prozess nachlassender Motivation, des nicht mehr weiter Wissens und sich ausgebrannt Fühlens vollzieht sich schleichend. Oft beginnt es mit Flüchtigkeitsfehlern, einer ständigen Gereiztheit, Appetitlosigkeit und steigert sich bis hin zu Schlafstörungen. Der Körper kommt abends und am Wochenende nicht zur Ruhe. Tempo, Vielfalt der Aufgaben, ständige Umstrukturierungen, Arbeitsplatzunsicherheit und der Druck, bestimmte Leistungen fehlerfrei und kostenarm bis zum Tag X erbringen zu sollen, all das reduziert den eigenen Elan und zehrt an der Gesundheit.

4 Wann wird Resilienz im Lebens-Alltag gebraucht? **157**

Die Balance zwischen Produktions-Phasen und Regenerations-Zeiten geht so verloren. Die häufigste Folge ist das Entstehen von Stress. Eigentlich handelt es sich dabei um eine Alarmfunktion des vegetativen Nervensystems, welche uns mit einem gehörigen Zusatzschub an Kraft ausstattet. Diese bietet die Chance, entweder zu flüchten, um der Gefahr schnell zu entrinnen, oder zu kämpfen und sie mutig zu meistern. Setzen aber diese Schutzmaßnahmen nicht ein, weil sie uns nicht Erfolg versprechend erscheinen oder wir keinen Handlungsansatz erkennen, gerät unser ganzes personales Sein aus dem Gleichgewicht. Wir fühlen uns den zu erbringenden Aufgaben nicht mehr gewachsen. Eine tiefsitzende Hilflosigkeit bzw. Ohnmacht macht sich dann breit, welche auf Dauer zum Ausgebrannt-Sein führt.[181]

Der Stressforscher und Organisations-Psychologe Prof. Michael Kastner von der Uni Heidelberg sieht Manager in einer Sandwich-Position, weil sie einerseits die Verantwortung für die Umsetzung von Aufträgen oder strategischen Zielen und andererseits für das Schaffen von guten Rahmenbedingungen für Kommunikation und Handeln tragen. Doch letztlich stehen alle Menschen in dieser Situation, weil im Grunde jeder Ausführer und Gestalter von Vorhaben ist. Wird dabei eine Seite vernachlässigt, ist sofort das Gesamtergebnis gefährdet. Da diese Aufgaben nicht rund um die Uhr leistbar sind, wird

> „Wer dauernd an die Arbeit denkt oder durch Anrufe und Mails daran erinnert wird, kann seinen Cortisol-Spiegel nicht senken."

Abschalten-Können zum Überlebensprinzip. „Wer dauernd an die Arbeit denkt oder durch Anrufe und Mails daran erinnert wird, kann seinen Cortisol-Spiegel nicht senken", so

Prof. Jessika Lang vom Institut für Arbeits- und Sozialmedizin in Aachen. Das ist aber nötig, um den Körper nicht ständig unter Stress zu halten.

Viele Menschen neigen jedoch zu einer starken Selbstüberschätzung der verfügbaren Kräfte. Anfangs finden sie es noch toll, dauernd erreichbar zu sein, Anrufe auch im Urlaub zu erhalten, weil sie dies als Signal von Wichtigkeit deuten. Wenn es aber zur deutlichen Belastung wird, dann ist ein Zurück kaum noch möglich. Coaches, Personaltrainer und Unternehmensberater kommen gleichermaßen zu dem Schluss, dass die Hauptgründe, weshalb Menschen in eine solche Situation des Ausgebrannt-Seins geraten, fehlende Transparenz und Wertschätzung am Arbeitsplatz ist. Da Mitarbeiter in der Regel ihre Vorgesetzten kaum verändern können, müssen sie lernen, wie sie mit diesen Chefs und den damit verbundenen schwierigen Situationen angemessener umgehen können. Wohl dem, der dazu ein intaktes Frühwarnsystem, geeignete Umgangsformen sowie die Kraft zum Ab- oder Umschalten hat und sich eventuell ergänzend auf einen fähigen Coach als Konflikt-Lotsen stützen kann.

Parallel existieren auch reichlich abgesicherte Anhaltspunkte dafür, wie belastende Situationen vermieden werden können. Beispielsweise wirken sich ein wertschätzender und transparenter Umgang sowie die Einbeziehung in Entscheidungsabläufe sehr positiv auf das Wohlbefinden von Mitarbeitern aus. Ein gutes Betriebsklima wird so zum Schlüssel guter Arbeitsbedingungen. Unternehmensberater gehen davon aus, dass bis zu 50 % des Erfolgs von einer förderlichen Kultur des Miteinanders abhängt. Existiert diese, werden die Krankmeldestände und das Burnout-Risiko erheblich

4 Wann wird Resilienz im Lebens-Alltag gebraucht? **159**

gesenkt. Zu diesem Ergebnis kommt eine unveröffentlichte Studie von Wissenschaftlern der Universität Frankfurt, des Sigmund-Freud-Instituts in Frankfurt und der Technischen Universität Chemnitz. Der Frankfurter Sozialpsychologe Prof. Rolf Haubl berichtete, dass zu einer leistungsgerechten Belohnung mehr gehöre als nur eine angemessene Bezahlung. „Wichtig ist vor allem die soziale Anerkennung, die Menschen für ihren Arbeitseinsatz erhalten."[182]

Und Microsoft-Gründer Bill Gates weiß, dass „ein gut gelaunter Mitarbeiter produktiver ist als einer, der ständig mies drauf ist". Wohl auch deshalb galt Microsoft jahrelang als Mitarbeiter-Oase. Das Management gab den Angestellten so viel Freiraum, dass jeder einen Schlüssel fürs Büro bekam und arbeiten konnte, „wann immer es zeitlich am besten passte". Unternehmen schneiden bei Mitarbeiterbefragungen dann hervorragend ab, wenn sie faire und verständnisvolle Führungskräfte haben. „Als Chef habe ich meinen Mitarbeitern gegenüber auch eine moralische Verantwortung. Ich möchte, dass sie gut drauf sind", betont Sir Richard Branson, der in seinem Unternehmen dafür bekannt ist, dass von ihm selbst „sehr viel positive Energie kommt".[183] Die Fakten lehren: Präventionskosten sind niedriger als Krankheitskosten und Produktionsausfälle.

Einen anerkannten Platz in der Gemeinschaft haben, sich nützlich einbringen können und sich somit zu einer Sozietät zugehörig fühlen wurde schon im zweiten Kapitel als starkes Motiv herausgestellt, Aktivitätspotenziale in ein gemeinsames Handeln einzubringen. Dazu bietet der Arbeitsplatz ideale Voraussetzungen. Er wird damit aber gleichzeitig zum Prüffeld, ob stabilisierende oder destabilisierende Faktoren die Wirk-Macht erhalten. Existiert

ein kooperatives und die Eigenverantwortung fördern-
des Miteinander, werden auftretende Spitzen-Belastungen
aufgefangen und überdurchschnittliche Ziele erreicht. Bestimmen Konkurrenz, Missgunst und ein schwer einkal-
kulierbares Führungsverhalten die Entscheidungs- und
Arbeitsabläufe, werden Fehlerquoten, Unzufriedenheit,
Missgunst, Mobbing, Krankheitstage und innere Kündi-
gung den Arbeitsprozess prägen.[184] Entsprechend ist die
Entgeltfortzahlung im Krankheitsfall mit 40 Milliarden
Euro die teuerste betriebliche Sozialleistung.[185]

In Abgrenzung zu diesen ernüchternden Fakten hat die
positive Eingebundenheit in Gemeinschaften bzw. soziale
Netzwerke auch am Arbeitsplatz eine prägende Bedeutung.
Sie wird, so die Bundesagentur für Arbeit, zum Schlüssel
dafür, nach längerer Arbeitslosigkeit wieder einen Weg in
den Job zu finden. Sie wird von der Bundesagentur für Arbeit neben engagiertem Wollen als wichtigstes Kriterium für
diesen Erfolg bezeichnet.[186]

Ob beim Hineinfinden ins Leben oder beim Zurechtfinden in der rauen Berufswelt: Menschen benötigen zeitlebens wohlwollend-fördernde Rahmenbedingungen, um
abgesichert und zufrieden existieren zu können. Um diese nutzen oder auch erbringen zu können, werden gleichermaßen Stabilität und Resistenz benötigt, ob als Arbeitnehmer oder als Arbeitgeber. So setzen die Anbieter
von Personalentwicklungs- und Management-Seminaren
fast weltweit auf die Förderung der sozialen Kompetenz,
auch Soft Skills genannt. Diese Gesamtheit an persönlichen Fähigkeiten und Einstellungen soll dazu beitragen,
individuelle Handlungsziele mit den Einstellungen und
Werten einer Gruppe zu verknüpfen. Das Verhalten und

möglichst auch die Einstellung von Mitmenschen sollen positiv beeinflusst und nützliche bzw. notwendige Fertigkeiten zur sozialen Interaktion (weiter) entwickelt werden. Denn jede positive Kooperation in Arbeitsteams, jegliches Zusammenwirken von Menschen setzt voraus, dass die Handelnden auch Persönlichkeiten sind, die sich ihres Selbst sicher sind. Das heißt: Sie haben akzeptiert, was sie können und (noch) nicht können, und reagieren auf Herausforderungen nicht mangel- sondern ressourcen-orientiert: Dabei hilft der Gedanken-Anstoß: ,Du musst mit den Begabungen arbeiten, die du hast, nicht die du gerne hättest'!

> ,Du musst mit den Begabungen arbeiten, die du hast, nicht die du gerne hättest!'

In der Folge werden andere Menschen nicht zum Abarbeiten eigener Unzulänglichkeiten oder Fehler missbraucht, gute Leistungen von Kollegen, Chefs oder Mitarbeitern können als solche offensiv gewürdigt werden. Häufig wird in solchen Zusammenhängen eine kräftige Investition in mehr personale und soziale Kompetenz notwendig. Dann werden Störungen nicht mehr zum – meist machtvoll inszenierten – Austragungsort gegenseitiger Unzulänglichkeits-Unterstellungen sondern als Anhalts-Punkt zur Qualitäts-Verbesserung genutzt.

Eine der prägendsten Voraussetzung für solch ein ausgeglichenes – in sich ruhendes – Ich ist die Existenz eines stabilen privaten Lebensraums, indem man sich – trotz aller Belastungen – aufgehoben weiß. Zwei Leitsätze, um dieses Rückzugs- und Auftank-Refugium nicht zu gefährden: ,Ein voller Terminkalender ist kein Beleg für ein erfülltes Leben.' ,Jede Beziehung braucht auch genügend Raum für erfüllende Erfahrungen, wenn sie nicht verdorren soll.'[187] So wird ein durch Achtsamkeit – im Sinne von Vorsicht wie auch von Wertschätzung – geprägter Umgang mit sich selbst, dem Lebensraum in Partnerschaft, Familie und Freundeskreis sowie mit den beruflichen Aufgabenstellungen zum eigenen und gesellschaftlichen Überlebensprinzip.

In Partnerschaft und Familie

„Was wir am nötigsten brauchen ist ein Mensch, der uns dazu bringt, das zu tun, was wir können", so der amerikanische Philosoph Ralph Waldo Emerson. Sind die Voraussetzungen für ein solches Miteinander zu mager, wachsen in Beziehungen nicht Können und Vertrauen, sondern Unklares, Missliches und Störendes, bis das Fass überläuft. Aber so wie sich unter negativem Vorzeichen Tropfen für Tropfen geronnene Enttäuschungen, Lieblosigkeiten oder Verletzungen ansammeln, so können auch anstelle einer solch brodelnden Störmasse positive Ereignisse, bereichernde Begegnungen, freudige Überraschungen und gezielte Hilfestellungen im Alltag abgespeichert werden. Auch wenn Glück meist limitiert ist und außerhalb unserer Verfügbarkeit liegt, Zufriedenheit ist ein Produkt unseres Wirkens. Sie aktiviert übrigens dieselben Hirnareale, wie dies beim Glücksgefühl der Fall ist. Mit dem daraus resultierenden Wohlbehagen haben wird gleichzeitig den idealen Humus fürs Wachsen und Gedeihen von Personalität und Lebensfreude in Partnerschaft, Ehe und Familie.

4 Wann wird Resilienz im Lebens-Alltag gebraucht? **163**

‚Wir sind Analphabeten im Bereich unseres Gefühls-
lebens‘, lässt Ingmar Bergmann den Protagonisten in dem
Beziehungsfilm „Das Schweigen" sagen. Und Jirina Prekop
ruft dazu auf, die ‚Impotenz des Herzens‘ zu überwinden.
Dabei geht es jedoch nicht um das kognitive Aufnehmen
gewichtiger Worte zum Umgang mit Emotionen, sondern
um die nicht leicht umsetzbare Botschaft zu einem erfüllenderen Umgang als Paar und – falls vorhanden – mit den
diesem Paar anvertrauten Kindern. In einem durch über-
zogene Selbstverwirklichungs-Postulate gekennzeichneten
gesellschaftlichen Klima ist dies gar nicht so einfach.

Damit stehen wir vor der Frage, mit welchem Erfolg auf
das Leben in Gemeinschaften und auf eine Partnerschaft
vorbereitet wurde und in welchem Umfang. Die vielen Beziehungsbrüche und ständig steigende Scheidungszahlen
belegen, dass sich hier viel Unvermögen offenbart. Aber wie
kann eine ‚Impotenz des Herzens‘ überwunden werden,
wenn die Beziehungsbedürfnisse von Kindern – besonders
in den ersten Lebensjahren – unerfüllt bleiben und/oder
Beziehungs-Brüche einen tief gründenden Selbstwertverlust auslösen?

Jede aufs gegenseitige Geben und Empfangen gerich-
tete Beziehung gibt dem Leben Sinn und Kraft.[188] Das
Fehlen einer positiven Beziehung – auch zu sich selbst –
ist meist viel schwerer zu ertragen als körperliche Beeinträchtigungen. Besonders unsichere gesellschafts-politische
Zukunfts-Bedingungen und ein harscher beruflicher Wett-
kampf stärken die Sehnsucht nach einem Ausgleichs- und
Auftank-Ort. In diesem wird dann Nähe, Schutz, Beachtung, liebevolle Zuneigung und Verbundensein gesucht,
um den Hauch eines Lebens in Fülle zu spüren. Aber

164   Mit mehr Selbst zum stabilen ICH!

„die allermeisten ‚Erwachsenen' der zivilisierten Gesellschaft sind selbst noch Bezieher der Liebe/Lebens-Energie, sind bedürftig und können nur

> „Besonders unsichere gesellschafts-politische Zukunfts-Bedingungen und ein harscher beruflicher Wettkampf stärken die Sehnsucht nach einem Ausgleichs- und Auftank-Ort."

sehr begrenzt diese Energie abgeben. Als noch nicht wahrhaft Erwachsene sind sie vor allem nicht fähig, eine dauerhaft tragfähige Beziehung zu führen, denn dazu braucht es das Bewusstsein und die Bereitschaft, das Prinzip der ‚bedingungslosen Liebe' zu leben. Was aus dem ‚Niederen-Selbst' dem ‚Ego' unmöglich ist. Das ist nur aus dem feinstofflichen Bewusstsein, dem ‚Höheren/wahren Selbst' möglich."[189]

‚Die Vorbereitung auf Partnerschaft, Ehe und Familie beginnt einen Tag nach der Geburt.' So die Start-These eines Wochenendseminars für Paare. Verwunderung und Stirnrunzeln. Wieso ein Tag nach der Geburt bzw. schon in der frühesten Kindheit? Die Begründung für ‚einen Tag nach der Geburt' löste Schmunzeln aus, denn der Referent meinte: ‚Vierundzwanzig Stunden sollte der neue Erdenbürger schon die Gelegenheit haben, ohne Lernstress sein Umfeld zu erkunden.' Schnell wurde jedoch klar, dass es nicht ums Kind, sondern um die erzieherische Grundhaltung der Eltern geht. Erhält es in der elterlichen Beziehung Nähe und Zuwendung, die es stabil machen, oder wird dieses nur bruchstückhaft eingebracht? Wird das Kind herausgefordert oder verwöhnt? Führt die Erziehung in die Eigen-Verantwortung oder die Ent-Mutigung? Hat es die Chance, eine Identität als Junge oder Mädchen entwickeln zu können, oder soll ein ‚politisch korrektes' Gender-Neutrum

4 Wann wird Resilienz im Lebens-Alltag gebraucht? **165**

heranwachsen? Wird ihm Erotik und Sexualität als bereichernd oder verklemmt-angstbesetzt vermittelt? Werden ihm altersgemäße Konflikte und Lösungs-Modalitäten zugetraut oder diese per Harmonie-Sucht erstickt? Kann es Abwehrkräfte gegenüber einem Lebens-Stil zwischen bevorzugtem Genuss-Streben, Wunscherfüllung sofort und der Sucht nach dem leichten Sein entwickeln?

Im Lebensalltag wird sich – beim nach Jahren – Erwachsenen zeigen, ob sich ein ‚wahres Selbst', ein starkes und widerstandsfähiges Ich entwickelte, oder auch nicht. Deutlich wird dies daran, ob Klären oder Abtauchen bei Krisen, Handeln oder Laufenlassen bei Entscheidungen im Zentrum stehen. Werden Zuspruch und Unterstützung bevorzugt erwartet oder auch gegeben? Wird auf eher lustlos dahinplätschernde Beziehungs-Phasen mit Revitalisierungs-Initiativen, angesäuertem Verharren oder Seitensprung-Absichten reagiert? Ermöglichen sich die Beteiligten regelmäßig gemeinsame Auszeiten, um per Zwischenbilanz und Zukunftsplanung nachhaltige Auffrischungs-Akzente zu setzen?

Partnerschaft, Ehe und Familie benötigen eine kontinuierliche Beziehungspflege, um lebendig zu bleiben und immun gegen negative Ablenkungen und ein Umschalten auf den Schlendrian zu sein. Von Herzen kommende kleine Zuwendungs-Gesten in der alltäglichen Geschäftigkeit und besondere Auftank-Aktionen, bilden die Basis für neue erfüllende Erfahrungen. Um diesen Ort der Geborgenheit nicht leichtfertig typischen Gefährdungen auszusetzen, hier vier Grundhaltungen mit starker Zerstörungskraft:

166   Mit mehr Selbst zum stabilen ICH!

- Die Trägheit, die sich im Agieren unseres ‚inneren Schweinehunds' äußert,
- Der Stolz, der uns hindert, mit eigenen Mängeln angemessener umzugehen,
- Die eigene Unzulänglichkeit, die das Äußern von Anerkennung bzw. positiven Rückmeldungen blockiert,
- Das Haben-Wollen-Phänomen, möglichst ‚alles, jetzt und sofort' auf einfache Weise erreichen zu wollen.

Wenn der ganz persönliche Beziehungsraum nicht mehr Nährboden für das Erstarken, die Abschirmung vor Außenangriffen und auch kein Territorium fürs „So und nicht anders Sein" ist, fehlt der Förderung und Weiterentwicklung von Resilienz die Basis. Speziell zur Elternrolle äußerte der dänische Familientherapeut Jesper Juul: „Das Beste, was man seinem Kind antun kann, ist die gute Pflege der Beziehung zu seinem Partner. Dies wünschen sich Kinder am allermeisten." Nicht in der Situation, wenn sie etwas Bestimmtes wollen, aber auf lange Sicht. „Kinder wissen genau, worauf sie Lust haben, aber ahnen nicht, was sie brauchen." Deshalb sind ihre Eltern so wichtig für sie, denn sie können bzw. sollten den Unterschied erkennen und die nötigen Entscheidungen mit den Kindern treffen. ‚Daher steht auch eine stabile Partnerschaft an erster Stelle, weil sie Kräftebasis für eine gelingende Elternschaft ist.' Juul weiter: ‚Eltern sind kein Dienstleistungsunternehmen zur Aufzucht von Kindern. Mütter und Väter dürfen nicht in ihrer Rolle ertrinken.'[190]

> „Das Beste, was man seinem Kind antun kann, ist die gute Pflege der Beziehung zu seinem Partner. Dies wünschen sich Kinder am allermeisten."

4 Wann wird Resilienz im Lebens-Alltag gebraucht? **167**

Väter und Mütter hatten zu allen Zeiten den Auftrag, die ihnen anvertrauten Kinder zu eigenständigen und verantwortungsbewussten Erwachsenen zu erziehen. Dass diese Aufgabe immer schwieriger zu realisieren ist, belegte sehr aussagestark die Studie „Eltern unter Druck", eine sozialwissenschaftliche Untersuchung von Sinus-Sociovision im Auftrag der Konrad-Adenauer-Stiftung e. V.[191] Die Wissenschaftler interessierten sich dabei besonders für zwei Fragen: „Wie geht es Eltern? Was brauchen Eltern?" Die Ergebnisse der Studie zeigen, welchen teils dramatischen Anforderungen Eltern heute gegenüberstehen:

- Weil Elternschaft heute nur mehr als eine Option unter mehreren Lebensformen gilt, passen die spezifischen familiären Abhängigkeiten immer weniger in den gesellschaftlichen Mainstream, für den etwa Konstanz und Verlässlichkeit (zentrale Merkmale für die Erziehung von Kindern) keine besondere Bedeutung mehr hat. Zugleich aber sind die Erwartungen an ein Gelingen moderner Elternschaft (Partnerschaftsfähigkeit und Erziehungskompetenz) hoch.

- Elternschaft ist „keine Solidargemeinschaft mehr", sondern „vielmehr ein Klärungsprozess, der allerdings nicht zu verstärkter Solidarität zwischen Eltern führt" (Christine Henry-Huthmacher) – hier zeigt sich eine soziale Trennungslinie zwischen Eltern, die sich aktiv um ihre Kinder kümmern (bewusste Erziehung, intensive Förderung), und Eltern, die dies nicht tun (weil sie es nicht können oder wollen).

- Eltern stehen zudem in der Forderung der Arbeitgeber zu erhöhter Flexibilität und Mobilität, zugleich aber auch

168   Mit mehr Selbst zum stabilen ICH!

der (realen) Sorge um den Verlust des Arbeitsplatzes oder
bereits eingetretener Erwerbslosigkeit.

Die Autoren der Studie zeigen Eckpunkte für die Reaktion
auf die hohen Erwartungen an die Eltern auf, um diese nicht
alleine zu lassen. Sie fordern:

- Generell eine stärkere Wertschätzung und Anerkennung
  des elterlichen Lebenskonzeptes
- Die verbesserte Vereinbarkeit von Familie und Beruf
  (bzw. von Familien- und Erwerbs-Arbeit)
- Eine verbesserte Betreuungssituation auch in qualitativer
  Hinsicht
- Verbesserte öffentliche Bildungssysteme
- Ein breites Beratungsangebot
- Eine verbesserte finanzielle Wertschätzung

Besonders Väter befinden sich zusätzlich in einem Dilemma: „Der Wandel des Rollenbildes vom Ernährer zum
Erzieher kollidiert im Familienalltag mit den gestiegenen
Ansprüchen im Berufsleben. Zwar sind die ‚neuen Väter'
heute häufig stärker in die Familienarbeit eingebunden
als vor Dekaden noch ihre eigenen Väter, doch wächst
gleichzeitig der Anteil derjenigen Väter, die aufgrund ge-
stiegener Scheidungshäufigkeit und größerem beruflichen
Einsatzes nur sehr wenig Zeit mit ihren Kindern verbringen", so Christine Henry-Huthmacher.[192] Nach der von
Allenbach durchgeführten „Vorwerk-Familienstudie 2012"
‚sind Eltern insgesamt gestresst, leiden unter Zeitdruck und
Überlastung. Von den berufstätigen Müttern geben 55 %
an, in der Freizeit nur noch selten entspannen zu können.

Bei den berufstätigen Vätern liegt die Quote bei 49 %. Von den über 1600 Befragten wollen 83 % mehr Zeit mit ihren Kindern verbringen.'[193]

,Einsamkeit als Preis der postmodernen Vielfalt', so titelte eine Newsletter-Nachricht des Instituts für Demokratie, Allgemeinwohl und Familie (i-daf) in der Woche zum 06.11.2012. „Autonomie", „Dynamik", und „Vielfalt" lauten die Zauberwörter, wenn im öffentlichen Diskurs von Partnerschaft und Familie die Rede ist. Neue Formen des Zusammenlebens seien Ausdruck eines veränderten Partnerschaftsideals, das stärker auf Autonomie setze. Daraus folge aber keine Abkehr von der Familie: In „modernisierten" Formen bleibe sie erhalten und verliere nichts von ihrer Bedeutung.

Diese „Erzählung" ist besonders in Feuilletons populär, hält aber einer empirischen Prüfung nicht stand. Ernüchternd deutlich zeigen neue Mikrozensus-Zahlen eine steigende „Familienlosigkeit": Auf dem Rückzug sind nicht nur die Ehe und die „traditionelle" Kernfamilie, sondern das Zusammenleben mit Partnern und Kindern generell. Der Singularisierungs-Trend betrifft vor allem die Männer: Etwa 45 % der Männer im Alter von 40–45 Jahren lebten 2011 ohne Kinder im Haushalt; bei den gleichaltrigen Frauen lag dieser Anteil ,nur' bei 28 %. Im Jahr 1996 waren es unter den Frauen dieses Alters ca. ein Fünftel und bei den Männern knapp ein Drittel, die ohne Kinder im Haushalt lebten.[194]

Alle Fakten deuten darauf hin, dass Scheidungs-Eltern, sogenannte „modernisierte" familiäre Formen, offensichtlicher Stress und der ausgemachte „Singularisierungs-Trend" kein geeignetes Klima für das Heranwachsen von autarken und durch Resilienz gekennzeichneten Kindern und Jugendlichen sind. Fehlen diese Voraussetzungen, werden sie sich so auch in der Regel nicht als durch Ich-Stärke geprägte Erwachsene entwickeln können. Selbst wenn diese entgegen dem „Singularisierungs-Trend" Eltern werden – wie können aus solchen Beziehungen ermutigte, lebensfrohe und widerstandsfähige Kinder heran wachsen?

In Krisen und bei großen Belastungen

Hiobsbotschaften prägen unseren Alltag. Sie zersetzen die Atemluft und reduzieren unsere Leistungsfähigkeit. Und die Medien scheinen davon zu leben. Täglich neu werden sie zum Start in den Tag serviert: Das neueste vom Weltwirtschaft-Desaster, Panzer schießen auf Kinder, sich täglich vergrößernde Euro-Finanzlöcher, politische Skandale, Mord und Totschlag, überflutete Städte, mit den Füßen getretene Menschenrechte, Wirbelstürme von unvorstellbarem Ausmaß, die Gier nach Macht und Geld – die Welt scheint aus den Fugen geraten zu sein. Wer kann schon mit einem solchen ‚Frühstücks-Aufschnitt' gestärkt sein Tagewerk angehen? Vor allem, wenn dann auch persönliche Krisen in der Partnerschaft, in den Bereichen Gesundheit, Wohnen, Geld und Arbeitsplatz, im Umgang mit den Kindern, in der erweiterten Familie oder im nahen Freundeskreis dazukommen. Ja, jetzt ist Resilienz und Stabilität anstelle von Wegtauchen oder Jammern gefordert. Nun zeigt sich, ob im bisherigen Leben trainiert wurde, mit Spannungen, gegensätzlichen Interessen, divergierenden

Ansprüchen und offensichtlichem Außendruck umzugehen.

Wende dein Gesicht der Sonne zu, dieser Titel eines Buches des Nigerianers Obiora Ike zum deutsch-afrikanischen Dialog ist auch ein guter Leitgedanke, sich nicht durch die vielen auf uns einprasselnden großen oder kleineren Katastrophen gefangen nehmen zu lassen. Diese Perspektive verdeutlicht, dass der persönliche Blick als Ausdruck des Lebens-Stils auch darüber entscheidet, in welcher Intensität Menschen durch Harmonie oder Disharmonie geprägt sind. Häufig werden Menschen von Zähl-Akrobaten in Arme und Reiche, Männer und Frauen oder Gebildete und Ungebildete unterschieden. Nützlicher ist es, sich selbst zu fragen, ob der eigene Blick vom ‚halb vollen‘ oder ‚halb leeren‘ Glas geprägt ist? Denn diese Perspektive entscheidet auch darüber, ob Sie sich von

> Häufig werden Menschen von Zähl-Akrobaten in Arme und Reiche, Männer und Frauen oder Gebildete und Ungebildete unterschieden. Nützlicher ist es, sich selbst zu fragen, ob der eigene Blick vom ‚halb vollen‘ oder ‚halb leeren‘ Glas geprägt ist?

schlechten Nachrichten erdrücken lassen oder ob Sie diese weitgehend ignorieren und trotz allem beherzt an Ihr Tagewerk herangehen. Wo Sie persönlich auch stehen mögen, wer zu stark auf Negativ-Ereignisse fokussiert ist, reduziert damit gleichzeitig seinen Mut und Willen zum ersten Klärungsschritt. Denn jede Krisenbewältigung braucht viel Ziel-Klarheit und Umsetzungs-Kraft, um die Denk- und Handlungs-Potenziale optimal einzusetzen. Falls Ihnen als passioniertem Pessimisten diese optimistischere Weltsicht fremd oder gar suspekt sein sollte, dann versuchen Sie es doch einfach mal. Denn auch wenn Optimisten das Negative in der Welt nicht durch ihre Sichtweise eliminieren können, der Blick aufs Positive ist eine große Ressource. Dieser Perspektivwechsel lohnt auch objektiv: Denn Optimisten leben glücklicher und länger!

Krise – der Begriff ist ständig in unser Mund oder Ohr. Oft gibt er relativ normalen Entwicklungen oder Vorgängen eine unangemessene Dramaturgie. Aber was ist eigentlich eine Krise? Vom Griechischen kommend wird damit eine problematische oder gefährliche, mit einem Wendepunkt verknüpfte – meist unter Zeitdruck stehende – Beurteilungs- bzw. Entscheidungs-Situation definiert, bei der oft nur unvollständige oder nicht überprüfte Informationen vorliegen. Der amerikanische Sozialpsychiater Caplan (1964) formuliert ‚Krise als eine negativ empfundene Veränderung des Gleichgewichts zwischen Individuum und Umwelt'.

Er unterscheidet vier Phasen: In der ersten „Phase der angepassten und routinierten Reaktion" kämpft der Betroffene gegen sein Unwohlsein und Unwohlbefinden an, vertieft sich damit allerdings jedes Mal stärker in den personalen Konflikt. In der zweiten „Phase der Unsicherheit und Überforderung" bemerkt er, in welchem Zustand er sich befindet und dass die allgemeine Problemlösung nicht zum erhofften Ziel führt. Diese beiden Phasen fallen bei den meisten Menschen in psychischen Krisen sehr ähnlich aus.

Differenzierter ist dagegen der Ausweg in der dritten „Phase der Abwehr durch den Einsatz aller verfügbaren Mittel". Dort kann der Betroffene zwei Wege einschlagen. In der einen Variante zieht sich der Betroffene vollkommen zurück und distanziert sich von Menschen sowie von seinen Erwartungen und Zielvorstellungen, um keine Enttäuschung mehr verbuchen zu müssen. Die andere Variante führt dazu, dass der Betroffene genau das Gegenteil anstrebt und alle noch verbleibenden Kräfte mobilisiert, um einen positiven Ausweg aus der Krise zu finden. Er wird dann unbekannte oder schlummernde Fähigkeiten einsetzen und dadurch die Krise bewältigen.

Die vierte und damit letzte „Phase der Erschöpfung, der Rat- und Hilflosigkeit" tritt ein, wenn der vorherige Schritt keine Verbesserung der Lage hervorbringt. Hier befindet sich der Betroffene vollkommen in einer Krise, trotz sporadisch fehlender Anzeichen. Innerlich steht die Persönlichkeit kurz vor einem Zusammenbruch. Dies führt dann letztendlich zu Orientierungs- und Hilflosigkeit. Meist ist dann professionelle Hilfe nötig, um einen Bewältigungsprozess auszulösen.[195]

Eine psychische Krise ist meist ein schmerzhafter seelischer Zustand einer Person oder zwischen den beteiligten Personen. In diesem Sinn äußert sie sich als plötzliche oder fortschreitende Verengung der Wahrnehmung und als eine Infragestellung der eigenen Handlungs- und Problemlösungsfähigkeit. Eine Krise stellt bisherige Erfahrungen, Normen, Ziele und Werte infrage und hat oft für die Person einen bedrohlichen Charakter. Sie ist zeitlich begrenzt. Der schwedische Psychiater Johan Cullberg stellte 1978 ebenfalls ein Vier-Phasen-Modell vor:

- Schockphase: In diesem Ausnahmezustand wird die Realität kaum wahrgenommen oder sogar verleugnet. Die Merkfähigkeit ist eingeschränkt, sodass Informationen eventuell gar nicht aufgenommen werden können. Daher müssen wichtige Informationen zu einem späteren Zeitpunkt, ggf. auch mehrfach, wiederholt werden.

- Reaktionsphase: Tatsachen gelangen schmerzhaft ins Bewusstsein bei gleichzeitiger Anwendung von Abwehrmechanismen wie Verleugnung, Ausbildung einer Sucht oder Krankheit, Verdrängung, Regression oder depressive Erstarrung.
- Bearbeitungsphase: Hier ist eine Ablösung von alten Bedürfnissen und Vorstellungen möglich bzw. notwendig.
- Neuorientierungsphase: Der vorangegangene Verlust wird im Idealfall durch veränderte Sinnfindung und Zielvorstellungen (auch neue Objekte oder Personen) zunehmend kompensiert.[196]

Ein Blick gen Osten ins große ‚Reich der Mitte' kann uns zusätzliche Klarheit bringen. Das Wort Krise besteht dort aus zwei Schriftzeichen, eines steht für „Gefahr", das zweite für „Chance" (Abb. 4.1). Wer sich zu stark auf die Gefahr konzentriert, verliert die Chance aus den Augen. Zeitgenossen im Modus des ‚Halb-Leer' werden also in Erstarrung einer weiteren Verschlimmerung entgegenfie-

Abb. 4.1 Das chinesische Schriftzeichen für Krise bedeutet „weiji": „wei" = Gefahr, „ji" = Chance

4 Wann wird Resilienz im Lebens-Alltag gebraucht?   **175**

bern, während Menschen mit dem Blick des ‚Halb-Voll' sich auf das Weiterführende konzentrieren. Dann kann eine Klärung darüber stattfinden, worum es geht. Was ist am ehesten sinnvoll? Wie kann die Gefahr gebannt werden? Welche Veränderungen sind als gegeben hinzunehmen? Wo ist Abgrenzung oder auch Widerstand erforderlich? Es geht darum, sich mit den Auslösern einer Krise zu befassen, sich mit manchem eventuell zu arrangieren, um nach (erlittenen) Rückschlägen oder (empfundenen) Niederlagen weiterzumachen. So wie das Stehaufmännchen dank seiner gewichtigen ‚Bodenhaftung' immer wieder aufsteht, können auch wir – Training vorausgesetzt – wieder auf die Beine kommen. Mit dieser Fähigkeit wird der Begriff Resilienz als Vollzug deutlich.

Jede Krise kann jedoch – je nach Stärke, ungünstigen Umständen oder falschem Handling – zum Scheitern führen. Ob Gesundheit, finanzielle Absicherung, Arbeitsplatz-Verlust oder Tod im nächsten Umfeld, alles kann von einem Moment zum anderen wegbrechen. Nichts – oder fast nichts – wird so sein, wie es bisher war. Angst, Verzweiflung, Zorn, Scham und Ohnmacht steuern unsere Psyche. Und dann kommt die bohrende Frage: ‚Wieso gerade ich?' Der Gedankenkreislauf setzt sich fort: ‚Was habe ich denn falsch gemacht? Wie kann ich das vor mir selbst rechtfertigen? Was soll ich meiner Frau bzw. meinem Mann sagen? Wie wird das weitere familiäre Umfeld reagieren? Nein, den Nachbarn und Freunden werde ich nichts sagen! Jetzt auch noch eine – zwischen Schadenfreude und geheucheltem Mitleid pendelnde – Reaktion der Anderen aushalten, nein, das muss ich mir nicht antun. Aber bevor ich mein Hirn weiter zermartere, wer hat eigentlich Schuld an dieser unerträglichen Situation?'

'Steh auf, wenn du weiterkommen willst', äußert sich zaghaft eine leise Stimme. Aber woher soll ich die Kraft nehmen? Wer gibt mir Anhaltspunkte für die ersten Schritte, um aus der Misere rauszukommen? Fallen kann jeder mal, aber wo lernen wir das Aufstehen? Benötige ich vielleicht eine Stütze? Sollte ich mich einem Vertrauten gegenüber äußern, mich in eine Beratung begeben? Jedes Scheitern führt in eine existenzielle Entscheidungs-Situation. Sage ich Ja zu einem Neubeginn, dann muss ich vorher die Situation akzeptiert und mich aus meinen Verdrängungs-Ambitionen befreit haben. Versuche ich, das Scheitern zu vertuschen, und verschwende meine Energie für die Suche nach *einem* oder *den* Schuldigen und steigere mich in eine Opferrolle, kann Scheitern schnell zur Selbstaufgabe führen. Um die erlittene Schmach zu mildern, wird sich häufig am direkten Umfeld gerächt, werden aus 'Opfern' schnell 'Misse-Täter'.

Durch äußere und innere Gegebenheiten rollen Veränderungen und Ereignisse im Arbeitsfeld wie im privaten Alltag in stetigen Wellen auf uns zu, die sich meist noch gegenseitig durchdringen. Dennoch sieht der Krisenmanager Steven Fink Unternehmenskrisen nicht als etwas notwendigerweise Negatives. Er definiert Vorläufer der Krise aus dem Blickwinkel der Wirtschaft als „prodromal situation" (wörtlich „vorausgehende Situation", also eine Phase, die Warnsignale für das Auftreten einer Krise beinhaltet), welche die Gefahr birgt, 1. sich so zuzuspitzen, dass sie schwer beherrschbar wird; 2. den Argwohn (des Umfeldes), der Massenmedien oder der Regierung auf sich zu ziehen; 3. die reguläre Geschäftstätigkeit zu beeinträchtigen.[197]

Ob Arbeitsfeld oder privater Bereich, die Sehnsucht aller Beteiligten nach ‚ruhigeren Zeiten', nach Konsolidierung und Entschleunigung nimmt zu. Wir stehen somit ständig in der Notwendigkeit, für krisenartige Ereignisse ganz persönliche Reaktions-Strategien zu entwickeln. Dazu greifen wir auf alle vergleichbaren Erfahrungen im Umgang mit ähnlichen Situationen zurück. Bei den nun individuell entwickelten Bewältigungs-Schritten wird auch erkennbar, wie erfolgreich bisher mit Herausforderungen umgegangen wurde. So kann mir bewusst werden, welche Muster ich entwickelt habe, welche mir heute noch dienlich sind und welche nicht. So kann ich schneller und deutlicher merken, wann ich Unterstützung brauche und wie ich sie mir holen kann. Mir wird klar, was mir in meinem Leben Sinn gibt und für welche Werte ich einstehe. Mein Blick wird für meine Stärken und Schwachpunkte geschärft, die Wertschätzung und Akzeptanz meines Personenseins wächst.

Das alles ist manchmal anstrengend, langwierig oder auch schmerzlich. Aber jedes Meistern einer Krise ist mit dem lohnenden Gewinn einer Zunahme an innerer Stabilität und dem Ausbau eines positiven Selbstkonzepts verbunden. Dies bedeutet nicht nur mehr Unabhängigkeit von äußeren Faktoren und mehr innere Ruhe bzw. Gelassenheit, sondern vor allem führt diese Entwicklung zu mehr Zufriedenheit und Lebensqualität.

5

Wie kann eine persönliche Resilienz-Bestandsaufnahme erfolgen?

„Lehne es nicht ab, das Negative zur Kenntnis zu nehmen. Weigere dich lediglich, dich ihm zu unterwerfen."
(Norman Vincent Peale)

„Haben Sie eine Ahnung, wer Sie sind?", fragte der Anzeigentext einer Personalberatung. Die Antwort kam einige Zeilen weiter: „Wenn Sie das glauben sollten – es stimmt nicht!" Diese Frage konfrontiert uns unmittelbar damit, ‚wer wir sind, sein wollen oder sollen', also mit der Kenntnis und Akzeptanz des eigenen Seins. Dieser Aufbruch ins eigene Innenleben muss ja nicht gleich den Stellenwert der Notizen erhalten, wie sie der englische Geistliche Yorick, der 1762 nach Calais übersetzte, in *Eine empfindsame Reise durch Frankreich und Italien* verfasste. Er protokollierte – teilweise recht freizügig – seine Ausflüge ins eigene Innenleben, das ihm höchst verheddert vorkam. Häufig geriet er in erotische Verstrickungen. Dann offenbarten sich nie erahnte Dimensionen seines Ichs. Bin ich Geizhals, Großmut und Menschenfreund in einer Person oder mein eigener

A. Wunsch, *Mit mehr Selbst zum stabilen ICH!*, DOI 10.1007/978-3-642-37702-0_5,
© Springer-Verlag Berlin Heidelberg 2013

Feind? Bis ins feinste Details protokollierte und kommentierte er seine Innen-Welt-Reise.[198] Die Frage, ob Sie Ihren ‚inneren Schweinehund' und seine trickreichen Strategien bzw. Ihre inneren positiven Antriebskräfte und speziellen Verstärkungs-Kniffs kennen, ob Sie in ‚relativ großer Selbstkenntnis' oder als mit sich selbst ‚im Un-Eins Lebender' weiter existieren wollen, drängt nach Antwort. „Heute kommen viel mehr Menschen mit narzisstischen Störungen in meine Praxis als früher. In ihrer Selbstwahrnehmung schwanken sie zwischen Größenwahn und Minderwertigkeit, sie sind überzeugt, mit ihrer ganzen Person stimme etwas nicht. Vor gut 30 Jahren waren die Probleme meiner Patienten weniger diffus. Sie litten an konkreter benennbaren Phänomenen aufgrund umreißbarer Ereignisse", so der Psychoanalytiker Michael Titze.[199] Um einen Ausweg aus solchen Empfindungs-Mustern zu finden, ist einerseits eine Konkretisierung der subjektiv gesehenen Problematik und andererseits eine Umlenkung der Blickrichtung vom Störenden zum Möglichen einzuleiten.

‚Unsere förderlichen Eigenschaften müssen wir kultivieren und entwickeln, nicht unsere Eigenheiten.' Dieser auf Goethe zurückgehende Gedanke kann uns ermuntern, in eine erste Selbsterkundungs-Aufgabe einzusteigen. Setzen Sie sich dazu mit einem bevorzugten Getränk plus Schreibzeug in eine gemütliche Ecke und sammeln Sie Antworten für folgende Fragen:

> ‚Unsere förderlichen Eigenschaften müssen wir kultivieren und entwickeln, nicht unsere Eigenheiten.'

- Was kann ich gut (oder auch zufriedenstellend)?

5 Wie kann persönliche Resilienz-Bestandsaufnahme ...   **181**

- Was kann ich nicht (gar nicht oder mangelhaft)?
- Wo gibt es wichtigen Nachhohlbedarf (d. h. was sollte ich bald besser oder zusätzlich können)?
- Welche schlummernden Interessen und Neigungen existieren in mir und könnten noch entfaltet werden?

Liegen die Ergebnisse vor, steht Resümieren an. Über was kann ich mich freuen, dass es so ist wie es ist? Was muss ich, auch wenn es schwerfällt, so akzeptieren? Welche Bereiche bedürfen vorrangig einer Weiterentwicklung? Wo muss sonst noch kräftig investiert werden? In welchen Feldern deute ich fälschlicherweise Nicht-Wissen oder ungenügendes Können als Versagen? Denn nur aufgrund der Kenntnis von ‚dies kann ich, dies ist ausbaubar und dies werde ich wohl hinnehmen müssen‘, kann eine sozialverträglichere Ich-Entwicklung einsetzen.

Psychologische Modelle als Ausgangspunkt zur Selbsterkundung

Nach dieser Basis-Bilanz zum eigenen Können bzw. Nicht-Können bietet sich als erste Vertiefung folgende – ganz einfache – Selbst-Erkundungs-Aufgabe an: Führt eine sich anbietende Gelegenheit, eine spontane Idee oder ein starkes Bedürfnis automatisch zur Umsetzung oder findet vorab ein abwägender Entscheidungs-Prozess statt? Dessen Ergebnis kann die direkte Realisierung, ein kurz- oder längerfristiger Aufschub, die Umwandlung oder ein klares Nein zwischen ‚unpassend, ungut oder unverantwortlich‘ sein. Gelegenheiten für ein solches Abwägen können sein: die Offerte eines preisgünstigen, aber eigentlich unnützen Konsumartikels, ein interessanter, aber recht kostspieliger Wochenendtrip oder ein Nachmittag im Eiscafé trotzt wichtiger Verpflichtungen. Immer ist zu prüfen, ob Ihr Wollen sich einer abwägenden Entscheidungs-Instanz stellt, um das Handeln daran auszurichten.

Sie möchten im Intensiv-Verfahren einen Bedürfnis-Aufschub praktisch trainieren? Hier die Anleitung für einen kleinen Selbst-Test: Legen Sie sich dazu beim Fernsehabend ein für Sie typisches Naschwerk auf den Tisch, essen Sie ein wenig davon und stoppen Sie dann den Vorgang mit der Entscheidung: Für heute ist's genug. Sie befinden sich nun mitten in der Erkundung: ‚Wer hat hier das Sagen?‘ Oder: ‚Wie stark ist mein Wille?‘ Dabei bleibt die offene Packung vor Ihnen liegen. Natürlich können Sie sich auch ähnliche – ganz auf Sie abgestellte – Prüfaufgaben stellen. Sie werden auf jeden Fall die Erfahrung machen, ob Sie ein starkes oder schwaches Ich haben.

Schwache Menschen pendeln ständig zwischen resignieren und rivalisieren. Mal wollen sie eigene Unzulänglichkeiten still kaschieren, mal per Überkompensation als nicht vorhanden deklarieren. Tab. 5.1 zeigt eine weitere Möglichkeit auf dem Weg der Selbsterkenntnis, indem Sie die beschriebenen Gegensätze auf die eigene Person beziehen.

Die Skala hat sechs Punkte, um ‚Weder-noch-Entscheidungen‘ auszuschließen. Befinden Sie sich dennoch stark im Mittelfeld, ist dies meist Ausdruck der Vermeidung einer klaren Positionierung. Liegt der Schwerpunkt der Nennungen bei fünf bis sechs, sollten Sie dringlich überprüfen, ob dies eher Ihr Wunsch-Selbstbild ist. Gruppieren sich Ihre Bewertungen im Bereich eins bis drei, dann steht viel Ar-

5 Wie kann persönliche Resilienz-Bestandsaufnahme ...

Tabelle 5.1 Selbsttest: Bin ich eher ...

	1	2	3	4	5	6	
austeilend							mitteilend
nachtragend							beitragend
angeberisch							bescheiden
Vergeltung-suchend							verzeihend
rechthaberisch							Rechtschaffend
überstülpend							anregend
blockend							aufgreifend
aufbrausend							glättend
anbiedernd							eigenständig
pessimistisch-demotivierend							optimistisch-motivierend
schlaff-abhängend							kraftvoll-aufbauend
kalt-berechnend							warmherzig-ermutigend
liebesuchend bzw. einfordernd							liebenswert

beit an, entweder um ein unangemessen negatives Selbstbild zu relativieren oder ein tatsächlich schwaches Ich zu stabilisieren. In allen Fällen dient jedoch das Einholen von Fremdeinschätzungen der Objektivierung. So kann überprüft werden, ob *Sie* oder *Er* sich zu kritisch oder zu positiv beurteilten. Eine darauf aufbauende Variante ist, sich – bei entsprechenden Voraussetzungen – als Paar gegenseitig zu beurteilen und sich dann über das Ergebnis auszutauschen.

Mündet die Auseinandersetzung mit der eigenen Persönlichkeit in der Feststellung, dass es große Defizite im Zusammenleben mit anderen Menschen gibt, kann dies Ausdruck einer – mehr oder weniger ausgeprägten – antisozialen Persönlichkeitsstörung (APS) sein. Sie ist gekennzeichnet durch häufiges Anecken, mangelndes Einfühlungsvermögen und eine Missachtung sozialer Normen. Die Betroffenen haben eine geringe Frustrationstoleranz und neigen zu aggressivem und gewalttätigem Verhalten. Auch existiert eine deutliche Neigung, Andere zu beschuldigen oder vordergründige Rationalisierungen für das eigene unsoziale Verhalten anzubieten. So geraten die betreffenden Personen ständig in Konflikte.

Solche Auffälligkeiten machen sich schon im Kindes- und Jugendalter durch Missachtung von Regeln und Normen, z. B. Schule-Schwänzen, Vandalismus, Fortlaufen von Zuhause, Stehlen, häufiges Lügen, und die Unfähigkeit, aus Erfahrung zu lernen, bemerkbar. Bowlby stellte einen Zusammenhang zwischen APS und fehlender mütterlicher Zuwendung fest; Glueck und Glueck erkannten bei den Müttern der Personen mit APS einen Mangel an Zuwendung und eine Neigung zur Impulsivität. Im Erwachsenenalter führen Betroffene ihr Verhalten fort, entweder durch nur zeitweiliges Arbeiten, Gesetzesübertretungen, Gereiztheit und körperlich aggressives Verhalten oder das Nichtbezahlen von Schulden.

Daneben existiert auch eine eher angepasst-akzeptierte APS-Variante, denn in der Berufswelt kann dieses Verhalten zur ‚Karriere-Beschleunigung' eingesetzt werden: Ergebnisse einer Studie weisen darauf hin, dass Führungskräfte von Unternehmen häufiger von dieser Störung betroffen

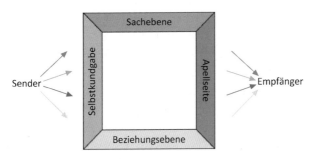

Abb. 5.1 Die vier Seiten einer Nachricht nach Schulz von Thun (Bildrechte: Schulz von Thun 1996)

sein könnten. Solche Personen sind impulsiv und leicht reizbar, bewegen aber in schwierigem Terrain Beachtliches. Andererseits zeigen sie keine Reue bzw. Schuldgefühle für verletzendes Agieren; Rücksichtnahme und Verantwortungsbewusstsein fehlen weitgehend. Die hohe Risikobereitschaft könnte ein Versuch sein, ihre innere Leere und nagende ‚Selbstwert-Zweifel' machtvoll-erfolgsfixiert auszugleichen und dabei ‚Kollateralschäden' in Kauf zu nehmen. Ihr eigenes Gefühlsrepertoire ist häufig beschränkt. Gefühle Anderer hingegen nehmen sie gut wahr, um sie manipulierend auszunutzen. Dabei wirken sie selber außergewöhnlich charmant, können eine spielerische Leichtigkeit ausstrahlen und bei guter intellektueller Begabung unter Umständen recht geistreich, witzig und unterhaltsam sein.[200]

Viele kennen das Modell der vier Seiten einer Nachricht von Friedemann Schulz von Thun (Abb. 5.1). Dieses Modell lässt sich aber nicht nur zu einer besseren Kommunikation nutzen, sondern es bietet auch eine gute Basis zur Selbstanalyse.

Denn je dominanter bzw. durchgängiger Ich-Botschafts-anteile – ob als Selbstoffenbarung, Beziehungsaussage oder Appell – bei alltäglichen Gesprächs-Sequenzen offenkundig werden, desto umfassender wird gleichzeitig deutlich, dass es diesem Ich erheblich an Souveränität und Selbstsicherheit mangelt. Selbst bei banalen Sach-Botschaften wird dann die eigene Person in Aktion oder Reaktion herausgestellt. Mal in der Form: ‚Mir ist aber die Unterstreichung von … wichtig.‘ Oder als: ‚In Abgrenzung dazu sehe ich das aber so.‘ Auch Sätze wie ‚Das sollte ich mal mit Dir machen!‘ oder ‚Wieso liegt das denn hier?‘ drücken – unüberhörbar oder unterschwellig – einen Vorwurf aus. Um das eigene Ego kreisende Menschen nutzen selbst das Verlesen einer Zeitungsmeldung zur Selbst-Inszenierung. ‚Das wurde soeben von *mir* herausgefiltert‘ (bin ich nicht ein toller Kerl). Auch wenn es etliche Bereiche gibt, in denen Ich-Botschaften sinnvoll oder erforderlich sind[201], eine ständige Vermischung von sachlich-fachlichen Klärungsvorgängen mit eigenen Befindlichkeiten ist bestenfalls ein Resilienz-Training für die Betroffenen.

> Um das eigene Ego kreisende Menschen nutzen selbst das Verlesen einer Zeitungsmeldung zur Selbst-Inszenierung.

Sich selbst unter die Lupe zu nehmen ist ein recht schwieriges Unternehmen. Hier wird ein genaues Hinschauen vermieden, weil der ahnbare Veränderungsbedarf schlicht verdrängt werden soll, und dort traut man sich offensichtliche Handlungsnotwendigkeiten nicht zu. Zusätzlich besteht auch wenig Übung in der Selbstanalyse. So bietet sich das „Johari Window" als weitere ‚Seh-

5 Wie kann persönliche Resilienz-Bestandsaufnahme …

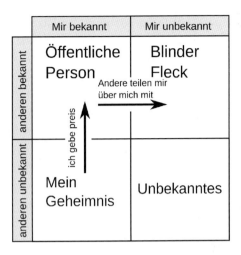

Abb. 5.2 Das „Johari-Fenster", ein Persönlichkeitsmodell von Joseph Luft und Harry Ingham

Hilfe' zur Abgrenzung von Selbst- und Fremdbild an (Abb. 5.2). Orientiert am Bild eines klassischen Fensterkreuzes entwickelten die amerikanischen Sozialpsychologen Joseph Luft und Harry Ingham 1955 dieses Persönlichkeits-Erkundungsmodell. Die Vornamen dieser beiden wurden für die Namensgebung herangezogen. Es unterscheidet zwischen bewussten und unbewussten Persönlichkeits- und Verhaltens-Merkmalen, zwischen einem selbst und Anderen (Person oder Gruppe) und hat das Ziel, die Wahrnehmung der eigenen Einschätzung durch die Rückmeldungen Anderer zu verbreitern. Mit Hilfe des Johari-Fensters wird vor allem der sogenannte „blinde Fleck" eines Menschen ins Auge gefasst.

Wenn eine Frau an der Kleidung im Rückenbereich irgendeine Unkorrektheit hat, können dies alle außer ihr sehen. Und wenn jemand während einer Rede permanent ‚Ähs' von sich gibt, ist dies dem Sprecher meist nicht bewusst. Auch wissen die Meisten im Umfeld eines ‚Seitenspringers' von seinen Affären, aber der Partnerin bleibt dies meist verborgen. Der „blinde Fleck" springt Anderen fast entgegen, mir selbst ist er verschlossen. Im Rahmen wohlwollender Kommunikations-Prozesse kann ich von Anderen jedoch Informationen zum mir unbekannten „blinden Fleck" einholen bzw. erbeten. Oft geschieht dies in einem unbeabsichtigt-vertrauensvollen ‚Tauschverfahren' mit Rückmeldungen zum „blinden Fleck" des Gegenübers.

Im beruflichen Alltag wird so ein wohlwollend-kritisches Feedback erbeten und gegeben, um mehr über die Wirkung des eigenen Selbst zu erfahren. In der Folge erweitert sich der Kenntnisstand zur „öffentlichen Person" kontinuierlich. Gelingt dies gut, ist damit – besonders in der privaten Sphäre – der Boden dafür bereitet, sich auch gegenseitig vorsichtig dosierte Mitteilungen zum Bereich ‚mein Geheimnis' machen zu können. Vorher ist aber deutlich abzuklären, ob diese ‚Preisgabe' auch eine stabile und verlässliche Vertrauensgrundlage findet. Auch wenn im Johari-Fenster die vier Felder optisch gleich groß sind, verdeutlichen Joseph Luft und Harry Ingham, dass der größte Bereich einer Persönlichkeit unbekannt ist.

Auch die Transaktionsanalyse (TA) bietet gute Ansatzpunkte für eine gezielte Selbst-Erkundung. Diese Theorie der menschlichen Persönlichkeitsstruktur – sie wurde Mitte des 20. Jahrhunderts vom amerikanischen Psychiater Eric Berne (1910–1970) begründet – bietet ein Modell zum Beobachten, Beschreiben, Verstehen und Verändern bzw. Entwickeln von kommunikativen Abläufen in unterschiedlichen Kontexten. ‚Sie umfasst damit Konzepte zur Persönlichkeitsanalyse, zur Beziehungsanalyse, zur Gruppendynamik und Gruppenanalyse und zur Analyse und Steuerung von sozialen Systemen sowie Methoden der Einflussnahme auf die Gestaltung von als sinnvoll erachteter Veränderungen im interaktiven Bereich.'[202]

Kernpunkt der Transaktionsanalyse ist die Einordnung von Kommunikations-Vorgängen auf den Ebenen „Eltern-Ich", „Kind-Ich" und „Erwachsenen-Ich" (Abb. 5.3). Berne geht davon aus, dass Eltern mit ihren Kindern auf einer anderen Beziehungs- und Aussageebene reden als Erwachsene untereinander. So geben Eltern Hinweise oder auch Anweisungen, welche von den Kindern zu befolgen sind, und diese wiederum fragen ihre Eltern, um wichtige Antworten zu erlangen. In Abgrenzung dazu tauschen Erwachsene Mitteilungen oder Standpunkte auf einer gleichberechtigten Ebene aus. Schwierig wird es, wenn diese Ebenen durcheinander geraten.

Innerhalb dieses anschaulichen psychologischen Konzepts soll durch die Analyse und Deutung typischer sprachlicher Transaktions-Muster die Selbst-Wahrnehmung verbessert werden. Diese Erkenntnisse sind dann die Basis für störungsärmere bzw. gezieltere zukünftige Kommunikations-Prozesse. Damit erhebt die Transaktionsanalyse den Anspruch, ein alltagstaugliches psychologisches Konzept zur Veränderung des eigenen Verhaltens zur Verfügung zu stellen. Wenn Sie also im Umgang mit Kollegen, dem Partner bzw. der Partnerin oder Freunden häufig auf der Eltern-Ich-Ebene agieren, sollten sie mit Kind-Ich-Reaktionen

Transaktionsanalyse

Die Transaktionsanalyse stellt ein Modell zur Selbsterfahrung und zur Analyse von Gesprächsabläufen auf der Beziehungsebene dar.

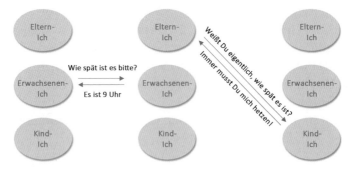

Abb. 5.3 Die Transaktionsanalyse, ein Modell zur Analyse von Gesprächsabläufen auf drei Ebenen. (© Büro für Berufsstrategie Hesse/Schrader; www.berufsstrategie.de. Mit freundlicher Genehmigung)

zwischen Gehorchen oder Widerspruch rechnen. Ob nun solche Kommunikations-Vorgänge dem Kind-Ich oder Eltern-Ich zuzuordnen sind, in beiden Fällen wird gleichzeitig im Umgang mit Gleichaltrigen ein zu schwaches Erwachsenen-Ich deutlich.

Besonders störend sind in diesem Zusammenhang Gesprächsabläufe, bei denen Sie eindeutig mit einem Gegenüber auf der Erwachsenen-Ich-Ebene reden, dieser aber aufgrund eines Mini-Ichs sofort auf der Ebene eines unterwürfigen bzw. protestierenden Kindes reagiert. Denn wenn auf die Mitteilung ‚Gleich fährt der Bus ab' die Reaktion einsetzt ‚Wieso musst du mich schon wieder herumkommandieren?', wird Ihnen der Beleg serviert, dass ein opponierendes ‚Kind-Ich' sich anstelle eines ‚Erwachsenen-Ich' gemeldet hat, von dem am ehesten ein ‚Danke für den Hinweis' gekommen wäre.

Aber auch Aktionen ‚Wie oft muss ich dir noch sagen, dass der Bus jetzt fährt!' auf der Eltern-Ich-Ebene bzw. Reaktionen ‚Ich brauche deine Hinweise nicht!' auf der Kind-Ich-Ebene innerhalb von Kommunikations-Prozessen, die eigentlich partnerschaftlich ablaufen sollten, sind irritierend und führen leicht zu ausgeprägten Störungen. Zielvorstellung der Transaktionsanalyse ist eine integrierte, autonome Persönlichkeit mit der Fähigkeit, sich in einem sozialen Gefüge selbstbewusst, respektvoll, achtsam und beitragend zu bewegen. So bietet die Transaktionsanalyse durch eine aktiv geführte Selbstauseinandersetzung treffliche Ansatzpunkte zum Erkennen und Vermeiden störender Kommunikations-Muster im Zusammenwirken mit anderen Menschen. Damit wächst im Bewusstsein von Gleichwürdigkeit und Gleichwertigkeit die Basis für optimiertere Kooperationen; und dies führt, ob bei sich selbst oder bei Anderen, zu einem freudvolleren Leben.[203]

Auch das sogenannte „Enneagramm" ermöglicht aufschlussreich den Weg zur Selbsterkenntnis. Richard Rohr und Andreas Ebert fassten es in eine Buchform und beschrieben darin „die neun Gesichter der Seele". Dieses psychologisch-spirituelle Modell beschreibt die Persönlich-

> Zielvorstellung der Transaktionsanalyse ist eine integrierte, autonome Persönlichkeit mit der Fähigkeit, sich in einem sozialen Gefüge selbstbewusst, respektvoll, achtsam und beitragend zu bewegen.

keitsstruktur eines Menschen und fokussiert den Blick dabei auf neun (ennea = neun) gleichwertige Aspekte menschlichen Seins. Allen Typen ist gemeinsam, dass die jeweiligen positiven Eigenschaften auch ihre Schattenseite haben. So besitzen Menschen vom Typ 2 beispielsweise die Fähigkeit, sich ganz auf die Bedürfnisse Anderer einstellen zu können; sie sind Beziehungsmenschen. Der Preis dieses Handlungs-Musters ist aber, dass sie als souveräne Helfer abhängige Bedürftige brauchen, eventuell gar auf sie fixiert sind (Abb. 5.4).[204]

Auch wenn nach der Lehre des Enneagramms die – den jeweiligen Typ prägenden – Muster nicht einfach abgelegt werden können, besteht doch die Chance, sich aus einseitigen Fixierungen zu lösen. Durch Integration des Ausgeblendeten ins eigene Verhalten gelingt es, die mit jedem Typ

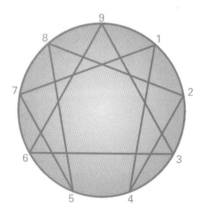

Abb. 5.4 Das Symbol des Enneagramms vereint Kreis, Dreieck und Sechseck. (© Dr. Uwe Wiest; www.uwewiest.de. Mit freundlicher Genehmigung)

5 Wie kann persönliche Resilienz-Bestandsaufnahme ...   **193**

verbundenen Stärken und Fähigkeiten zu entwickeln, ohne sie gleichzeitig ständig mit den negativen Implikationen
zur Geltung zu bringen. Ziel der Auseinandersetzung mit
dem Enneagramm ist, sich – trotzt aller möglichen Vorbe-
halte – mit der dunklen Seite des Ichs auszusöhnen, um so
deren negative Wirkung zu reduzieren. Eine Weiterentwicklung bzw. Konkretisierung für den beruflichen Bereich ist
das Business-Enneagramm.

Wenn auf den Hinweis ‚Das Kleid steht dir aber gut‘
mit ‚Sehe ich sonst immer schrecklich aus?‘ reagiert wird,
dann haben Sie es mit einem zutiefst frustrierten Menschen zu tun. Diese können selbst nette Gesten nicht
annehmen und fühlen sich schon von einem freundlichen
Morgengruß angegriffen, weil ihr schwaches Selbst ständig zwischen Angriff oder Rückzug pendelt. Der Hinweis
‚Oh, es ist ja bald 12 Uhr‘ wird dann kommentiert mit
‚Willst du mich kontrollieren?‘ Und die Frage ‚Weißt du,
wo die Ablage hierzu ist?‘ wird als klarer Vorwurf gehört.
Auch wenn solche Umgangsstile ein starkes Gegenüber
als ‚Leidtragenden‘ nicht ‚umhauen‘, sie minimieren aber
die Zusammenarbeits-Bereitschaft erheblich. Immer wird
durch solche Kommunikations-Details ein substanzieller
Selbstwert-Mangel deutlich. So ist die gezielte Analyse von
Störungen im alltäglichen Miteinander eine Fundgrube zur
Reduktion offensichtlicher Ich-Schwäche. Ob Sie sich dabei
als Akteur oder Betroffener sehen, immer erhalten sie ganz
konkrete Ansatzpunkte zu einer verbesserten Kommunikation und Interaktion. Denn wer Dissonanzen produziert,
sollte sich über negative Resonanzen nicht wundern.

„Die 16 Lebensmotive des Steven Reiss"[205] bieten ebenfalls ein aussagestarkes Instrument zur Selbsteinschätzung. Reiss bewegte und erforschte die Frage, was Menschen im Innersten antreibt.[206] Das Ergebnis war die Theorie der 16 Lebensmotive, welche die individuelle Antriebsstruktur der Persönlichkeit mit hoher wissenschaftlicher Exaktheit beschreibt. ‚Er lädt zu einer kritischen Untersuchung der Motive und Werte des eigenen Seins ein, die fast alle unsere Handlungen steuern. Dabei verspricht er erkenntnisreiche Ergebnisse auf der spannenden Suche nach der menschlichen Seele'. Tabelle 5.2 zeigt die Einschätzungs-Skala.

Wenn wir wissen, was einen Menschen antreibt, verfügen wir gleichzeitig über wesentliche Informationen, was ihm fehlt. So trägt dieses Instrument dazu bei, eigene Reaktionen gegenüber anderen Menschen und deren Reaktion auf sich eher zu verstehen. Gleichzeitig bietet es damit neue Erkenntnisse über persönliche Beziehungen und berufliche Entwicklungen. ‚Bei der Erstellung des Reiss-Profils wird besonders berücksichtigt, dass für jeden Menschen die einzelnen Lebensmotive und seelischen Triebkräfte einen ganz individuellen Stellenwert haben. Sie zu erkennen ist kein leichtes Unterfangen. Wenn man es aber bei sich und Anderen versucht, wenn man bereit ist, verstehen zu wollen, was einen selbst und Andere bewegt, dann wird sich – so verspricht der Psychologe – auch so manche Klippe des gegenseitigen Unverständnisses und frustrierenden Zorns besser umschiffen lassen. So werden Ressourcen für neue – Erfolg versprechende – Herausforderungen frei.'[208] In der Regel werden Ihre pro Fragestellung getroffenen Einschätzungen eine erste Selbst-Auseinandersetzung einleiten. Um das Er-

5 Wie kann persönliche Resilienz-Bestandsaufnahme . . .

Tabelle 5.2 Selbsttest: Motive und Werte des eigenen Seins[207]

Dimension	schwach ausgeprägt			ausge-wogen	stark ausgeprägt		
	−3	−2	−1	0	+1	+2	+3
Macht	geführt				führend		
Unabhängig-keit	konsensorientiert				unabhängig		
Neugier	praktisch				wissbegierig		
Anerkennung	selbstbewusst				kritiksensibel		
Ordnung	flexibel				strukturiert		
Sparen/ Sammeln	großzügig				sparsam		
Ehre	zweckorientiert				prinzipientreu		
Idealismus	realistisch				idealistisch		
Beziehungen	zurückgezogen				kontaktfreudig		
Familie	partnerschaftlich				fürsorglich		
Status	bescheiden				elitär		
Rache/ Wettkampf	harmonisierend				kämpferisch		
Eros	asketisch				sinnlich		
Essen	hunger-stillend				genießerisch		
körperliche Aktivität	bequem				sportlich		
emotionale Ruhe	stress-robust				stress-sensibel		

gebnis vertiefter reflektieren und nutzen zu können, exakter das Hemmende bzw. zu Entwickelnde herauszufinden, wird der Rückgriff auf einen Berater oder Coach mit „Reiss-Profile"-Zertifikat sinnvoll sein.

Unser Alltags-Handeln als Basis zur Selbsterkundung

„Nichts bleibt wie es ist, selbst wenn du bleibst, wie du bist."[209] Aus dem Management kennen viele den Leitsatz: ‚Stillstand ist Rückschritt.' Unser Tun und Lassen erfordert eine ständige Überprüfung. Dazu bietet – ergänzend zu den Ansätzen aus der Persönlichkeits- bzw. Sozial-Psychologie – unser alltägliches Handeln eine Selbsterkundungs-Fundgrube. Wenn Sie zum Beispiel häufig in – natürlich von Anderen verschuldete – Konflikte geraten und ‚Hochgehen' ihre bevorzugte Reaktion ist, wenn Andere Sie als muffigen Einzelgänger betrachten und Sie im Austeilen von Kritik dreimal befähigter als im Einstecken sind, wenn Sie auf Partys oder anderen geselligen Anlässen durch Kontakt-Armut glänzen, wenn Sie sich häufig als den Mittelpunkt der Welt, als verkanntes Genie sehen, wenn Sie ein schrilles Outfit bevorzugen oder sich über teure Marken-Kleidung zu definieren suchen, wenn Sie per Nobel-Auto-Marke Ihren Selbstwert steigern wollen (ein paar Therapiestunden sind meist viel preiswerter), dann liegen die Veränderungs-Bedarfe direkt vor Ihnen. Auch das Berufsleben bietet reichlich Ansatz-Punkte zur Selbsterkundung, ob dies die erneute Erfahrung ist, mal wieder bei einer beruflichen Beförderungs-Runde leer ausgegangen zu sein, im sozialen Miteinander sich tendenziell in einer Randposition zu befinden, Feedback-Gespräche stark kritik-lastig sind oder eine Potenzial-Analyse erhebliche Entwicklungs-Notwendigkeit offenkundig werden lässt.

5 Wie kann persönliche Resilienz-Bestandsaufnahme ...   **197**

Dass es reichlich Menschen gibt, die in einem Zuwendungs- und Beachtungs-Mangel leben, wird nicht nur durch die immens hohe Zahl der inneren Kündigungen im Arbeitsleben offenkundig[210], sondern auch durch die Dramatik vieler Beziehungsbrüche bzw. psychischer Krankheitsverläufe belegt.

Die Leiden der Menschen an der zwischenmenschlichen bzw. inneren Leere werden immer offensichtlicher, die Notwendigkeit entsprechender Gegenmaßnahmen ebenso. Viele Menschen erhoffen sich von Anderen das, was sie selbst aus Ego-Geiz nicht zu geben bereit sind: ‚einen emotional wertschätzenden Umgang‘.

> Die Leiden der Menschen an der zwischenmenschlichen bzw. inneren Leere werden immer offensichtlicher, die Notwendigkeit entsprechender Gegenmaßnahmen ebenso.

Bleiben jedoch unsere Grundbedürfnisse nach wohltuenden sozialen Kontakten, Akzeptanz und Anerkennung auf Dauer unerfüllt, dann reagieren wir – so der Individualpsychologe und Adler-Schüler Rudolf Dreikurs – innerhalb der Suche bzw. Sucht nach Zuwendung mit vier – als „destruktive Nahziele" bezeichneten – Auffälligkeiten:

- Entschuldigung eigener Mängel (‚Dafür konnte ich nichts, das waren Andere.‘)
- Erregung von Aufmerksamkeit, meist in störender Form (‚Ihr hab euch mir zuzuwenden.‘)
- Überlegenheit äußern oder per Demütigung Macht ausüben (‚Hier passiert, was ich will.‘)
- Vergeltung oder Rache ausüben (‚Jetzt zahle ich es euch heim.‘)

198   Mit mehr Selbst zum stabilen ICH!

Als fünftes Nahziel wird in der Literatur genannt: ‚Rückzug bzw. Verweigerung, Hilflosigkeit beweisen.'[211] Je häufiger dieser störende und gestörte Umgang auftritt, desto deutlicher werden gleichzeitig die Mängel im Selbst-Sein offenbar. In Umwandlung dieser negativen Reaktionen wären folgende Handlungs-Muster zu entwickeln:

- Die Übernahme von Verantwortung (‚Ja, durch … habe ich meinen Anteil dazu beigetragen.')
- Durch das Einbringen förderlicher Ideen oder Handlungen (‚Ja, ich trete in Vorleistung.')
- Durch die Unterstützung gemeinsamer Vorhaben (‚Ja, ich wertschätze die Beiträge Anderer.')

Um also nicht ständig zum Problemauslöser zu werden, sind etliche Kenntnisse über die eigene Persönlichkeit notwendig. Und da viele ungünstige und sich meist über die Jahre verfestigte Eigenheiten recht schwer oder kaum veränderbar sind, müssen wir uns selbst auch mit manchem arrangieren. So ist nach Siegmund Freud ‚die Versöhnung mit sich selbst' eine der größten Herausforderungen menschlichen Seins. Fehlt diese Akzeptanz gegenüber den Begrenztheiten der eigenen Person, wachsen leicht Täuschung und Enttäuschung, sodass Konflikte vorprogrammiert sind.

Aber auch eine zu geringe Kenntnis über den Umfang und die Einsatzmöglichkeiten der eigenen Fähigkeiten reduziert ein gut funktionierendes Zusammenleben. Ob in der Rolle eines Marketingexperten oder gegenüber der Lebenspartnerin bzw. dem Lebenspartner, immer gilt es, eigene Stärken und Schwächen situationsbezogen einzuschätzen, um adäquat handeln zu können. Denn wer nicht halb-

5 Wie kann persönliche Resilienz-Bestandsaufnahme ...

wegs mit sich ‚im Reinen' ist, dem fehlt die Gelassenheit im Umgang mit Anderen, erst recht in schwierigen oder angespannten Situationen. Zur Verdeutlichung ein Spruch aus dem Wallis: ‚Erst wenn der Mensch einsieht, dass niemand schwarz ist wie der Teufel oder weiß wie der Schnee, sondern dass wir alle grau sind wie die Esel oder gestreift wie die Zebras, können wir einen Menschen (auch uns selbst) richtig wahrnehmen und wertschätzen.'[212] Auch wenn jede ernsthafte Auseinandersetzung mit neu gewonnenen Anhaltspunkten zum eigenen Selbst und der damit verbundenen Reflexion an Ihrem Selbstbild nagen wird und Zweifel auslöst. Beruhigend ist der Gedanke, dass Sie – und natürlich Ihre Bezugspersonen – mit Ihren weniger guten Anteilen bisher ja auch irgendwie zurechtgekommen sind.

Keine Selbstauseinandersetzung ist zum Nulltarif erhältlich. Im Grunde ist sie eine Zu-Mutung – ich mache mir und dir Mut – für sich und die Beteiligten. So zeigt sich bei allen Selbsterkundungs-Prozessen schnell, ob Sie aufnahmebereit, zögernd oder abwehrend auf die Informationen des Gegenübers reagieren. Sätze wie ‚Das sehe ich aber ganz anderes', ‚Das können Sie gar nicht beurteilen' oder ‚Weshalb werfen sie mir das vor?' zeigen, dass Sie noch viel Energie ins eigene personale Aufrüsten investieren müssen. Auch jedes Sich-Ärgern – erst recht wenn's ständig passiert – ist Ausdruck von zu geringer Ich-Stärke. Denn *wir* entscheiden, ob uns etwas aufregt oder nicht. ‚Ärger macht's ärger!', so eine zeitlose Erkenntnis.

Somit ist es kontraproduktiv, eine kritische Situation noch emotional aufzuheizen, anstatt alle Kräfte auf eine Überwindung zu konzentrieren. Setzt bei der Inventur des eigenen Seins und der damit verbunden Plus-

Minus-Bilanz Unwohlsein ein, ist das ein ganz natürlicher Vorgang. Jede Unzufriedenheit ist ein trefflicher Ausgangspunkt, besser jetzt daranzugehen, als in absehbarer Zeit in eine Persönlichkeits-Insolvenz zu geraten. Denn wenn sich erst alle nahen Bezugspersonen und das weitere Umfeld zurückziehen, geht gar nichts mehr. Durch offensichtliche Zweifel am bisherigen Selbstbild kann wenigstens eine vorhandene Über- bzw. Unterschätzung des eigenen Selbst abgemildert werden. Die Hauptbezugspersonen werden dies dankbar werten. Besteht Ihrer Auffassung fast kein Anlass zur Veränderung, sollten Sie unbedingt die schon beschriebene Objektivierung einleiten und/oder einen Berater bzw. Therapeuten aufsuchen.

> Jede Unzufriedenheit ist ein trefflicher Ausgangspunkt, besser jetzt daranzugehen, als in absehbarer Zeit in eine Persönlichkeits-Insolvenz zu geraten.

Bei aller Unterschiedlichkeit der hier zusammengestellten Anregungen zur Expedition in die Tiefenschichten des eigenen Person-Seins, immer ermöglichen diese Analyse-Werkzeuge neue Zugänge zur Ich-Stabilisierung bzw. zum Ausgleich von Schwächen. In der Regel wächst dabei die Einsicht, manches nicht Veränderbare ‚einfach' akzeptieren zu müssen. Oft sind wir im Bisherigen gefangen, sehen das Gute als Kehrseite unguter Eigenschaften nicht oder umgekehrt. Oder wir wollen zu häufig trotz aller bitteren Erfahrungen am eingeübten – wenn auch nicht erfolgreichen – Vorgehen festhalten. Alle vom Umfeld als negativ wahrgenommenen Charakterzüge sind Folge dieser Fixierung.

5 Wie kann persönliche Resilienz-Bestandsaufnahme ...   **201**

Sich gegen alle inneren Widerstände trotzdem den festgestellten Widrigkeiten so zu stellen, dass sie in eine Aufarbeitung bzw. Verbesserung münden, ist eine große Herausforderung und bedarf einer starken seelischen Antriebsenergie. Denn bei der Auseinandersetzung mit diesem Stärken-Schwächen-Konglomerat werden sogenannte Abwehrmechanismen aktiv.[213] Diese zielen darauf, sich nicht mit bestimmten unangenehmen oder konfliktträchtigen Aspekten der eigenen Person auseinanderzusetzen, indem Ursache-Wirkungs-Zusammenhänge verleugnet oder verdreht werden. In konkreten Situationen – quasi in freier Wildbahn – kann dies ein lebenstauglicher Schutzschild sein. Wird dies jedoch ständig zugelassen, kann keine Verbesserung des Ich-Zustands und sozialverträglichere Selbstwirksamkeit erreicht werden.

6

Wie lassen sich Selbstwirksamkeit und Resilienz gezielt erweitern?

„Der einzige Ort, den wir in unserem Leben verändern können, sind wir selbst." (Aldous Huxley)

Mit einem Mieder ist eine Figur – wenigstens teilweise – in eine passable Form zu bringen, und Porträt-Fotos lassen sich per Retusche optimieren. Sein Selbst mit vergleichbaren Mitteln öffentlichkeitswirksam aufwerten zu wollen, ist sicher keine ziel-führende Option. Denn ein Mehr an Persönlichkeit kann nur durch gezielte Ich-Investitionen erreicht werden. Ist dies in einem Alter jenseits der Jugendphase sinnvoll oder gar notwendig, muss das gefestigt werden, was sich bisher als zu instabil erwies. Der laute Seufzer einer Frau um die 50: ‚Werden wir uns denn aus der Suche nach elterlicher oder anderer Anerkennung nie befreien können?' Doch, wir können und sollten dieses oft sehn-sucht-artige Verlangen überwinden, und stattdessen als handlungsfähige Menschen auf der Basis unseres eigenen – durch Können und Wollen geprägten – Selbst-Seins unser Leben meistern.

A. Wunsch, *Mit mehr Selbst zum stabilen ICH!*, DOI 10.1007/978-3-642-37702-0_6,
© Springer-Verlag Berlin Heidelberg 2013

Damit ist in der Regel verbunden, sich mit den individuellen eher negativen Eigenheiten zu versöhnen und unsere Fixiertheit auf störende Eigenschaften anderer Menschen aufzugeben. Denn es ist unsere Entscheidung, ob wir uns weiter auf Negatives oder stattdessen besser auf Positives konzentrieren. Jeder Schritt auf diesem Weg führt zu mehr Gelassenheit und innerem Frieden im Umgang mit sich und Anderen. Erst dann sind wir in der Lage, Kindern, Jugendlichen und anderen Menschen unseres beruflichen und privaten Umfelds die ihnen zustehende Anerkennung oder Wertschätzung auszudrücken.

Sich ‚eine feuerfeste Menschenhaut' zu schaffen, davon träumt ein verrückter Professor in dem zwischen schrillem Humor und melancholischem Horror verfassten Thriller *Die Haut, in der ich wohne.* Wenden wir uns der Realität zu: Basis einer ‚dicken Haut' bzw. einer resilienten Persönlichkeit ist die Erfahrung einer ‚bedingungslosen Liebe' im Säuglingsalter sowie die ‚notwendigen Konfrontationen mit den Realitäten des Lebens' in den weiteren Lebens-Phasen. So erfolgt im Wechsel von Geben und Nehmen, Zuneigung und Abwendung, Ja und Nein eine Ablösung des ‚Lustprinzips' durch das ‚Realitätsprinzip'.

Wird dieser Notwendigkeit nicht entsprochen, manifestiert sich dies in der egozentrischen Suche nach Anerkennung, Lustgewinn, Sofortbefriedigung und Anstrengungs-Vermeidung. Die ‚sichere' Ersatz- bzw. Schein-Lösung wird den ‚unsicheren' Verzichts-Leistungen vorgezogen. Triebaufschub im Vertrauen auf spätere, persönlich befriedigende Gratifikationen bzw. Erfolge erscheinen aufgrund des erlebten Ur-Misstrauens als nicht lohnend oder unerreichbar. Der Betroffene bleibt so seinen nach Befriedigung gierenden Impulsen auf kindlichem Niveau ausgeliefert. ‚Jetzt und sofort' muss es sein. Eigenaktivität und Verantwortungsübernahme werden verweigert.

Das Gewissen als Trieb-Regulativ bleibt ein Fragment. Normen und Grenzen werden kaum oder gar nicht akzeptiert. Die – meist erst zeitlich verzögert wirkenden – negativen Konsequenzen dieses Verhaltens, wie zum Beispiel soziale Probleme, Isolation und Anfeindungen, werden ausgeblendet. ‚Ich muss mir halt holen, was ich will, denn die Anderen geben es mir nicht.' Eine maßlose Konsumhaltung gegenüber Sachen und Mitmenschen ist ein typisches Indiz fehlender Selbst-Sicherheit.[214] Das verlangende ‚Haben-Wollen' tritt an die Stelle eines sich stetig stabilisierenden ‚Selbst-Seins'. Per kompensatorischem Lustgewinn soll fehlende Substanz ausgeglichen werden. Da sich dieser Versuch meist als Überkompensation äußert, wird die negative Umfeld-Reaktion den Ich-Mangel unterstreichen. „Um uns zu vervollkommnen, brauchen wir entweder aufrichtige Freunde oder hartnäckige Feinde. Sie öffnen uns die Augen für unsere guten und schlechten Handlungen – die einen durch Erfahrungen, die Anderen durch ihren Tadel." (Diogenes)

> „Um uns zu vervollkommnen, brauchen wir entweder aufrichtige Freunde oder hartnäckige Feinde. Sie öffnen uns die Augen für unsere guten und schlechten Handlungen – die einen durch Erfahrungen, die Anderen durch ihren Tadel." (Diogenes)

‚Die größte Herausforderung des Menschen ist das Finden der eigenen Identität', mit diesem Satz beginne ich häufig Hochschulseminare und individualpsychologische Workshops. Aber sofort steht die Frage im Raum, wie denn etwas nicht oder zu schwach Vorhandenes im fortgeschrittenen Alter gefunden werden kann. Im Grunde gar nicht, denn gezielt findbar ist meist nur etwas Verlorengegangenes. Was aber nicht – oder zu schwach – existent ist, kann demnach nur neu grundgelegt und dann entfaltet werden. Damit müssen wir bei dem Ansetzen, was in der bisherigen Entwicklung fehlte, um es in altersgemäßer Form ‚nachzuliefern‘.

Und schon stehen wir vor dem Problem, dass sich emotionale Grund-Erfahrungen nicht anliefern, sondern nur neu arrangieren bzw. ereignen lassen. Dies setzt voraus, die erlittenen Defizite bzw. existenten Fehlentwicklungen konkret zu ergründen, um so mit dem Nachholen zu beginnen. Wenn der international anerkannte Gesprächstherapeut Carl Rogers unterstreicht, dass jedem Kind eine recht umfängliche „ungeschuldete Liebe" zuteil werden müsse, um nicht als Erwachsener zu stark auf die Zuwendung Anderer fixiert zu sein bzw. um diese buhlen zu müssen, dann bietet uns dieser Hinweis eine gute Basis zur Vergegenwärtigung, welche Defizite bei vielen Menschen auszugleichen sind. So gehören nach Rogers ‚sieben Hauptbotschaften‘ zur Entwicklung eines stabilen Selbst-Seins:

- ungeschuldete Liebe
- Wertschätzung
- Echtheit und Interesse
- Hilfestellungen zur Autonomie-Entwicklung
- Unterstützung
- Zuverlässigkeit, Geborgenheit, Sicherheit
- Gefühle (negative und positive) zuzulassen

Starten können wir mit dem Aufbau wohlwollend-verlässlicher Bezüge unter Erwachsenen, um so ein vertrauensvolles Miteinander zu schaffen. Auch wenn es sehr nachvollziehbar ist, dass Kinder in der Sehnsucht, ‚geliebt werden zu wollen‘, aufwachsen, so sollte diese Phase nach Alfred Adler jenseits des Jugendalters in ein Streben nach ‚anerkannt werden wollen‘ münden. Die einem Menschen zuteil werdende Anerkennung ist jedoch in großem Umfang das Resultat des persönlich eingebrachten Beitrags ins soziale Umfeld im Zusammenwirken von Ich und Du im Wir. Die Umschreibung ‚in Vorleistung treten‘ verdeutlicht, wie diese Anerkennung erworben werden kann.

Wird schon im Jugendalter mit dem Ausgleich einer defizitären Kindheit begonnen, sind wichtige – bisher meist vermisste – grundlegende Erfahrungen noch einfacher zu ermöglichen, als dies bei Erwachsenen der Fall ist. Hier können die Mädchen und Jungen in Erziehungsfamilien, mit Mitarbeitern in Jugendhilfe-Einrichtungen oder Internaten jene förderlichen Beziehungs- und Bindungs-Erfahrungen im alltäglichen Miteinander nachholen, welche ihnen bisher fehlten:

- Ein ausgeprägtes Ur-Vertrauen in sich und die eigenen Fähigkeiten
- Reichlich vorhandene Bewältigungs-Muster bzw. Handlungs-Fertigkeiten
- Vertrauen und Sicherheit gebende emotionale Verbindungen

Jede gute neue Erfahrung fördert den Wachstums-Prozess vom Empfangen zum Geben, vom Fördern zum Können.

Existiert eine gute Verzahnung zwischen schulischen Lehrkräften und den neuen Haupt-Bezugspersonen, wird eine optimale Förderung zum Wohl der Betroffenen möglich. Auch positive soziale Kontakte zu Gleichaltrigen und ermutigende Erziehungskonzepte werden sich positiv auf die Jugendlichen auswirken. Denn durch erfahrbare Wertschätzung im Umgang mit klaren und verlässlichen Bezugspersonen wird ein unterentwickeltes Selbstbewusstsein gezielt gefördert, kann manch seelische Blessur vorsichtig abheilen. So wird störendes Verhalten immer überflüssiger. Von Monat zu Monat wächst dann in kontinuierlichen Rahmenbedingungen die Verantwortung für das eigene Leben.

Das Raphaelshaus, eine große Jugendhilfeeinrichtung im Rheinland, erbringt beispielsweise solche Hilfsangebote für Kinder, Jugendliche und deren Eltern. Das pädagogische Konzept der Einrichtung bietet Mädchen und Jungen ressourcenorientierte Möglichkeiten der Entwicklung. Bundesweit bekannt sind die Angebote im Bereich der Erlebnis- und Zirkus-Pädagogik. Ob Tier-Kontakte, Hochseil-Klettergarten, Hip-Hop-Projekte, Musik-Aktionen oder die Mitwirkung am Ausbau eines Wochenend-Bauernhofs, es gibt viele Ansatzpunkte für Jugendliche Grenzen auszutesten, Können zu beweisen, eine neue Selbst-Wirksamkeit zu erfahren und Defizite zu reduzieren.

Schlagzeilen machte das Raphaelshaus mit besonderen Aktionen, die von den beteiligten Jugendlichen einen hohen körperlichen Einsatz verlangten, ob dies die Mitwirkung bei Deichrettungs-Arbeiten in Ostdeutschland war beziehungsweise Fahrradtouren nach Rom, zum Nordkap oder nach Santiago de Compostela sind. Der Leiter der Einrichtung im Interview zu solchen Extrem-Einsätzen: ‚Ich könnte je-

6 Wie lassen sich Selbstwirksamkeit und Resilienz ...

derzeit nachts unsere Mädels und Jungs für einen Hochwasser-Nothilfe-Einsatz aus dem Bett holen. Da haben selbst unsere ganz Coolen das Wasser in den Augen nicht bändigen können, wenn ihnen eine alte Frau einen selbst gebackenen Kuchen mit den Worten überreichte: Ihr seid gut und habt mir sehr geholfen, Danke! Diese Wertschätzungs-Erfahrung hat manche seelische Verletzung ausgleichen

> ‚Da haben selbst unsere ganz Coolen das Wasser in den Augen nicht bändigen können, wenn ihnen eine alte Frau einen selbst gebackenen Kuchen mit den Worten überreichte: Ihr seid gut und habt mir sehr geholfen, Danke!'

können. Und wenn eine Gruppe nach ca. 900 Fahrradkilometern alle Po-Muskeln einzeln kennenlernte, die Beine oft nicht mehr wollten und ‚Aufgeben' zum erlösenden Gedanken wurde, dann sagen die Augen bei der Rückankunft nur noch eins: Ich war dabei und habe es trotz allem geschafft.'

Auch Kunst-, Musik-, Theater- oder Tanz-Projekte im Bereich der Jugendarbeit eignen sich hervorragend, die eigene Persönlichkeit zu entwickeln, besonders durch die initiierende Begleitung durch Sozialpädagogen. So führt das Hineinfinden in eine Rolle oder die Umsetzung eines Auftrags gleichzeitig dazu, vielfältige Rückmeldungen zur persönlichen Wirkung bei der Aktion zu erhalten, um diese in anstehende Ausbau-Möglichkeiten bzw. Änderungs-Notwendigkeiten münden zu lassen.

Solche Selbsterfahrungs-Chancen können Erwachsene genauso aufgreifen, vorausgesetzt, es existiert dazu der Wille und ein aktives Selbst-Management. Stabile Menschen aus dem persönlichen Umfeld sowie eingeleitete körperliche, geistige oder emotional-soziale Herausforderungen werden dann zu Stütze und Ansporn der persönlichen Weiterentwicklung. So kann die verbindliche Anmeldung für ein kontinuierlich zu absolvierendes Sport- oder Kultur-Programm ein erster Schritt sein. Meist ist aber ergänzend die Einbeziehung professioneller Berater notwendig, ob als Lebens-Coach oder Psychotherapeut.

Zu vieles im emotionalen Bereich ruft nach klärender Aufarbeitung und macht neue ‚gute Erfahrungen' erforderlich. Aber so, wie man sich selbst kaum aus einem Sumpfloch befreien kann, so wenig kann ein schwaches Ich aus sich heraus wachsen. Konkrete Ziel- und Termin-Vereinbarungen mit einem Profi geben hier eine klare Struktur, und manch aufmunternde Geste von nahestehenden Menschen wird das erforderliche Durchhaltevermögen fördern. Dabei dürfen die Schritte nicht zu groß, aber auch nicht zu klein sein. Auch der Ansatz-(Zeit-)Punkt für den Einstieg in die Beratung oder Begleitung ist mit viel Einfühlungsvermögen und Umsicht herauszuarbeiten.

Der im vorigen Abschnitt eingebrachte Selbst-Test ‚Was kann ich, was kann ich nicht, was sollte bzw. könnte ich können?' bietet eine gute Start-Basis zur Selbst-Stabilisierung. Er offenbart unabhängig von seinem Ergebnis auch wesentliche Zusatz-Selbsterkenntnisse: Wie viel Zögern wird bei der Umsetzung deutlich? Mit welcher Rubrik fange ich an? Wo fiel das Aufschreiben leicht bzw. schwer? Neige ich eher zur Selbst-Überschätzung oder Selbst-Unterschätzung?

So können Menschen mit einem kräftig überzogenen Selbstbewusstsein umfangreiche Auflistungen zu angeblichen Fähigkeiten vornehmen. Und während jene mit einem schwachen Ich umfangreiche Aufzählungen vom Nichtgekonnten erbringen, bleibt ihnen der Atem fast stehen, wenn Dinge zu benennen sind, die sie recht gut können. Werden diese dann – fast stammelnd – doch von einem Coach hervorgelockt, hat dies Züge einer Zangen-Geburt. Dann wird nachvollziehbar, weshalb Sokrates[215] den Prozess des Herausarbeitens von etwas nicht Sicht- aber Erahnbarem als Mäeutik – als Hebammenkunst – bezeichnete.

Liegen die Angaben schriftlich vor, wird in einem zweiten Schritt gelernt, mit eigenen Unzulänglichkeiten gekonnter umzugehen. Denn ein vorhandenes Handicap muss ja nicht auch noch im Blickfeld stehen. Ein dritter Schritt konzentriert sich dann auf den Ausbau unterentwickelter oder noch zu entdeckender Ressourcen. So wächst kontinuierlich – meist eher zaghaft und kleinschrittig – ein stabileres Selbst, das dann nicht mehr auf den wackligen Füßen einer verkrampften Selbst-Liebe steht. Es ist ein langwieriger und zäher Prozess, schließlich können bisherige Verhaltensweisen nicht einfach ablegt werden. Alles zu belassen ist jedoch auch keine Alternative.

Ein Blick zurück, um die Zukunft besser zu meistern

Der un-identische Mensch lebt, weil er nicht mit sich im Reinen ist, in ständiger Aufruhr sich und Anderen gegenüber. Misslingen, innere Unruhe und Unzufriedenheit oder häufige Konflikte sind so vorprogrammiert. Denn ein Dauer-Disput zwischen überzogenem Ideal-Ich und Real-Ich absorbiert jene Kräfte, die im Umgang mit den alltäglichen Herausforderungen des Lebens einzubringen wären. Um aus diesem Negativ-Schema herauszukommen, sind weitere Kenntnisse zum bisherigen Gewordensein notwendig.

So sind neben unserem Eltern-Kind-Kontakt auch die gesamte Herkunftsfamilie und weitere Bedingungen des Aufwachsens bedeutsam, um ein Verhalten besser verstehen und zuordnen zu können. Denn unser in der Kindheit entwickeltes Grund-Muster für den Umgang mit unterschiedlichsten Situationen, Alfred Adler nennt es „Lebensstil", prägt unser ganzes Leben. Veränderungen sind demnach nur unter Berücksichtigung dieser Gravuren möglich. Denn ob beispielsweise eine ‚Jüngste' als ‚verwöhntes Nesthäkchen' oder als ‚selbstbewusste Ich-packs-an-Göre' heranwächst, wird zeitlebens unübersehbar sein, ob in der Partnerschaft oder im Beruf. Und ob jemand in einer ärmlichen oder eher reichen, bildungsfernen oder gebildeten, in einer gefühlskalten oder warmherzigen Familie groß wurde, wirkt ebenfalls bis ins hohe Alter.

Ein weiterer Ansatzpunkt ist die Überwindung tief sitzender Kränkungen. Diese werden spürbar, wenn die gefühlsmäßige Einstellung zu sich selbst und zu Anderen nicht durch ein gesundes Selbstvertrauen abgesichert ist, besonders in Mangel- und Konfliktsituationen. Wenn jedoch das eigene Selbstwertgefühl zu schwach ist, benötigt es zu sehr die Anerkennung und Bewunderung durch andere Menschen. Schon leichte Kritik führt zu schroffer Abwehr. Alles muss sich ums eigene Ich drehen. Minderwertigkeit dieser Art gründet in der Regel in „zu frühen Wunden in der Seele, die durch zu viel Tadel oder auch durch zu viel Lob geschlagen wurden. So konnten sich die Wurzeln des Selbstwertgefühls in der frühen Kindheit im Umgang mit den Eltern oder auch später im Kontakt mit wichtigen anderen Beziehungspersonen nicht entwickeln", so die Psychotherapeutin Claudia Sies.[216]

Selbst wenn es nicht weiterführt und das Umfeld stark abweisend reagiert, ein um sich selbst kreisendes ‚Schein-Ich' benötigt die Selbstspiegelung wie der instabile Blutkreislauf den Herz-Schrittmacher. Ausschalten würde beim Rumpf-Ich zum emotionalen, beim Herz-Schrittmacher zum biologischen Tod führen. Mit anderen Worten: Einem Symptom darf erst dann seine Funktion genommen werden, wenn es überflüssig wird. Aber Erwachsene können eine ausgebliebene oder mangelhafte Eltern-Liebe nicht so einfach nachholen. Kein Therapeut kann die Betroffenen bei ihrer Suche nach emotionaler Zuwendung und Bestätigung einfach mal so in den Arm oder kuschelnd auf den Schoß nehmen, selbst wenn sie dies bräuchten. Aber jede ehrliche Positiv-Rückmeldung zu guten Ansatzpunkten oder beachtlichen Fähigkeiten kann die Vergegenwärtigung und den Ausbau eigenen Könnens fördern.

Ergänzend sind ausbleibende Außen-Bestätigungen durch eine fundierte Selbst-Bestätigung auszugleichen. Denn wenn mir die Wertigkeit meines ‚Ich' immer bewusster wird, kann ich das verzweifelte Buhlen um An-E(h)r-Kennung lassen. So wird der Schmerz über nicht erhaltene Zuwendungs-Einheiten in der Kindheit durch die Hinwendung zum eigenen Wirkungs-Vermögen und den daraus resultierenden Erfolgen überwunden. Je schneller hier positive Bilanz-Daten offenkundig werden, desto erfolgreicher wird der Prozess der Ich-Stabilisierung sein. So erfahren die Betroffenen, welche Fähigkeiten und positiven

Anlagen bei ihnen existent sind, ohne diese bisher selbst erkannt und gewürdigt zu haben.

Der individuelle Umgang mit Unsicherheiten oder Widerständen und die damit einhergehenden Erfolge/Misserfolge werden von Geburt an als Erfahrung gespeichert. Dieses Datenmaterial dient bei jeder neuen Situation als Orientierungs- und Entscheidungsgrundlage. Der persönliche „Lebensstil" drückt aus, ob Tatkraft oder Laschheit, Offenheit oder Verschlossenheit im Umgang mit Menschen oder Dingen bestimmend ist. Werden Konflikte oder schwierige Aufgaben als Herausforderungen aufgegriffen oder steht Wegtauchen an? Menschen verhalten sich in neuen Situationen meist so, wie sie es immer schon taten: scheu oder mutig, interessiert oder desinteressiert, hoffend oder resigniert, beitragend oder verweigernd. Umgesetzt wird, was mit größter Sicherheit gelingen könnte. Dies kann der Erfolg, aber auch der Misserfolg sein.[217] Diesen Denkansatz bringt Adler mit folgendem Leitsatz trefflich auf den Punkt: „Wenn du wissen willst, was du wirklich willst, dann schau, was du tust."

Die Art und Weise, wie Erfolgs- bzw. Misserfolgs-Ereignisse abgespeichert werden, entwickelt sich zum lebenslangen Ursache-Wirkungs-Deutungs-Muster, psychologisch ausgedrückt zum individuellen Attributions-Stil. So bildet jeder Mensch subjektive bzw. ‚naive' Erklärungen für beobachtete Effekte in seiner Umwelt, weil er diese begreifen und kontrollieren möchte.[218] Wie groß ist mein Anteil? Was haben Andere dazu beigetragen? Kann es Zufall sein? So wird ‚erkundet', ob sich eigenes – meist anstrengendes – Handeln lohnt oder auf bessere Bedingungen gewartet wird. Diese Zuschreibung der Ursache und Wirkung von

Handlungen und Vorgängen und die daraus abgeleiteten Konsequenzen für das Erleben sind die Basis des persönlichen Weltbilds.

Erklären sich Kinder deutlich werdende Erfolge häufig durch das eigene Handeln, bildet sich eine optimistische, im anderen Fall eine pessimistische Grundstimmung. Die jeweilige Ausprägung ist das Resultat der frühkindlichen Lebenserfahrung von ‚Ich werde geliebt, die Welt ist gut, ich kann was bewirken!' oder ‚Ich bin nicht erwünscht, Anstrengung lohnt nicht!'. Alle späteren sozialen Reaktionen und Aktivitäten werden dadurch bestimmt. Die sich so bildende Motivations-Basis wird zum Schlüssel des persönlichen Erfolgs bzw. Misserfolgs. Die vom Einzelnen gefühlte Überzeugung, über eigene Kompetenzen zu verfügen, die subjektive Einschätzung der Fähigkeit, Aufgaben und Krisen bewältigen zu können, äußert sich im Umfang der individuellen Selbst-Wirksamkeit. So wird einschätzbar, ob Stabilisierendes oder Störendes wachsen wird, Rückschläge entmutigen oder zu neuer Anstrengung auffordern.

> Die vom Einzelnen gefühlte Überzeugung, über eigene Kompetenzen zu verfügen, die subjektive Einschätzung der Fähigkeit, Aufgaben und Krisen bewältigen zu können, äußert sich im Umfang der individuellen Selbst-Wirksamkeit.

Die frühe Kindheit ist der Zeitraum des ‚Man-Lernens'. Hier eignen sich Jungen und Mädchen – am intensivsten in den ersten – drei bis fünf Jahren – ganz intuitiv an, was ‚man' wie und weshalb tut oder darf und wie ‚man' sich in unterschiedlichen Situationen zu verhalten hat. So ganz nebenbei erfahren sie auch, was ‚man' als Kind auf keinen

Fall machen sollte, selbst wenn Andere – evtl. auch die eigenen nächsten Bezugspersonen – dies tun. Innerhalb der Familie wird auch gelernt, wie Mama und Papa miteinander umgehen, welche Auswirkungen Stress und Ärger haben, was ‚man' so macht, wenn dicke Luft oder Freude existiert, wozu Geld da ist, wie es ins Haus kommt usw. In diesem Wohnraum des Lebens werden Schmusen und Kuscheln, eigenständige Aktivitäten (oder auch nicht), der Umgang mit Bedürfnissen, Zeiten, Ordnungsstrukturen, Entbehrungen, Zurückweisungen, Konflikten, aber auch Zurechtweisungen und Kuschen erlernt.

Dabei prägen sich aber nicht nur förderliche Strategien der Lebens-Aneignung, sondern auch einige – oder sogar reichliche – ‚Lebens-Lasten' ein, wie: ‚Ich soll so sein wie mein Vater', ‚Unsere Familie mochte sowieso keiner', ‚Wer aus einer Arbeiterfamilie kommt, hat keine Chancen', ‚Wenn ich nicht eine so tolle Mutter wie meine Mama werde, brauche ich nie ans Kinderkriegen zu denken', ‚Die Super-Ehe meiner Eltern ohne Konflikte in trauter Harmonie ist meine Vorgabe'. In der Regel erweist sich diese ‚Mitgift' oft als nicht umsetzbar bzw. irrelevant und kann erst durch intensive Aufarbeitungen als Lebens-Irrtum erkannt werden. So kann diesen vermeintlichen Vorgaben wenigstens ihre oft erdrückende Macht genommen werden. Im Zusammenwirken von beraterischer Begleitung und persönlicher Aufarbeitung wird so die Tauglichkeit des lebensnotwendigen ‚Handwerkszeugs' optimiert.

Wenn Menschen in alltäglichen Situationen auf Hindernisse stoßen, werden diese häufig als von außen kommend definiert. Manchmal scheint es wirklich nicht weiterzugehen. Aber viel häufiger als dies bewusst ist, stoßen wir in

6 Wie lassen sich Selbstwirksamkeit und Resilienz … 217

solchen und anderen Situationen an ‚innere Grenzen'. Diese Begriffskombination greift das Phänomen auf, dass sich all unser Denken und Handeln an dem – mehr oder weniger breiten – Korridor der frühen Lebenserfahrung orientiert. Innere Grenzen können jedoch nur erweitert werden, wenn diese zuvor konsequent erforscht wurden. Ist es hier eine antrainierte Engstirnigkeit, lösen dort minder-privilegierte Aufwachsbedingungen große Unsicherheiten und Ängste aus. So behindert ein zu enger Blick das Aufgreifen von Chancen bzw. eine erfolgreiche Weiterentwicklung, getreu den Devisen: ‚Da geht man nicht hin', ‚Dies ist für unsereiner nichts', ‚Das schaffe ich sowieso nie!' Falls sich dennoch zufällig ein Erfolg einstellen sollte, wird dieser gezielt behindert oder keinesfalls von innen bejaht bzw. zugelassen.

Dieses den Einzelnen fundamental beeinflussende Steuerungssystem wird in der psychologischen Forschung kaum berücksichtigt. Der Volksmund bringt es auf den Punkt: ‚Was der Bauer nicht kennt, … wird dieser tunlichst meiden!' Auch wenn jenseits der eigenen inneren Grenzmarkierungen neue Welten verheißungsvoll auf eine Erkundung warten, die Angst, bekanntes, vertrautes und (scheinbar) Sicherheit gewährendes Terrain zu verlassen, ist meist zu groß. Häufig wird kräftig um einen wenige Zentimeter falsch platzierten Gartenzaun gestritten, während die Erweiterung zu enger „innerer Grenzen" im Bereich des Persönlichkeitswachstums ohne Rechtsanwälte und Gerichte möglich wäre.

Das „Gemeinschaftsgefühl" – ein Kernbegriff der Adler'schen Lehre – wird zum Gradmesser für die seelische Gesundheit eines Individuums und damit einer Gesellschaft. Präziser formuliert geht es um die ‚Dazugehörigkeit', das Streben nach einem anerkannten und sicheren Platz in der Gemeinschaft. Nach Adler gibt es „nur einen einzigen Grund, warum ein Menschen auf die unnützliche Seite abbiegt: Die Furcht vor einer Niederlage auf der nützlichen Seite".[219] Je weniger angenehme Reaktionen in einer Situation, umso größer ist das Unsicherheitsgefühl, mit der Folge, sich in den Schutz neurotischer Abwehrmechanismen zu begeben. So werden Minderwertigkeitsgefühle gefördert, und jede neue Erfahrung des ‚Nicht' wirkt als Verstärkung.

Dies führt zur Resignation mit der Folge von Hilfsansprüchen, oder es äußert sich als Machtanspruch. Wer nicht mit einem positiven Beitrag Beachtung findet, zeigt sich entweder hilfe-bedürftig, brav-angepasst oder trotzig-verweigernd, um so wenigstens – negative – Aufmerksamkeit oder Zuwendung zu erzwingen. ‚Der seelisch belastete Mensch ist jedoch die Quelle aller Konflikte!' Und je stärker Männer und Frauen mit solcher Prägung in Beruf und Partnerschaft aufeinandertreffen, desto mehr Störungen – bis hin zu Abwehr und Angriff – sind bei einer Annäherung zu erwarten. Letztlich führen Mangel-Erfahrungen – ob faktisch vorhanden oder subjektiv empfunden – entweder zur Depression oder Aggression.

Nicht selten schießen Menschen beim Ausgleich von Mängeln weit über das Ziel hinaus. Dies mag zwar verständlich sein, schadet aber der eigentlichen Absicht, da das persönliche Umfeld auf „Überkompensation" allergisch reagiert. Je stärker objektive – oder subjektiv erlebte – Defizite im Personsein erkannt werden, desto umfangreicher sind Korrekturen notwendig. Dabei erhält der Vorgang der

6 Wie lassen sich Selbstwirksamkeit und Resilienz ...   **219**

„Ermutigung"[220] eine richtungweisende Bedeutung, weil er eine Reduzierung des Angstbereichs ermöglicht. Die damit einhergehende Entlastung wiederum erweitert bisherige persönliche Grenzen und eröffnet neue Verhaltensweisen. Hier drei Ansatzpunkte für Erwachsene:

- Ich investiere in meine Mangelbereiche, indem ich meine Bildung, mein Wissen und Können anreichere, neue Umgangsformen und Kommunikationsregeln erlerne und so meine soziale und personale Kompetenz erweitere.
- Ich lerne, mit meinen kaum behebbaren Mängeln zu leben, indem ich akzeptiere, dass auch diese Anteile meines Seins zu mir gehören – auch wenn sie nicht zum ‚Vorzeigen' geeigneten sind.
- Ich verdeutliche mir die vielen Handlungsansätze der ‚guten Seiten' meines Seins, entwickle sie weiter, ‚wuchere' mit diesen Fähig- und Fertigkeiten und relativiere damit gleichzeitig meine ‚Schattenseiten'.

Mit diesen Schritten wird eine radikale Neuorientierung eingeleitet. Die bisherigen individuellen Unsicherheiten oder Widerstände lösen sich immer mehr auf, Misserfolge wandeln sich immer häufiger in Erfolge. So wird eine wirkungsvolle Positiv-Datenbank geschaffen, um angemessener auf unterschiedlichste Herausforderungen reagieren zu können. Die Begrenzungen des frühkindlichen ‚Man-Lernens' werden erkannt und als unbrauchbar entsorgt. Damit verbessert sich – fast automatisch – das soziale Miteinander. Wer sich positiv in eine Gemeinschaft einbringt, erhält eine entsprechende Wertschätzung, die sich identitätsfördernd auswirkt und die Basis von gegenseitiger Hilfeleistung ist. Denn: ‚Wer gibt, erhält auch!'

Dies wiederum hat erheblich Auswirkungen auf eine fähigere Handlungskompetenz und gibt reichlich Kraft, mutiger offensichtlich hinderliche „innere Grenzen" gezielt zu erweitern. Der sich förderlich entwickelnde Umgang mit sich und Anderen wird in einem neuen ‚Lebens-Stil' erkennbar, der anstelle von Unsicherheit auf Tatkraft, Selbst-Wirksamkeit und Stabilität setzt. Alle diese während einer intensiven Beratungsarbeit entstehenden Erfolge, welche hier quasi im Zeitraffer-Verfahren beschrieben werden, sind jedoch nur durch eine kontinuierliche Mitarbeit des Betroffen erreichbar.

Mit welcher Intensität frühkindliche Erfahrungen das weitere Leben prägen, wird durch folgende Praxisbeispiele deutlich. Dabei ist es fast nebensächlich, ob die persönliche Bewertung der familiären Herkunft so auch objektivierbar ist. Entscheidend ist das im Bewusstsein gespeicherte Bild. So kam vor einigen Jahren ein Mann mittleren Alters in meine Praxis und berichtete, dass ihn seine durch Armut und Not geprägte Kindheit immer noch stark im beruflichen und privaten Handeln negativ prägen würde. Nach etlichen Zeitreisen in die eigene familiäre Vergangenheit wurde jedoch klar, dass er eigentlich bis zum – zu frühen – Tod des Vaters eine Kindheit mit reicher Emotionalität in sicherer Geborgenheit erfahren hatte, wenn auch in recht einfachen Lebensverhältnissen. Erst im neuen Licht dieser Kindheit, so teilte er mir dies später mit, hätte er gerne seinem Vater mit Stolz und Dank einen Einblick in sein heutiges Leben mit eigenem Haus, stabiler Partnerschaft und gut dotierter beruflicher Position ermöglicht, um sich so für das vom ihm erhaltene Start-Paket zum Erwachsen-werden zwischen Frohsinn und Lebensmut zu bedanken. So konnte die Auflösung einer irrigen Annahme die Selbst-sicherheit und Lebenszufriedenheit stark verbessern.

Das Leben einer Frau über 50 war dadurch geprägt, sich häufig unterlegen zu fühlen. Besonders in ihrer be-ruflichen Tätigkeit konnte sie sich oft nicht klar positio-nieren. Ihr Selbstbild war darauf gegründet, im ‚Kohlen-kasten' zur Welt gekommen zu sein. Dies offenbarte sich in einem unsicheren Auftreten und dem Aufschieben oder Vermeiden von wichtigen Ent-scheidungen. Häufig wirkte sie auf Andere wie: ‚Entschuldi-gen Sie, dass ich geboren wur-de, aber ich hatte keine Mög-lichkeit, meine Eltern daran zu hindern.' Sie konnte berufliche

> ‚Entschuldigen Sie, dass ich geboren wurde, aber ich hatte keine Möglichkeit, meine Eltern daran zu hindern.'

Erfolge nicht angemessen wahrnehmen, tat sich bei zwi-schenmenschlichen Kontakten – erst recht zu Männern – trotz ihrer Liebenswürdigkeit recht schwer und glaubte, eine größere Wohnung in schönerem Umfeld stünde ihr bei ei-ner solch ärmlichen Herkunft nicht zu. Als sie nach etlichen Lebens-Coaching-Terminen – leicht verlegen aber glück-lich – mitteilte, in eine recht noble Wohngegend gezogen zu sein und sogar einen Balkon mit Rheinblick zu haben, kam sie nicht umhin, ihren persönlichen Wachstums-Erfolg mit den Gruppenmitgliedern – natürlich sehr zurückhal-tend – zu feiern. Die systematische Aufarbeitung der am Selbstwert nagenden Kindheitserinnerungen hatte ihr eine kräftige Portion Lebenselixier eingebracht.

Ein weiteres Beispiel: Eine recht sportlich wirkende Frau Ende 30 berichtete, dass sie sich irgendwie mit dem Thema 'Frau' innerhalb ihrer Partnerschaft schwer tue, ans Kinder-Kriegen könne/dürfe sie gar nicht denken. Fragen zur Stabilität der Beziehung, zu aktuellen Einflüssen durch den Beruf, der gesundheitlichen Verfassung und zu den Lebens-Vorstellungen ihres Partners brachten keine verwertbaren Anhaltspunkte. Dann wurde per Familien-Rekonstruktion geklärt, welche Position die Frau zu den Eltern bzw. innerhalb der Geschwisterabfolge hatte. Es ging, wie in solchen Fällen immer, um das Finden der 'Nadel im Heuhaufen', die die Situation klären sollte. Aber es dauerte und zunächst kam nichts in Sicht.

Als die Frau dann aufgefordert wurde, einige Begebenheiten aus ihrer Kindheit zu berichten, fiel auf einmal bei der Schilderung einer Situation mit ihren Geschwistern, sie muss wohl damals um die 13 Jahre gewesen sein, in einem Nebensatz die Formulierung: 'Ich war der Älteste.' Nun setzte Stille ein. Es war nicht erkennbar, ob der Frau bewusst war, was sie gesagt hatte. Als dann aber die Aussage noch einmal ruhig wiederholt wurde: 'Sie waren also der Älteste', ergriff sie ein starkes Rucken und sofort setzten heftige Tränen ein. Später berichtete sie dann, dass ihr Vater sich immer einen Sohn gewünscht und sie stets als einen solchen behandelt habe. Bis zu diesem Alter hatte sie auch nie Mädchenkleidung getragen. Sie ergänzte nicht ohne Stolz, dass sie sich trefflich in der Jungen-Clique bewegen hatte können. Erst mit 13 oder 14 Jahren sei bei ihr einiges durcheinandergeraten.

Jetzt, zig Jahre später, wurde sie von ihrer Kindheit eingeholt, denn das Leben in einer auch durch Sexualität geprägten Partnerschaft konnte nur gelingen, wenn sie ihre fraulichen Identität bewusst lebte und sich nicht durch ihre jungenhaft geprägte Kindheit durcheinanderbringen ließ. Die Frage, wieso sie sich dem Nachwuchs-Thema nicht annähern konnte, obwohl ihr Partner diesem positiv gegenüberstand, hatte sich gleichzeitig ‚nebenbei‘ geklärt. Auch wenn nach dieser Zeitreise in die eigene familiäre Herkunft nicht alle damit verbundenen aktuellen Auswirkungen vom Tisch waren, der Satz ‚Ich war der Älteste‘ wurde zum Schlüssel für eine neue Phase der Identitäts- und der damit Partnerschafts-Entwicklung mit kräftigen Auswirkungen auf die übrigen Lebensbereiche.

Ergänzend die tragischen Auswirkungen der substanziellen Mangel-Erfahrungen eines Flüchtlingskindes aus dem Kriegsgebiet in Somalia: Obwohl Jasmin schon über zehn Jahre in Deutschland gut versorgt und sicher umsorgt aufgewachsen war, kam es immer wieder vor, dass sie sich aus einer vermeintlichen Angst vorm Verhungern bei irgendwelchen Menschen Essen erbettelte oder sich bei Einladungen den Magen so unkontrolliert ‚vollschlug‘, das ihr anschließend regelmäßig übel wurde und sie erbrechen musste.

Egal wie tragisch die Mitgift aus der frühen Kindheit auch sein mag, der Mensch muss, will er nicht untergehen, sein Leben täglich neu bewältigen. Dabei wird der Einzelne in der Regel von der eigenen Vergangenheit ständig eingeholt. Ging es im ersten Beispiel um die Relativierung oder Auslöschung einer ‚irrigen Annahme‘, so galt es im zweiten Fall, einer wirklich bescheidenen Kindheit ihre Wirkmacht fürs Erwachsenen-Leben zu nehmen. Bei der forschen sportlichen Frau wurde der Satz ‚Ich war der Älteste‘ zum Schlüssel einer intensiven Auseinandersetzung mit der

Identität als Frau. Und auch die frühkindlichen Hunger-Erfahrungen werden Jasmin zeitlebens verfolgen.

Ob nun eine väterlich-elterliche Erwartungs-Vorgabe zur Geschlechtsrolle, eine vermeintliche ‚Kohlenkasten'-Geburtsstätte, verzerrte Kindheitserinnerungen, ungünstige Geschwister-Konstellationen, das in einer Familie existierende Werte-System, eine fehlende liebevoll-sichere frühkindliche Elternbindung, einschneidende bzw. traumatische Ereignisse wie Überlebens-Not, schwere Krankheit, Trennung und Scheidung, ein Verlust durch Tod im frühen Kindesalter oder andere ungünstige Erfahrungen die Fundamente für das Wahrnehmen, Empfinden, Deuten und Reagieren als Erwachsener prägen, jeder Neubeginn setzt die Aufarbeitung des Hemmenden voraus. Denn mit sich selbst halbwegs im Reinen zu sein, d. h. eigene Stärken und Schwächen kennen und angemessen damit umgehen können, ist die Basis dafür, als Erwachsener sich selbst gegenüber halbwegs gewachsen zu sein. Aber, so der Volksmund: ‚Die beschwerlichste Art der Fortbewegung ist das In-sich-Gehen!'

Selbst-Stabilisierung zwischen Zielverdeutlichung und Empowerment

Der Terminus Basel II bzw. Basel III bezeichnet die Gesamtheit der Eigenkapitalvorschriften, die vom Basler Ausschuss für Bankenaufsicht in den letzten Jahren vorgeschlagen wurden. So sollen durch erhöhte Anforderungen an das Risikomanagement und durch ‚weiche' Kapitalpuffer systemische Liquiditäts-Risiken im Zahlungsverkehr gesenkt werden. Jenseits einer abstrakten Banker-Sprache geht es ganz schlicht um mehr Stabilität und Sicherheit im Zusammenwirken von Systemen, um so Stress-Szenarien zu reduzieren. Damit wird exakt das umrissen, was auch für zwischenmenschliche Kontakte bedeutsam ist: Nur Menschen, die sich ihres Selbst sicher sind und ergänzend über eine kräftige Persönlichkeits-Stabilitäts-Rücklage verfügen, sind in der Lage, systematisch Risiken zu reduzieren und bei dennoch auftretenden Krisen abgepuffert zu reagieren. Ob es um die Absicherung des Wirtschafts-Kapitals oder um das Human-Vermögen geht, in beiden Fällen wird das Vorhandensein von reichlich Resilienz über unsere gesellschaftliche Zukunft entscheiden. Sind die Rücklagen zu gering, geraten die Handelnden schnell ins Aus. Für Menschen gilt daher, sich einen Geborgenheits-Vorrat für karge oder schwere Zeiten zu schaffen. Der Mangel lehrt uns Sorgsamkeit, das Fehlende spornt uns an, denn Weniger ist der Nährboden des Strebens nach Mehr.

> Der Mangel lehrt uns Sorgsamkeit, das Fehlende spornt uns an, denn Weniger ist der Nährboden des Strebens nach Mehr.

So wichtig das Entwickeln von Widerstands- oder Abwehr-Kräften für das eigene oder gesellschaftliche Überleben auch ist, jegliches Absicherungs-Engagement setzt voraus, ein klares und erreichbares Ziel im Blick zu haben und auch erreichen zu wollen. So geht es im Bereich der Wirtschaft um eine stabile Währung, im persönlichen Bereich um ein sich behaupten könnendes Ich und in beiden Fällen um die Absicherung der eigenen Zukunft. Das wirkt vielleicht selbstverständlich, aber ein vom Leben Enttäuschter wird das ganz anders sehen. Denn „wer gelernt hat, auf sich selbst mit Steinen einzuschlagen, wird denjenigen zunächst nicht lieben, sondern hassen, der ihn eine gewisse Freundlichkeit im Umgang mit sich selbst lehrt."[221]

Solche Menschen werden häufig nicht aus ihren Gewohnheiten, spontanen Bedürfnissen und Frustrations-Erfahrungen herauskommen, anstehende Wertekonflikte zwischen beruflichen Erfordernissen, persönlichen Bevorzugungen und familiären/privaten Notwendigkeiten vor sich herschieben. Wenn jedoch eigene Lebensziele unklar, unattraktiv oder nicht erreichbar scheinen, wird auch kaum ein Wille zur Bildung von Ich-Stärke und Abwehr-Kräften vorhanden sein. Die folgenden Ausführungen setzen eine Verbesserungs-Bereitschaft der eigenen Lebensumstände vom Grundsatz voraus.

Mit Empowerment – zu deutsch: Selbst-Ermächtigung – bezeichnet man Strategien und Maßnahmen, die den Grad an Autonomie im Leben von Menschen oder Gemeinschaften erhöhen sollen. Ziel ist, eigene Interessen (wieder) selbstverantwortlich und selbstbestimmt zu vertreten. Empowerment[222] bezeichnet dabei sowohl den Prozess der Selbstbemächtigung als auch die professionelle Unterstützung der Menschen, ihr Gefühl der Macht- und Einflusslosigkeit (powerlessness) zu überwinden, um so Gestaltungsspielräume und Ressourcen wahrzunehmen und zu nutzen. Damit richtet sich dieses Konzept gezielt an Menschen, die ihre eigenen Kräfte und soziale Ressourcen nutzen wollen, um ihre Lebensumstände zu verbessern.

Somit ist Empowerment ein Instrument, die eigene Mündigkeit zu erhöhen, sich als „Experten in eigener Sache" zu qualifizieren.[223] In seiner Einführung in *Empowerment in der Sozialen Arbeit* setzt Norbert Herriger

(Prof. für Soziologie an der Fachhochschule Düsseldorf)
dem Rezept ‚der erlernten Hilflosigkeit' die ‚Philosophie
der Menschenstärken' gegenüber. Der Blick wendet sich
von den Schwächen und Abhängigkeiten des Individuums hin zu seinen Stärken und Ressourcen. So zeichnet
Herriger „das Bild von Menschen, die kompetente Kon-
strukteure eines gelingenden Alltags sind, die handelnd das
lähmende Gewicht von Fremdbestimmung und Abhängigkeit ablegen und in immer größerem Maße Regisseure
der eigenen Biografie werden. Dieses Vertrauen in die Stärken der Menschen, in produktiver Weise die Belastungen
und Zumutungen der alltäglichen Lebenswirklichkeit zu
verarbeiten, ist der Kern und Kristallisationspunkt aller
Empowerment-Gedanken."[224] In Ergänzung zur von Herriger unterstrichenen Befreiung von ‚Fremdbestimmung'
wird hier auch auf die Reduzierungsnotwendigkeit von –
aus dem ‚fremdbestimmten Selbst' resultierenden – Abhängigkeiten hingewiesen. Denn ein starkes, aber ungünstig
geprägtes ‚Man-Selbst', sich äußernd in vielfältigen ‚inneren Begrenzungen', kann wichtige Entwicklungen noch
stärker behindern als von außen kommende Begrenzungen.

Auch das ‚Diversity-Management-Konzept'[225] bietet
gut aufgreifbare Anhaltspunkte auf dem Weg einer inneren ‚Stabilisierungs-Offensive' im Umgang mit störenden
Außen-Einwirkungen. So wie beim Diversity-Management
die Nutzung der Vielfalt von Menschen – oder wenigstens
die Toleranz gegenüber dieser – in sozialen Kontexten im
Fokus steht, geht es beim Einzelnen um die Akzeptanz
und Nutzung eigener Verschiedenheiten bzw. unterschiedlicher Potenziale, um eine größere Sensibilisierung für das
Mögliche zu erreichen.[226] In beiden Fällen werden Un-

228 Mit mehr Selbst zum stabilen ICH!

terschiede nicht als Störung betrachtet, sondern die damit einhergehenden Spannungen im Sinne der angestrebten Ziele offensiv genutzt. So kann Nutzloses oder Konfliktauslösendes absorbiert werden, um die Kräfte für Sinnvolles zu aktivieren. Dieser konstruktive Ansatz im Umgang mit ‚sozialer oder individueller Vielfalt' steigert nicht nur die Wertschätzung gegenüber Anderen bzw. den eigenen Leistungen, sondern auch den angestrebten Erfolg. So bietet das hier erweitert vorgestellte Diversity-Management die Chance zur Schaffung einer ‚produktiveren Gesamtatmosphäre' innerhalb von Personen oder Gemeinschaften.

Wer Begrenztheiten als Teil seiner Biografie begreift und damit umzugehen lernt, sie evtl. gezielt nutzt, hat schon einen gewaltigen Schritt in die richtige Richtung getätigt. Das Wort Aufbruch umreißt die Breite und Tiefe der anstehenden Weiterentwicklung als Persönlichkeit in Kurzform. Einerseits geht es um ein ‚auf zu neuen (besseren) Ufern' und andererseits um das ‚Zurücklassen' von ‚Störendem' – auch wenn es einem äußerst vertraut geworden ist. Viele Menschen sind grundsätzlich offen für Veränderungen, aber sie ändern sich trotzdem nicht. Aus Furcht vor einem möglichen ‚besseren Leben' verharren sie ‚lieber' im altbekannten Bisherigen. Diesen Zusammenhang beschreibt Siegmund Freud so: ‚Leiden und Jammern ist (so scheint es subjektiv) leichter zu ertragen als verbesserndes Handeln'.

> Wer Begrenztheiten als Teil seiner Biografie begreift und damit umzugehen lernt, sie evtl. gezielt nutzt, hat schon einen gewaltigen Schritt in die richtige Richtung getätigt.

Wachsen Menschen beispielsweise in einem durch Verwöhnung, Laschheit, Inkonsequenz und Unterforderung geprägten Erziehungs-System auf, fehlt das Einübungsfeld zur Entwicklung einer starken Persönlichkeit. Denn Widerstandskraft ist nicht angeboren, sondern sie wird in der aktiven Auseinandersetzung mit den Widrigkeiten des Lebens erworben. Das bedeutet, dass ich mich damit auseinandersetze, wie ich so geworden bin und wie ich heute sein möchte oder müsste, als Partner, Mitarbeiter oder Führungskraft. Dass ich erkenne, wie ich mit Veränderungen und Krisen in meinem Leben bisher umgegangen bin. Dass ich mir mehr und mehr bewusst werde, auf welche mir heute noch dienlichen Muster ich bauen kann. Dass ich einen wertschätzenden und klaren Blick entwickle für mich, meine Stärken und meine Schwachpunkte. Dass ich merke, wann ich Unterstützung brauche und wie ich sie mir holen bzw. erbitten kann. Und dass ich weiß, was mir in meinem Leben Sinn gibt und für welche Werte ich einstehe. Das alles ist oft anstrengend, manchmal langwierig oder schmerzlich, aber der lohnende Gewinn ist innere Stärke, die aus einem positiven Selbstkonzept resultiert. Wird dieser Weg beschritten, führt er zu mehr Unabhängigkeit von äußeren Faktoren, klareren Überzeugungen und mehr Ruhen in sich selbst.

„Der Mensch kann und soll seine Eigenschaften weder ablegen, noch verleugnen, aber er kann sie bilden und ihnen eine neue Richtung geben." Dieses Goethe-Zitat bringt den Handlungsbedarf zeitlos auf den Punkt. Aber immer wenn Menschen in ihr Selbst investieren, stehen sie in der Gefahr, dies als ‚Selbstverwirklichung' misszuverstehen. Entweder führt ein solcher Versuch in die Selbst-Isolation, oder die Handelnden merken, dass es gar nicht geht. Dann wird deutlich, dass Ich-Armut nicht durch egoistisches Taktieren, sondern nur durch Ich-Erweiterung auszugleichen ist. Denn ein Selbst lässt sich nur in ‚Dialog und Begegnung‘ mit Anderen entfalten. Erfolgreich ist dies, wenn Positives ohne das Auslösen von Negativem wachsen kann. Um bei diesem Prozess der Selbst-Stabilisierung das Ziel nicht aus dem Auge zu verlieren, soll hier an drei Elementen verdeutlicht werden, was einen resilienten Menschen prägt:

- ‚Ich habe‘ ... Menschen, die mich gerne haben und Menschen, die mir helfen (sichere Basis).
- ‚Ich bin‘ ... eine liebenswerte Person und gehe respektvoll mit mir und Anderen um (Selbst-Wertschätzung).
- ‚Ich kann‘ ... Wege finden, Probleme zu lösen, und mich selbst steuern (Selbstwirksamkeit).[227]

Sind diese Grund-Elemente in einem zufriedenstellenden Umfang vorhanden, führt jede neue Kompetenz-Erfahrung zu einer Intensivierung des Sicherheit gebenden Gefühls der Dazugehörigkeit und dem daraus resultierenden Selbst-Vertrauen. In Kurzform: Jede Selbstwirksamkeits-Erfahrung fördert die im sozialen Miteinander gewachsene Selbst-Wertschätzung. Dies äußert sich darin, eigene Fähigkeiten gezielt zu nutzen und sich beitragend in Partnerschaft, Familie, Freundeskreis, Arbeitsfeld und Gesellschaft einzubringen. Resilienz wird so zum wirkungsvollen Gegenpart für aufkeimende Resignation.

Unter dem Stichwort „Bewältigungs-Strategien" werden in Beratung und Psychotherapie all jene Ansätze subsumiert, mithilfe derer schwierige Situationen besser gemeistert werden können. Ausgangsbasis ist meist die Konfrontation des Individuums mit (über)lebenswichtigen Aufgaben. Ziel ist, diese schwierigen Situationen besser und eigenständiger bewältigen zu können. Dabei erhält die Herausbildung und Entwicklung spezifischer Fähigkeiten eine zentrale – zukunftsgerichtete – Funktion. Besonders tief eingefahrene, aber veränderungsbedürftige Verhaltensweisen erfordern ein verändertes Handeln und reflektiertes Vorgehen. Einen guten Ansatz dazu bietet das „Transtheoretical Model" (TTM). Dieses Konzept beschreibt anschaulich einzuleitende Verhaltensänderungen sowie vorhersagbare fördernde oder störende Einflüsse. Es wurde von James O. Prochaska von der University of Rhode Island und seinen Kollegen entwickelt und basiert auf der Annahme, dass Änderungsprozesse mehrere qualitativ unterschiedliche und sukzessive aufeinander aufbauende Stufen durchlaufen. Deshalb wird das Transtheoretische Modell auch als Stufenmodell der Verhaltensänderung bezeichnet.[228] Im Kern postuliert das Modell sechs Stadien der Verhaltensänderung („stages of change"; Abb. 6.1):

1. Im Absichtslosigkeitsstadium („Precontemplation") haben Personen keine Motivation, ein problematisches Verhalten zu verändern.
2. Im Absichtsbildungsstadium („Contemplation") entwickeln Personen die Absicht, irgendwann das problematische Verhalten zu verändern.
3. Im Vorbereitungsstadium („Preparation") planen Personen konkret, bald ihr problematisches Verhalten zu ändern, und unternehmen erste Schritte in diese Richtung.

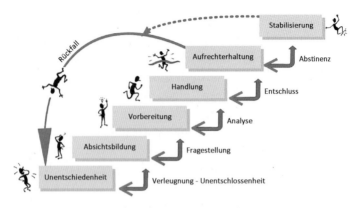

Abb. 6.1 Stufen der Verhaltensänderung innerhalb des Transtheoretischen Modells. (© APPEL. Mit freundlicher Genehmigung von Jean Mertens, APPEL (Alcoolisme, Parole, Partage et Liberté), Arlon)

4. Im Handlungsstadium („Action") vollziehen Personen die intendierte Verhaltensänderung.
5. Im Aufrechterhaltungsstadium („Maintenance") haben Personen seit einem längeren Zeitraum das problematische Verhalten aufgegeben. Hier lauert aber auch die Gefahr des Rückfalls.
6. Im Abschlussstadium („Termination") wurde das alte Verhalten dauerhaft aufgegeben, das neue verinnerlicht und aufrechterhalten.[229]

Auch wenn das Modell sprachlich auf ‚problematisches Verhalten' fokussiert ist, kann es genauso zum Ausgleich offensichtlich gewordener Defizite genutzt werden. Neben den Stadien und Prozessen verweist das Modell auf die Wichtigkeit der Balance bei den anstehenden Entscheidungen („decisional balance") und die Selbstwirksamkeits-Erwartung („self-efficacy"). Die Entscheidungs-Balance thematisiert die wahrgenommenen Vorteile („pros") und Nachteile („cons") einer Verhaltensänderung. Die Selbstwirksamkeits-Erwartung beschreibt zum einen die Zuversicht („confidence"), ein erwünschtes Verhalten in schwierigen Situationen ausüben zu können, und zum anderen die einzukalkulierende Versuchung („temptation"), in schwierigen Situationen trotzdem das unerwünschte Verhalten zu zeigen.[230]

Die Zeiträume bzw. Abwägungsprozesse, die Personen in den einzelnen Stufen durchlaufen, variieren in der Regel je nach Problemlage und Willensstärke der Handelnden sehr stark. Für die erfolgreiche Veränderung eines Problemverhaltens bzw. den angestrebten Selbst-Stabilisierungsprozess ist jedoch das Durchlaufen aller Stufen und das Umsetzen der in diesen Stufen relevanten Verhaltensprozesse („processes of change", siehe unten) essenziell, da ansonsten das Risiko für Rückfälle in jene Verhaltens-Gewohnheiten deutlich erhöht ist, die man zu vermeiden sucht.

Wer definiert eigentlich, ob die Nicht-Erreichung eines beabsichtigten Ziels ein Rückfall ist? Kann diese Situation gar als Scheitern bezeichnet werden? Wie groß ist die Chance und Kraft für einen erneuten Start? Ist Dranbleiben und Weiterkommen nicht das Ergebnis des Lernprozesses, sich immer wieder neu aufzuraffen? Ja, besser in Demut das Wagnis eines Neuanfangs einleiten, als mit gespieltem Stolz in der Misere zu verharren! Denn jede positiv gedeutete Niederlage wird zum Trainingsfeld, wo Fallen und Aufstehen, Versuch und Irrtum, der Umgang mit Erfolg und Misserfolg, Freude und Leid, helfen und Hilfe anzunehmen gelernt wird.

Die Psychoanalytikerin Verena Kast stellte ein Krisen-modell vor, das die kreativen Potenziale, die aufgreifbaren Ressourcen in den Vordergrund stellt. Sie führte aus, dass es bei den verschiedenartigsten Krisen (Wachstumskrisen, Rei-fungskrisen usw.) einen typischen Verlauf gibt. Dieser lässt sich in eigenen Phasen darstellen und ermöglicht dem Hel-fer, Berater oder Therapeuten eine schnelle diagnostische Beurteilung.[231] Immer müssen sich die Konflikt-Begleiter darüber im Klaren sein, dass eine Mitwirkung des Betroffe-nen nur im Rahmen der vorhandenen Kräfte und Fähigkei-ten möglich ist.

Das bisherige Gewordensein der sich im Konflikt be-findenden Person wird gerade in Extrem-Situationen – ob unter positivem oder negativem Vorzeichen – in vollem Umfang deutlich. Um möglichen Niederlagen nicht den Status grundlegenden Versagens einzuräumen, ist sicher auch eine kräftige Portion Humor und Selbst-Distanzierung hilfreich. Dies fördert die Frustrations-Toleranz im Umgang mit persönlichen Eigenheiten erheblich. Außerdem hilft die Verdeutlichung, dass persönliche Konflikte die Basis der Persönlichkeits-Entwicklung sind, wie der Konfliktforscher Gerhard Schwarz unterstreicht. Dabei kann die Verdeut-lichung, dass nicht der Kon-flikt das Problem ist, sondern die Unfähigkeit, auf geeigne-te Weise mit ihm umzugehen, ein kräftiger Ansporn sein, pro-batere Umgangsstile zu entwi-ckeln. ‚Durch eine Reduktion des Minderwerts den eigenen Mehrwert steigern.' (Alfred Adler)

> ‚Durch eine Reduktion des Minderwerts den eigenen Mehrwert steigern.' (Alfred Adler)

Jede übersteigerte Selbst-Auseinandersetzung wird aber einer sinnvollen Ich-Stabilisierung schaden. Denn ein permanentes Fragen ‚Bin ich wirklich glücklich? Tue ich wirklich das, was ich tun will? Bin ich wirklich selbsterfüllt? Wer bin ich eigentlich wirklich?‘ zerstört auf Dauer jegliches Persönlichkeits-Wachstum. ‚Besessen vom Streben nach Vollkommenheit reißen sich viele Menschen selbst aus der Erde heraus, um nachzusehen, ob die eigenen Wurzeln auch wirklich gesund sind.‘ So geraten sie immer nachdrücklicher in ein Labyrinth der Selbstbefragung, Selbstvergewisserung und Selbstverunsicherung. Vince Ebert[232] beschreibt diesen Vorgang so: „Wenn wir nicht wissen, was wir haben, fragen wir uns dauernd, was uns fehlt." Viele heutige Probleme sind daher hausgemacht, Spiegelung unserer übersteigerten Erwartungen oder Sehnsüchte.

Wurde die Bevölkerung vor gut 50 Jahren gefragt, welche Ziele sie anstrebten, kamen klar und eindeutig folgende Antworten: Ein glückliches Familienleben, ein ausreichendes Einkommen, vielleicht ein Einfamilienhaus, das neue Auto, die gute Ausbildung für die Kinder und ein bisschen mehr Lebensstandard. Heute, wo für viele Menschen diese Wünsche längst erfüllt sind, wird nach der ganz eigenen Individualität und Identität, dem besonderen Kick gesucht. Nein, das Leben muss mehr bieten, ‚das kann's doch nicht gewesen sein!‘ Orientieren sich Menschen dabei an ‚Haben-Wollen und Status-Ansprüchen‘, wuchern gleichzeitig Verlust-Sorgen und Existenz-Ängste. Zufriedenheit mit dem eigenen Leben entsteht und kräftigt sich vielmehr aus dem, was Anthony Giddens „aktives Vertrauen" nennt. Das ist eine Form des Vertrauens, die gerade nicht von Anderen eingefordert oder per Kaufoption erworben werden kann, sondern im sozialen Miteinander gewonnen werden muss. Auch wenn ‚in einer Welt der Widersprüche der Einzelne ein hohes Maß an Autonomie anstreben und herstellen muss', wie Urich Beck[233] betont. „Autonomie bedeutet aber nicht Egoismus." Damit wird auch eine Grenze zu aktuellen Tendenzen zu einer ‚Ellenbogengesellschaft' verdeutlicht.

Resilienz als Ergebnis eines durch drei Faktoren geprägten Kräftefeldes

Jede Persönlichkeits-Entwicklung basiert auf einer ausgeprägten Zielklarheit und verlässlichen Motivation. Da diese nicht vom Himmel fallen, müssen sich Jugendliche und Erwachsene häufig selbst überlisten, um sich aus den Fängen der Trägheit zu befreien. Dies ist besonders notwendig, wenn eine Gesellschaft durch Spaß-Fixiertheit, Verwöhnt-Werden-Wollen und Selbst-Verwirklichung, kurz durch eine Lebens-Maxime des ‚leichten Ego-Seins' geprägt ist. Ein fehlendes ‚Mithalten-Können' nagt dann am Selbstwertgefühl und einem gezielten ‚Anders-Wollen' fehlt häufig die Umsetzungs-Kraft. Frustration und Rückzug sind oft die Folgen.

Um nicht einem Gemisch aus Anpassung und Laschheit die Gestaltungs-Macht zu überlassen, gibt der Sportpsychologe Jürgen Walter folgenden Tipp: „Ein Tritt in den Hintern ist auch ein Schritt nach vorn." Der innere Schweinehund lässt sich nicht einfach wegsperren. Aber gehen Sie

6 Wie lassen sich Selbstwirksamkeit und Resilienz ...   **237**

in die Offensive und behandeln Sie ihn gut: Laden Sie ihn
ein, mitzuwirken. „Und sorgen Sie dafür, dass Sie immer
ein Argument mehr haben als er."[234] Auch wenn in der ein-
schlägigen Motivations-Forschung die große Bedeutung der
intrinsischen Motivation unterstrichen wird, auch extrin-
sische Beweggründe sind zielführend. So kann der Druck,
eine bestimmte missliche Situation auf jeden Fall vermeiden
zu wollen, ein starker Impulsgeber sein.

,Wer den Mangel als Trainingsfeld nutzt, stärkt seine Unabhängigkeit und Selbst-Wirksamkeit.' Einen Beleg für diese These erbrachte mir vor einigen Wochen ein seit einigen Jahren verheiratetes Paar – er ca. 38-jährig, sie ca. 33-
jährig. Folgendes Experiment hatten sie durchgeführt: Sie
wollten per Selbsttest herausfinden, wie stark ihre Fähigkeit der Selbstregulation innerhalb der Verlockungen einer
Konsumgesellschaft ist. Dazu entschieden sie sich, für drei
Monate auf dem Niveau der staatlichen Grundsicherung zu
leben. Sie beschafften sich die entsprechenden Bezugszah-
len und teilten das verfügbare Budget exakt für die Bereiche
Wohnen, Versicherungen, Energie sowie für die allgemeinen Haushalts-Mittel ein; für Kleidung, Freizeit und Kultur
(inkl. Handy, PKW, Kosmetik usw.) wurde es personenbe-
zogen eingeteilt.

Nach einer gewissen Umstellungszeit klappe dies recht
gut, so die Info. Möhren und Äpfel wurden aus dem Angebot für Pferde beim Bauern gekauft[235], in größeren Mengen
zubereitet und portionsweise eingefroren, Fertignahrung
gestrichen und dafür Sonderangebote genutzt. Süßigkeiten
oder andere Genussmittel wurden aus dem persönlichen
Budget bezahlt. Da dieses Paar kontinuierlich über ihre
Ausgaben Buch führte, brachten sie auf dem Hintergrund

dieser Vor-Erfahrung die entsprechenden Zahlen zeitnah in eine Excel-Tabelle. Zum Monatsende fand dann der Ist-Soll-Vergleich statt, um nachsteuern zu können.

Nach der vereinbarten Zeit konnten die Beiden – so ihre freudige Mitteilung – einen glatten Erfolg bilanzieren. „Natürlich gehörte dazu ein konsequenter Umgang mit sich selbst", so die Ehefrau. „Aber wir haben auch nach einigen Wochen festgestellt, dass es recht gut ging und wir im Grunde – auch wenn manches fehlte – keinen Mangel litten." Er ergänzt: „Wir werden auch in Zukunft diesen Maßstab als Orientierung nutzen. Er gibt uns die Sicherheit, selbst wenn wir beide arbeitslos würden, nicht den Boden unter den Füßen zu verlieren."

„Du kannst mehr als Du denkst"! Dieser Titel eines Films über Menschen mit einer körperlichen Behinderung auf dem Weg zu den Olympischen Spielen in London ist im Grunde ein allgemeiner Appell zum Ausbau von Ich-Stärke und Resilienz. ‚Jeder Mensch kann auf seine Weise ein Champion sein kann. Jeder kann für sich etwas erreichen, wenn er hart arbeitet und seinem Herzen folgt.' Das ist für Henry Wanyoike, blinder Läufer aus Kenia, die Kernbotschaft der Sport-Doku „GOLD – Du kannst mehr als Du denkst". Der Film erzählt Henrys Geschichte, die der deutschen Schwimmerin Kirsten Bruhn und des australischen Rennrollstuhlfahrers Kurt Fearnley. Eindrucksvoll wird der anstrengende Weg dieser drei Menschen aus unterschiedlichen Kulturen mit kaum vergleichbaren Schicksalen ins Bild gesetzt. „Aber eines verbindet uns", sagt Kurt: „Wir haben alle drei unseren Weg gefunden, und der Sport hat uns dabei geholfen."

Menschen ohne ein solch gravierendes Handicap benötigen wesentlich weniger Kraft, um eigene Möglichkeiten zur Entfaltung zu bringen. Das ist Anlass genug, besser heute als morgen die Entscheidung zu treffen, mit dem Training zu mehr Selbst-Sein zu beginnen. So haben Menschen nach tragischen Krankheiten begriffen, ihrem Leben eine neue Richtung geben zu müssen. Andere lebten freiwillig für zwei bis drei Monate nach Harz-IV-Kriterien, um so zu mehr materieller Unabhängigkeit zu gelangen. Systematiker haben sich daran gemacht, ihr Leben noch einmal neu zu planen. Und sozial Engagierte erfuhren im Kontakt mit Asylsuchenden oder im Kranken-Besuchsdienst, dass der Umgang mit Hilfebedürftigen eigene mögliche Krisen stark relativiert und gleichzeitig sinnstiftende Erfahrungen multipliziert. Immer mit dem Ergebnis, sich von äußeren Faktoren unabhängiger zu machen und damit gleichzeitig in beträchtlichem Umfang ‚innere Grenzen' erweitert zu haben.

Wenn wir nach der Kenntnisnahme der verschiedensten Forschungs-Ergebnisse und den aus dem Leben gegriffenen exemplarischen Beispielen alle Fakten zur Resilienz-Entwicklung bzw. -Förderung einem ‚Kelterungsprozess' unterziehen, dann stoßen wir auf folgendes interdependentes, d. h. sich gegenseitig beeinflussend und verstärkendes, Wirkungs-Geschehen (Abb. 6.2):

- In einem unguten oder schwierigen Lebensumfeld werden Anreize zur Überwindung von Desolatem, Mangelhaftem oder Schädigendem als Herausforderung aufgegriffen.

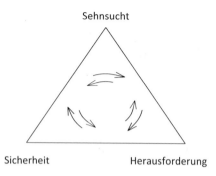

Abb. 6.2 Resilienz-Entstehungs-/Wachstums-Dreieck

- Der Kraftgeber ist entweder eine real erfahrbare Geborgenheit oder die Hoffnung, einen solche Sicherheit bietenden Zustand bald erreichen zu können.
- Die Sehnsucht, in dieser ‚besseren Wirklichkeit' bald ankommen zu wollen oder – nach einem Schicksalsschlag – in dieser weiter existieren zu können, wird dann zum Beweggrund, zum Motiv bzw. Motor des Handelns.

Ob bei Kindern, Jugendlichen oder Erwachsenen, immer muss das Interessierende bzw. erhoffte Neue als attraktiv und erreichbar erscheinen. Dies kann auch die Verminderung eines stark erlebten Drucks sein. Dann würde die Überwindung unangenehmer oder schädlicher Gegebenheiten zur Zielsetzung. Im Grunde ist es egal, ob der Einzelne von etwas ‚unbedingt weg' oder zu etwas ‚unbedingt hin' will. In beiden Fällen geht es um eine Verbesserung des momentanen Zustandes. Wichtig ist, dass bald zielgerichtetes Handeln einsetzt.

Trotz dieser allgemeinen Erkenntnisse ist im Einzelfall nicht vorhersehbar, ob sich jemand für eine Optimierung seiner Lebensbedingungen ‚entscheidet' oder auch nicht. Denn im Grunde haben wir immer – wie auch alle Kinder innerhalb der erwähnten Kauai-Studie – die Chance, desolate oder bedrohliche Situationen überwinden zu können. Solange eindeutige Voraussetzungs-Kriterien zum entschlossenen: ‚Ja, da will ich hin'/‚ja, hier will ich raus' fehlen, kann es nur die Aufgabe des persönlichen Umfeldes von Menschen in Mangelsituationen sein, als aufgreifbare ‚Offerte' erlebbar zu werden bzw. als Personen-Gemeinschaft mit Ausstrahlung zu wirken. So werden ins Auge springende positive Handlungen, Schutz und Geborgenheit versprechende Örtlichkeiten, unter die Haut gehende warmherzige Begegnungen, einladende zwischenmenschliche Umgangsformen, sinnstiftende Botschaften, kurz vorbildhafte Menschen zum Ausgangspunkt einer besseren Zukunft. Sich anstecken lassen, Anregungen aufgreifen und dranbleiben, sind dann die anstehenden Schritte, um sich ein Leben in größerer Fülle zu ermöglichen. So wird jeder, der die täglichen druckvollen Belastungen und Herausforderungen halbwegs angemessen bewältigt, sich auch durch Enttäuschungen nicht aus der Fassung bringen lässt und seine optimistischen Lebens-Ziele auch nach Rückschlägen wieder aufgreift, zum Orientierungspunkt für alle Suchenden bzw. zum Durchhalte-Ansporn für Wankelmütige. Auf diese Weise wird durch wohlwollend deutlich werdende Ich-Kompetenz und Selbst-Wirksamkeit auch dokumentiert, sich nicht schon vor dem eigenen Ableben selbst beerdigt zu haben.

7

Gesellschaftspolitische Faktoren und ihr Einfluss auf die Resilienz

„In der Welt gäbe es weniger Probleme, wenn sich Kinder nützlich statt lästig fühlen würden." (Alfred Adler)

„Die Politik kann keine Kinder zeugen, aber wirkungsvoll verhindern." So eine Meldung des Heidelberger Büros für Familienfragen.[236] Auch können Gesetze und Verordnungen keinesfalls die elterliche Erziehung ersetzen, aber äußerst negativ oder positiv prägen. Der ‚gesellschaftspolitische Faktor' (GP-Faktor) wird zum Dreh- und Angelpunkt förderlicher bzw. abträglicher Bedingungen des Aufwachsens von Kindern und Jugendlichen. Aktuell mehren sich die Befunde, dass die klassische Familie in ihrem Lebensraum vielfältig behindert wird. So ist nach einer aktuellen Untersuchung des Bundesinstituts für Bevölkerungsforschung das „Kinderkriegen in Deutschland so unattraktiv wie nie zuvor". Den Deutschen seien Beruf, Freunde und Hobbys wichtiger als die Gründung einer Familie. Kinder verlieren immer mehr an Bedeutung. ‚Als

A. Wunsch, *Mit mehr Selbst zum stabilen ICH!*, DOI 10.1007/978-3-642-37702-0_7,
© Springer-Verlag Berlin Heidelberg 2013

Mutter bist du nichts wert und auch zu dumm, Kinder ordentlich zu erziehen und zu fördern.'[237]

Wird jedoch der Stellenwert von Kindern und einer elterlichen Erziehung immer geringer, fehlen gleichzeitig auch jene Voraussetzungen, die für die Entwicklung von Resilienz und Selbst-Wirksamkeit erforderlich sind. Auch wenn Beruf, Freunde und Hobbys wichtig für ein erfülltes Leben sind, erhalten sie jedoch eine zu große Priorität, haben gute Bedingungen des Aufwachsens von Kindern kaum eine Chance. Dann werden Erziehung und Familie als ‚Gedöns-Thema', ‚Produktivitäts-Hindernis' oder ‚Spaß-Bremse' eingestuft. Eigenartig, wo der ‚Staat unterm Strich pro Kind 77.000 Euro bei höchst konservativer Berechnung verdient'.[238]

Das gesellschafts-politische Klima entscheidet darüber, ob Erziehungs-Leistungen vorrangig als Stör- bzw. Kosten-Faktor oder als Absicherungs-Faktor des eigenen wirtschaftlichen und politischen Überlebens gesehen werden. Würde berücksichtigt, dass Familien durch die Erziehung nachwachsende Produzenten und Konsumenten ‚schaffen', müsste in diesen Bereich genauso wie in die Entwicklungs- oder Personal-abteilungen von Betrieben investiert werden. Denn neben preiswerten Rohstoffen oder gut funktionierenden Maschinen kommt den Menschen als ‚Human-Resource' die größte Bedeutung zu. Ob Produktion, Handel oder Dienstleistungen, die Existenz aller Unternehmen hängt von leis-

> Ob Produktion, Handel oder Dienstleistungen, die Existenz aller Unternehmen hängt von leistungsfähigen Menschen ab, einerseits als effektive Mitarbeiter und andererseits als zahlungsfähige Käufer.

7 Gesellschaftspolitische Faktoren und ihr Einfluss ...

tungsfähigen Menschen ab, einerseits als effektive Mitarbeiter und andererseits als zahlungsfähige Käufer.

Staaten sind demnach so innovativ, funktionsfähig bzw. erfolgreich – und damit politisch stabil – wie sie es schaffen, sich eine möglichst optimale miteinander abgestimmte oder wenigstens tolerierte Werte-Basis zu geben. Je größer die Freiräume in Beruf, Partnerschaft, Familie, Freizeit und Gesellschaft, desto umfangreicher sind Entscheidungen zu treffen, muss Selbstverantwortung deutlich werden. Das erfordert starke Persönlichkeiten. Und ‚Zweidrittel der Lebensprägung erhalten Kinder in der Familie‘, so Prof. Dr. Fthenakis auf dem Heidenheimer Congress 2012, ob nun positiv oder auch negativ. Daher hat hier eine wirkungsvolle – auch finanzielle – Förderung des Staates anzusetzen, um durch ‚satte‘ Bindungs-Erfahrungen Lebenserfolg zu ermöglichen.

„Von Bildung und Erziehung wird es wesentlich abhängen, ob die heranwachsenden Generationen den Ansprüchen, Herausforderungen und Belastungen gewachsen sein werden, mit denen sie in der Welt von morgen konfrontiert sind. Dies gilt für Kinder und Jugendliche, auch für das System Familie in gleicher Weise."[239] – „Deshalb benötigen wir visionäre, mutige, reformwillige, über die Legislaturperiode hinausblickende und entschlossene Politiker. Und ein Volk, das ihnen deshalb und immer wieder das Vertrauen ausspricht."[240]

Die „Freiheit, etwas zu tun, und die Verantwortung, für etwas geradezustehen", dürfen sich nicht entkoppeln, so Bundespräsident Joachim Gauck zum „Führungstreffen Wirtschaft 2012".[241] Ein Staat, dem es jedoch selbst an Rückgrat mangelt, wird diesen Weg zu mehr Selbstverantwortung und personaler Stärke kaum fördern können. Denn wenn die gesellschaftlichen Entscheidungträger in Politik und Medien wegen mangelhafter Ich-Stärke dazu tendieren, sich beim Volk anzubiedern, eigene Beziehungsbrüche oder wirtschaftliche Interessen zum Maßstab einer ‚modernen' Familienpolitik erklärt werden, dann wird schnell das Eigenwohl über das Gemeinwohl gestellt. Verstärkt wird eine solche Tendenz, wenn ‚sich die Political Correctness wie Mehltau über den notwendigen demokratischen Austausch legt'[242] und wichtige Fakten nicht mehr als solche benannt, sondern stattdessen verschleiert werden.

So macht beispielsweise der Familienbericht der Bundesregierung aus dem Jahr 2012 mit dem Titel „Zeit für die Familie" unmissverständlich deutlich, ‚dass Eltern mehr Zeit im Umgang mit ihren Kindern, und nicht mehr Geld wollen'. Wer diese Passage jedoch öffentlich herauszustellen versucht, wird durch sich ‚korrekt gebarende' Meinungsmacher disqualifiziert. Ob dies Winston Churchill schon meinte mit „Die Demokratie ist die schlechteste aller Staatsformen, ausgenommen alle anderen"?

Eindeutig bezieht sich der Erfolgsautor Michael Winterhoff mit seiner Einlassung auf die aktuelle Politik: „Wir halten uns zwar für die freieste Gesellschaft, die es je gab, sind aber zumindest in Teilen die unfreieste, die es je geben kann, weil wir nicht mehr über uns selbst bestimmen."[243] Und Roland Tichy, Chefredakteur der *Wirtschaftswoche* merkt überspitzend an, „dass Sozialpolitik nur eine moderne Form der Stallhasenhaltung ist, in der die Insassen Selbstverantwortung und Freiheitsrechte gegen den Anspruch auf Fütterung eintauschen und die Sozialbürokratie zum gesellschaftlichen Hegemon wird".[244]

„Zuviel Ich, zu wenig Wir!" Auch wenn diese Über-schrift auf Flügelkämpfe innerhalb der FDP bezogen war, sie scheint auch das von Vielen gelebte Miteinander tref-fend zu beschreiben. So muss sich jede Gesellschaft den aktuellen Herausforderungen stellen, den Zeitgeist – ohne ihm dumpf zu folgen – zur Kenntnis nehmen und eigene Antworten finden.

Da sich das Leben in einer Spaß- und Konsumgesell-schaft an der leicht erreichbaren Annehmlichkeit bzw. einer ‚Jetzt-und-sofort-Mentalität' orientiert, wirkt sich dies auch auf den Umgang mit Kindern aus. Im Leitsatz ‚Lernen muss Spaß machen' präsentiert sich dieser Beurteilungs- und Handlungs-Rahmen. ‚Genuss pur', und ‚Mithalten' heißt die Maxime. Die Lebenserfahrung ‚Ohne Fleiß (und Anstrengung) kein Preis' wird so weitestgehend aus dem Lebensalltag verbannt. Eine Vermittlung zukunftstaugli-cher Werte an die nachwachsende Generation gerät dabei ins Abseits. Dies manifestiert sich in dem Phänomen „Wir haben genug, wovon wir leben können, aber zu wenig, wofür", so der Wiener Psychotherapeut Viktor E. Frankl. Dieser Denkansatz wird durch ein Aufzeigen der ‚moder-nen sozialen Sünden der Menschheit', wie sie uns Mahatma Gandhi hinterlassen hat, konkretisiert. Er beschreibt fol-gende Merkmale[245]:

- Politik ohne Prinzipien
- Geschäfte ohne Moral
- Reichtum ohne Arbeit
- Erziehung ohne Charakter
- Wissenschaft ohne Menschlichkeit
- Genuss ohne Gewissen

Bezogen auf die Bedingungen des Aufwachsens von Kindern in ihren Familien bedeutet das: ‚Politik ohne Prinzipien' und ‚Geschäfte ohne Moral' sind keine Basis zum Erlernen einer ethisch vertretbaren Selbstverantwortung. ‚Reichtum ohne Arbeit' führt zur Anstrengungs-Verweigerung, mit der Folge, wichtige Lebenskompetenzen nicht zu erlernen. Eine ‚Erziehung ohne Charakter' kann kein starkes emotional-soziales Selbst wachsen lassen. ‚Wissenschaft bzw. Wissensvermittlung ohne Menschlichkeit' verhindert die Entstehung von Empathie, fördert eine kalte – evtl. machtvoll inszenierte – Fakten-Nutzung und begünstigt Kriminalität. Der Spruch ‚Sage mir, mit wem du umgehst, und ich sage dir, wer du bist' würde auf diesem Hintergrund lauten: ‚Lass mich beobachten, in welchem gesellschafts-politischen Klima du aufwächst, und ich sage dir, wie resilient und kompetent du bist.'

Stabilität und Verlässlichkeit als Qualitätskriterien von Familien

„Wie viel Familie verträgt die moderne Gesellschaft?" So fragte die Roman-Herzog-Stiftung in einer aktuellen Studie. Dies provoziert die Gegenfrage: „Wie viel moderne Gesellschaft verträgt eigentlich die Familie und will das überhaupt noch jemand wissen?"[246] Auf den ersten Blick scheint sie nicht besonders viel zu vertragen. Denn das auffälligste Fazit der Studie lautet: „Nicht erwerbstätige Frauen sind zufriedener als ihre erwerbstätigen Geschlechtsgenossinnen." Männer hingegen sind ohne Job unzufrieden, da für sie die ‚Arbeit eine identitätsstiftende Bedeutung' hat.[247]

7 Gesellschaftspolitische Faktoren und ihr Einfluss ... **249**

Die Antwort zur Frage, ob Familienpolitik der Wirtschaft oder den Familien nutzen muss, ob das familiäre Zusammenleben nur noch nach Produktivitäts-Aspekten bewertet wird, entscheidet auch über die Wachstums-Chance von Resilienz und Ich-Stärke. Die Mütter und Väter des Grundgesetzes haben dies begriffen und Erziehung und Familie einen besonderen Schutz zugebilligt. Da die Familie Keimzelle des Staates ist, müssen sich alle Maßnahmen an diesem Verfassungs-Grundsatz orientieren. Im Kern geht es um die leicht variierte ‚Gretchenfrage': ‚Staat, wie hast du's mit der Elternverantwortung?' Setzt du auf Befähigung und gute Rahmenbedingungen für eine Erziehung im Elternhaus oder springst du auf ein öffentliches Versorgungsmodell zwischen Kinderkrippe und Ganztagsschule? Und die Gegenfrage müsste lauten: ‚Eltern, wie habt ihr's denn mit eurer Erziehungsverantwortung? Wurde sie schon kommentarlos der Öffentlichkeit untergeschoben oder nehmt ihr noch die Erstverantwortung für das Aufwachsen eurer Kinder wahr?'

Die Fakten zeigen, in welche Richtung es geht. Das Bundesverfassungsgericht wird zum Anwalt von Kindern und fordert vom Gesetzgeber eine Stärkung der Elternverantwortung. Die Eltern sollen/wollen die Kinder-Erziehungsverantwortung der Erwerbstätigkeit unterordnen. Die Politik setzt auf immer mehr ganztägige Betreuungsangebote. Legislative und Judikative liegen im Clinch, und die Eltern scheint die Auseinandersetzung gar nicht zu interessieren. Armes Kinder-Deutschland.

Wenn jedoch die Förderung von Familien als staatstragende Aufgabe gesehen wird, ist vorab die Frage zu klären, was eine Familie ist. Welche Form des Zusammenlebens bietet die besten Voraussetzungen zum Wachstum von Resilienz? Was brauchen Familien dazu? Wie werden Eltern stark, um ihre Kinder überhaupt stärken zu können? Auch wenn solche Fragen schnell als politisch un-opportun eingestuft werden könnten, wichtige Vorhaben brauchen exakte Anhaltspunkte. Die strukturelle Unklarheit von dem, was eine Familie ist, hat zur Folge, dass auch keine adäquate Förderung möglich ist. Zwar wird die angemessene Biegung einer Banane durch die EU ebenso genormt wie die einheitliche Tischhöhe zwischen Mittelmeer und Nordsee. Auch die bundesdeutsche Regelungswut treibt häufig genug absonderliche Blüten. Aber beim Thema Qualitätsanforderungen zur Erziehung in der Familie wird eher ‚das Schweigen der Lämmer‘ in Szene gesetzt. Wie unscharf oft Begriffe verwendet werden, wird durch die folgenden Sequenzen einer Podiumsdiskussion offenkundig:

- ‚Familie ist da, wo Kinder leben!‘, so das Statement einer Politikerin.
- Dazu wurde kritisch angemerkt: ‚Dann leben die unzähligen Kinder in den Slums der Welt quasi als Groß-Familie‘.
- Leichte Irritation, dann der nächste Versuch, versehen mit der Randbemerkung, dass da doch wohl nicht auszusetzen wäre.
- ‚Familie ist da, wo Erwachsene mit Kindern leben!‘

Aber auch diese Formulierung löste ein deutliches Unverständnis bei einem Mitdiskutanten aus. Bevor er sich äußern konnte, die Situation im Podium wirkte schon leicht angespannt, kam: ‚Wollen Sie hier etwa konservatives Den-

ken propagieren und dabei die vielen modernen Familien-
formen ausgrenzen?' Als Entgegnung kam ein deutliches:
‚Nein, – es geht um Klarheit.' Denn wenn diese Beschrei-
bung so stehen bliebe, dann wären die unter einem Dach
mit Kindern lebenden Vernachlässigter, Missbraucher und
Gewaltanwender ja eine traute und auch zu fördernde Familie. Daher folgende qualitative Definition:

„Familie ist da, wo Eltern und Kinder in gegenseitigem
Respekt eine in die Zukunft weisende Verantwortung füreinander übernehmen,

- in Bezug zu den Kindern, die Beziehungs- und Erziehungsverantwortung,
- als gegenseitige Beistandschaft in Freud, Leid und Not,
- in Bezug zu den Eltern, eine Mitverantwortung für das
Leben im Alter!"

Es geht also keinesfalls um Haarspalterei, sondern um eine punktgenaue Erfassung dessen, was im Zentrum einer
gesellschaftlichen Förderung stehen soll. Aber auf der Spra-
chebene wird der Kampf der Gesinnungen offensichtlich.
So geben sich Menschen, die in recht instabilen familien-
ähnlichen Formen leben, per Selbstetikettierung das Vorzeichen ‚modern' und beschreiben sich als bunt, facettenreich
und lebendig. Im Gegenzug wird versucht, stabile familiäre
Lebensformen als alt, konservativ und nicht mehr lebbar ab-
zuqualifizieren.

Dass es auch Eltern gibt, die sich nicht aus Fahrlässig-
keit trennen, ist trauriger Alltag. Bei diesen wird jedoch
selten eine Glorifizierung der neu gefundenen Form eines (Zusammen)-Lebens jenseits der Erst-Familie offenbar.

Frei gewählt hat in der Regel eine solche Situation niemand. Daher ist es auch nicht zielführend, dass Politik und Medien der Tragik von Scheitern und Neubeginn einen ,Modell-Status' einräumen, der Orientierung geben soll. Somit bringt eine Klassifizierung nach ,alt' oder ,neu' nichts. Viele solch ,offener oder wechselnder Formen des Zusammenlebens von Erwachsenen mit Kindern' offenbaren jedenfalls[248], dass emotionale Verunsicherung und Instabilität ein beträchtliches Konfliktpotenzial in sich bergen.

,Wenn in einer Gesellschaft jedoch stabile und eher instabile Formen des Zusammenlebens von Erwachsenen mit Kindern als frei wählbar betrachtet werden, dann hat der Staat seine besondere Unterstützung jenen zu geben, welche die größte Chance für eine optimale Erziehungswahrnehmung bieten', so der renommierte Familienforscher Franz-Xaver Kaufmann. ,Denn im Einzelfall mögen heute alternative Lebensformen plausibler sein als die Lebensform der ,Normalfamilie'. Aber die Rechtsordnung und mit ihr die Politik hat es vor allem mit der Ordnung der vorherrschenden Verhältnisse zu tun und steht angesichts solcher Wünsche stets vor dem Dilemma, wie weit die Anerkennung alternativer Lebensformen getrieben werden kann, ohne die in familialer Hinsicht im Regelfalle

> ,Wenn in einer Gesellschaft jedoch stabile und eher instabile Formen des Zusammenlebens von Erwachsenen mit Kindern als frei wählbar betrachtet werden, dann hat der Staat seine besondere Unterstützung jenen zu geben, welche die größte Chance für eine optimale Erziehungswahrnehmung bieten.'

7 Gesellschaftspolitische Faktoren und ihr Einfluss ... **253**

leistungsfähigere Form der Familie ihres leitbildhaften Charakters zu entkleiden.'[249]

Und weiter: ‚Eine Gesellschaft, die nicht in der Lage wäre, bestimmte Formen ihres Zusammenlebens deshalb zu privilegieren, weil sie sie im Regelfall als sozial nützlicher ansieht, würde sich in Widersprüche verwickeln und ihren Mitgliedern Orientierungsleistungen vorenthalten, auf die sie im Regelfall angewiesen sind.'[250]

Dass Wasser nur bei Gefälle fließt, ist eine uralte Erkenntnis. Dass Viren PC-Systeme zerstören, belegen aktuelle Ereignisse. Was bringt die Frage, ob eine Lebensform ‚alt' oder ‚neu' genannt wird? Stattdessen sind regelmäßig die Bedingungen für das Aufwachsen von Kindern einer Bewertung zu unterziehen. Und dazu gehören insbesondere die Wirksamkeit der Erziehung sowie die Verlässlichkeit des Zusammenlebens als Familien. Daher hat der Staat die Aufgabe, die Erziehungsfähigkeit und die erbrachte Erziehungsleistung von Eltern gezielt zu fördern. Eine – insbesondere finanzielle – Förderung setzt aber voraus bzw. sollte voraussetzen, dass Qualitätsanforderungen an die durch Familien zu erbringenden Erziehungs-Leistungen zu stellen sind. Unterbleibt dies, wird der Staat zum Gehilfen für Alles und Jenes, bis hin zum Verwerflichen. Dann konterkariert er seine eigenen Gesetze, nach denen aller Umgang mit dem Nachwuchs sich am Kindeswohl zu orientieren hat.

Daher ist die stark differierende ‚positive Wirk-Kraft von unterschiedlichen familialen Lebensformen' zur Kenntnis zu nehmen, um dann gezielt darauf zu reagieren. Denn der für effektive und effiziente Produktions-Prozesse geltende Grundsatz, Positives zu fördern und Negatives zu stoppen bzw. ins Positive zu führen, gilt auch hier. Die in den politischen Diskurs eingebrachte Position ‚In Deutschland bekommen die Falschen die meisten Kinder' führt auch mitten in die Auseinandersetzung um sogenannte ‚moderne oder konservative Familien-Modelle'. Denn wenn immer mehr Jugendliche ‚harzen' als Wunsch-Tätigkeitsfeld betrachten, fehlt der Gesellschaft schnell der Harz, pardon das Alimentations-Geld.

Wirtschafts-Lobbyisten und vorrangig auf Betreuungs-Einrichtungen setzende Politiker sollten sich – vielleicht auch in Erinnerung an gute eigene Erfahrungen – noch einmal verdeutlichen: ‚Besonders Kleinst-Kinder brauchen in erster Linie erlebbare Väter und Mütter bzw. Elternhäuser und nicht Verschiebe-Bahnhöfe zwischen öffentlich finanzierter Krippe und familiärem Nachtquartier.' Hier steht eine Umorientierung an, ‚denn gut erzogene und eigenverantwortlich leben könnende Kinder sind das Erbgut einer Gesellschaft und starke Familien ihr Rückgrat'.

Persönlichkeits-Entwicklung braucht ein gutes gesellschaftliches Klima

‚Ozonloch lässt die Poolkappen schmelzen, wird Venedig bald untergehen?' ‚Sahara breitet sich rasant aus, zigtausende Menschen sind bedroht.' ‚Waldsterben, nimmt uns die Atemluft.' ‚Weltmeere werden zu Kloaken, Fische krepieren am Müll.' Solche Medien-Meldungen sollen warnend verdeutlichen, wie stark unser Öko-System durch Profit-Gier und Gleich-Gültigkeit aus den Angeln geraten ist. So wie unsere biologisch-physikalische Welt nur existieren kann, wenn wichtige Natur-Gesetze berücksichtigt werden, so benötigen wir auch für das Aufwachsen und Zusammenleben der Menschen ein förderliches gesellschaftliches Klima. Denn Egoismus, Missgunst, Dilettantismus, Ignoranz, Gewinnmaximierung oder Gewalt werden nicht nur unsere Umwelt, sondern auch das menschliche Miteinander – insbesondere in Familien – zerstören.

So besteht beispielsweise „Zwischen dem Kapitalismus und der Familie" ein klassischer Konflikt: „Im Kapitalismus zählt der eigene Nutzen, den man aus seinem Tun zieht. Dies liegt nun einmal quer zur Familie, in der ein unglaublicher Aufwand für andere getrieben wird. (…) Der Kapitalist fürchtet die Festlegung wie der Fluss den Frost. Entscheidet man sich für Familie, legt man sich aber in hohem Maße fest – nicht nur mit seinem Kapital. (…) Das Besondere an dem Abenteuer Elternschaft ist eben eine ganz fundamentale Unabwägbarkeit dessen, was passiert – mit einem selbst, mit den Kindern, mit der Beziehung zum Partner. Der Kapitalist spielt mit dem Risiko. Bei der Familie muss man bereit sein, dieses ganze Risikospiel sein zu lassen. Sonst kann man sich darauf nicht einlassen." Soweit das Institut für Demokratie, Allgemeinwohl und Familie.[251]

„Ausgerechnet der große Kapitalismusverteidiger Joseph Schumpeter kam zu der Erkenntnis, dass der individualistische Utilitarismus, den der Kapitalismus generiert, die Gesellschaft und damit die Familie zersetzt." Die Wirtschaft verlangt größte Flexibilität. ‚Die Familie beruht auf

Stabilität – und zieht den Kürzeren', sagt der Philosoph Dieter Thomä.[252] Wenn aber die Familie als verlässlicher Beziehungsraum erodiert, zerstört dies auch die wichtigste Grundlage zur Entwicklung von Resilienz und Ich-Stärke, wird verlässlichen Beistands-Erfahrungen in Freude, Bedrängnis oder Leid, ein füreinander Eintreten und miteinander Handeln der Boden entzogen.

Äußern sich Politiker in ‚Sonntagsreden' anlässlich der Würdigung bedeutsam gewordener Personen, unterstreichen sie meist die fundamentale Bedeutung der Familie als ‚Halt und Kraft gebender Hort' für deren Leistung. Beziehen Medien zu einem Amoklauf oder anderen ins Blickfeld geratenen Gewalt-Taten von Jugendlichen Stellung, dann wird meist gefragt, wie es denn dazu kommen konnte, weshalb die Eltern nichts von der negativen Entwicklung bemerkt hätten, wieso der Vorgang nicht verhindert wurde. Oft kommen dann Hinweise, dass die Täter aus zerrütteten Familien kämen oder haltlos aufgewachsen seien.

Solche Analysen führen jedoch kaum dazu, Maßnahmen zur Stärkung der Erziehungskraft von Familien einzuleiten, um desolate Bedingungen des Aufwachsens zu verbessern oder den Trend zu Trennung und Scheidung zu stoppen. Stattdessen wird seit Jahren die elterliche Erziehungsleistung abgewertet. Ganz konkret geschieht dies, wenn der Staat unter der Chiffre ‚Ganztagsbetreuung' ein Maßnahmen-Paket präsentiert, das zwar qualitativ-konzeptionell intensiv anzufragen ist, trotzdem – oder gerade deshalb – als ‚alternativlos-moderne' Bildungsförderung verkauft wird. Und damit der nutzende Bürger möglichst keine wichtigen pädagogischen Fragen zu dieser

Dienstleistung stellt, wird sie großzügig aus Steuermitteln finanziert.[253]

Wenn jedoch die Anonymität der Abläufe in einer auf Gewinn-Maximierung angelegten Konsum-Gesellschaft überlebensnotwendige Bedürfnisse von Kindern ersticken, spiegelt sich dies bald in der Instabilität familiärer Beziehungen wider. „Aus dieser gesellschaftlich geförderten Kälte erwächst die Gewalt als Abwehrmechanismus gegen destruktive Strukturen, als Verteidigung der Kindheit gegen die Gleichgültigkeit, als Hilfeschrei nach Zuwendung und Geborgenheit", so Norbert Copray im Beitrag „Mut zur Erziehung?"[254]

‚Vom Kreiß-Saal in die Produktions-Halle', so scheinen Wirtschafts-Lobbyisten als devote Kapitalismus-Diener den Lebens-Start von Säuglingen einzuplanen. „Schluss mit dem Nanny-Staat", mit dieser Überschrift weist die engagierte Journalistin und vierfache Mutter Birgit Kelle die aktuelle ‚Familien-Zersetzungs-Politik' in ihre Schranken.[255] Jesper Juul verdeutlicht in einem Spiegel-Interview, dass Kinder ‚mit echten Menschen' und nicht mit Funktionsträgern aufwachsen sollten und verweist auf Studien, „wonach ein Teil der Ein- bis Zweijährigen darunter leide, in einer Kindertagesstätte betreut zu werden und Trennungsängste habe".[256]

Nicht ein vorrangiges Setzen auf Krippen bzw. andere außerhäusige Betreuungsformen für die Unter-Dreijährigen – ‚möglichst im 24-Stunden-Zyklus' – führt zu optimalen Startvoraussetzungen von Kindern, sondern ‚gute emotionale Erfahrungen' mit erlebbaren Vätern und Müttern sind die Basis eines ‚satten Ur-Vertrauens'. So ist seit mehr als 80 Jahren bekannt, dass der sogenannte ‚Objektverlust' in den ersten Lebens-Monaten bzw. -Jahren beim Kleinkind zu schwerwiegenden seelischen, sozialen und körperlichen Beeinträchtigungen führen kann. Daher schlagen Experten Alarm, indem sie die Krippen-Subvention als „Fernhalte-Prämie von der Elternliebe" bezeichnen.[257]

Was Kinder und Jugendliche brauchen, „ist ein Sicherheitsnetz, das sie auffängt", fordert der Familientherapeut Jesper Juul im *Focus*-Interview. ‚Viele Eltern hätten sehr große Probleme mit ihren Sprösslingen, weil ihnen das Ur-Vertrauen in sie fehle.'[258] Schon Michail Gorbatschow warnte in seinem Buch *Perestroika*, in dem er den notwendigen Umbau der marxistischen Sowjetunion zu einem modernen, gesellschaftlichen, politischen und wirtschaftlichen Systems umriss, vor einer staats-zersetzenden Entwicklung innerhalb kollektiver Erziehungsprozesse: ‚Die

Auflösung der Mutter-Kind-Dyade mindert die Möglichkeit der Liebes- und Leistungsfähigkeit.'[259]

Der achte Familienbericht der Bundesregierung stellt zur Bedeutung von Krippen in Abgrenzung zu einer förderlichen Familienerziehung fest: „Selbst bei guter Qualität der externen Betreuungseinrichtung verlieren demnach Kinder aus Mittelschichtfamilien an persönlichen Entwicklungsmöglichkeiten. (…) Die positiven Wirkungen außerfamiliärer Betreuungseinrichtungen für Kinder aus sozial schwachen Familien werden deutlich relativiert." Damit wird die aktuelle – durch Politik und Wirtschaft betriebene – Manie, Kinder möglichst früh aus sicheren elterlichen Bezügen absorbieren zu wollen, um sie in die Krippe zu geben, ins Blickfeld gerückt.

Bindungsforscher, Kinderärzte, Psychologen sowie Kinder- und Jugendpsychiater fordern seit Jahren einen Stopp dieser Entwicklung. Werden zum Beispiel Welpen – meist aus Vermarktungs-Gründen – zu früh von ihren Hündinnen entfernt, ist sofort mit Tierschutzaktionen zu rechnen.[260] Werden jedoch ohne Not Säuglinge von ihrer Mutter getrennt, wird diese – im Einzelfall vielleicht nachvollziehbare – Entscheidung nicht nur als modern und fortschrittlich deklariert, sondern auch noch durch staatliche Zuschüsse in Höhe von ca. 80 % der Kosten bzw. 1200 Euro pro Kind und Monat favorisiert.

Dazu der Neurologe und Psychiater Dr. Johannes Resch: „Eine Bevorzugung der Krippenerziehung wäre allenfalls dann zu rechtfertigen, wenn sie vorteilhafter für die Kinder wäre. Dafür gibt es aber bis heute keine seriösen Hinweise. Gegenteilige Behauptungen beruhen so gut wie ausnahmslos auf von der Wirtschaft gekauften Studien. Seriöse wissenschaftliche Arbeiten zeigen dagegen handfeste Hinweise auf höhere Risiken für die spätere soziale Entwicklung. Das gilt auch für die ohnehin schon stärker belasteten Kinder aus prekären Verhältnissen und von Migranten, die durch frühe Krippenbetreuung einer zusätzlichen Belastung ausgesetzt werden."[261]

Ergänzend verdeutlicht der renommierte Psychiater Dr. Hans-Joachim Maaz: „Ich halte ‚frühkindliche Bildung‘ für ein tragisches Missverständnis. Säuglinge und Kleinstkinder brauchen keine Bildung, sondern Bindung. Sicher emotional gebundene und geliebte Kinder gewinnen damit die wichtigste Voraussetzung für ihre Bildungsfähigkeit. Der entscheidende Unterschied liegt zwischen ‚aufgezwungener‘ Bildung und einem inneren Bildungsbedürfnis bei emotional gesicherten und bestätigten Kindern."[262]

Zu den guten Bedingungen des Aufwachsens von Kindern gehört neben intakten Familien in einem förderlichen gesellschaftlichen Klima auch ein durch viele Freiheiten und Herausforderungen geprägter Lebensraum. Ein Ausflug in die Welt von Astrid Lindgren verdeutlicht diesen Denkansatz. So stellte Dr. Eckhard Schiffer[263] in seinem Vortrag die Frage: „Warum ist Pippi Langstrumpf so gesund und schlau? Ganz einfach: Sie hat ein starkes Kohärenzgefühl[264] – ein lebensbejahendes Selbstwertgefühl, eine Gewissheit, mit allen Anforderungen und Herausforderungen des Lebens irgendwie umgehen zu können. Sie fühlt sich innerlich und äußerlich gehalten und getragen. Pippi Langstrumpf hat sich das kindliche Ur-Vertrauen bewahrt und hat das Wissen verinnerlicht: ‚Es ist schön, dass ich da bin.‘"[265]

7 Gesellschaftspolitische Faktoren und ihr Einfluss ...

„Kinder sollten mehr spielen, als viele Kinder es heutzutage tun. Denn wenn man genügend spielt, solange man klein ist, dann trägt man Schätze mit sich herum, aus denen man später sein ganzes Leben lang schöpfen kann. Dann weiß man, was es heißt, in sich eine warme, geheime Welt zu haben, die einem Kraft gibt, wenn das Leben schwer wird.

> „Das Kohärenz-Gefühl entwickelt sich in einem bedingungslosen Vertrauen zum Leben und nimmt bzw. reduziert gleichzeitig die Angst vor neuen Situationen."

Was auch geschieht, was man auch erlebt, man hat diese Welt in seinem Innern, an die man sich halten kann." Auch wenn Astrid Lindgren wahrscheinlich den Resilienz-Begriff gar nicht kannte, treffender kann die Basis dieser lebenslang wirkenden Kraft kaum umrissen werden.[266] Das Kohärenz-Gefühl entwickelt sich in einem bedingungslosen Vertrauen zum Leben und nimmt bzw. reduziert gleichzeitig die Angst vor neuen Situationen.

Wer in Kindheit und Jugend im geschützt-liebevollen Familienumfeld lernt, Sorgen und Nöte zu äußern, Freude zu teilen, Konflikte auszutragen usw., wird später fester im Leben stehen. Diese Erfahrung wird immer seltener vermittelt. Heute wächst zwar die Mehrheit der Kinder in wirtschaftlichem Wohlstand, aber häufig auch in sozialemotionaler Verarmung auf. Während die Anzahl der Kinder ständig abnimmt, steigt die Zahl der psychisch gestörten Kinder rasant. Der Dresdner Mediziner Prof. Peter Schwarz kritisierte: ‚In den vergangenen 20 Jahren sei die Aggressivität von Kindern deutlich gestiegen. Außerdem hätten sie zunehmend das Gefühl, ausgegrenzt zu sein.'

Die Ursachen sind nach Ansicht von Schwarz vor allem im sozialen Umfeld zu finden und deshalb nicht leicht zu beheben: „Je weniger sichere soziale Strukturen ein Kind in seinem häuslichen Umfeld erlebt hat, desto weniger wird es auch in der Schule Sicherheit verspüren." Auch Übergewicht und ein damit verbundenes mangelndes Selbstbewusstsein spielen eine Rolle. Nach Angaben der AOK verdoppelte sich der Anteil übergewichtiger Kinder in den vergangenen 15 Jahren.[267] Diese Entwicklung spiegelt sich in der Lebenswirklichkeit der Erwachsenen wider. So wurden bei 67 % der Männer und 53 % der Frauen eine Übergewichtigkeit festgestellt, wobei knapp ein Viertel als adipös gelten, so der 12. Ernährungsbericht der Deutschen Gesellschaft für Ernährung (DGE).[268] In den Medien wurde im Rückblick auf das größte je ausgeführte Terror-Attentat vom 11. September 2001 in den USA von ca. 3000 Toten berichtet. Das Leid der Menschen, die Erschütterung über diese unvorstellbare Tat hat die Weltpolitik verändert. Dass in demselben Staat jährlich – fast unkommentiert und leise – ca. 300.000 Menschen an Fettleibigkeit und deren Folgen sterben, scheint weder annähernd betroffen zu machen, noch Auswirkungen auf die Politik zu haben.[269]

Auf allen Menschen lastet ein ungeheurer Druck. ‚Die Lehrer finden die Schüler schrecklich, die Schüler fühlen sich gegängelt, die Eltern sind überfordert. Wenn Kinder acht bis neun Stunden pro Tag am Computer, an TV-Geräten und Handys verbringen und dabei mehr als 1000 SMS im Monat verfassen, haben sie den Kontakt zu ihren Eltern – und häufig auch zu schulischen Lernanforderungen – fast abgebrochen. Doch das liegt nicht an den neuen Medien: „Es kommt daher, dass die Familie nicht funktioniert und die Kinder nicht Widerstandskraft, sondern eine unheimliche Wut aufbauen.' Eltern wissen dann nicht weiter. Dazu merkt Jesper Juul an: „Unser großer Fehler ist, dass wir nur darauf schauen, wie sich jemand verhält, nicht darauf, wie es ihm geht."[270]

Das zeigt Wirkung: „Jedes vierte Kind (unter zwölf Jahren) in Sachsen ist in (ambulanter) psychischer Behandlung." So die Schlagzeile zum AOK-Gesundheitsreport 2011: Danach liegt die Zahl der behandelten Kinder bei knapp 59.000 – deutlich mehr als in den Vorjahren. Auch diese Nachricht hat es in sich: „1,1 Tonnen Ritalin für Sachsens Kinder." Jedes vierte Kind wird mit Psychopharmaka „schulfähig" gemacht. Der Vorstandsvorsitzende der AOK-Plus, Rolf Steinbronn, sprach von „schier unfassbaren Zahlen". Es sei beängstigend, dass allein die Versicherten unter 18 Jahren seiner Krankenkasse im Jahr 2011 für 3,5 Millionen Euro Psycho-Stimulanzien verordnet bekommen hätten.

Nach einer Studie der Deutschen Angestellten Krankenkasse (DAK) leidet fast jeder dritte Jugendliche an depressiven Stimmungen. An Haupt- und Realschulen waren die Zahlen dabei höher als an Gymnasien. Befragt wurden an bundesweit 25 Schulen fast 6000 Jungen und Mädchen im Alter zwischen elf und 18 Jahren. In der Studie gaben 24 % der Schüler an, „oft dazusitzen und nichts tun zu wollen". Jeder zehnte Befragte stimmte der Aussage zu: „Kein Mensch versteht mich." Der Anteil der Schüler mit depressiven Stimmungen steigt demnach mit zunehmendem Alter an, von 23 % im elften Lebensjahr auf 33 % im 18. Lebensjahr. Jungen und Mädchen sind nahezu gleich betroffen.[271] Eine Gesellschaft, die selbst zum Kristallisationspunkt vielfältiger Probleme wird, kann jedenfalls nicht die Menschen für die Zukunft stärken.

Mehr als acht Millionen Deutsche leiden an psychischen Störungen, die behandelt werden müssten, so Wissenschaftler des Max-Planck-Instituts für Psychiatrie in München. Die Studie beruht auf einer repräsentativen Untersuchung von über 7000 Testpersonen im Alter von 18 bis 65 Jahren. Jeder Fünfte dieser Gruppe war von psychischen Störungen betroffen, mehr als ein Drittel gar von mindestens zwei verschiedenen. An der Spitze rangieren verschiedene Formen von Angststörungen (9 %) und depressiven Erkrankungen (7 %) sowie Schmerzsyndrome. Außerdem stellten die Forscher fest, dass viele der untersuchten Personen zu viel Alkohol trinken, zu viel rauchen und von diesen Genussmitteln abhängig sind. Die Auswirkungen auf das soziale Umfeld und den Arbeitsplatz seien erheblich, heißt es in dem Bericht. Depressive Menschen seien auf Grund ihrer Erkrankung durchschnittlich zwei Tage im Monat arbeitsunfähig und an 7,2 Tagen nur eingeschränkt produktiv.[272]

> Mehr als acht Millionen Deutsche leiden an psychischen Störungen, die behandelt werden müssten, so Wissenschaftler des Max-Planck-Instituts für Psychiatrie in München.

„Angstpatienten" fehlen im Durchschnitt einen Tag pro Monat im Betrieb und sind an 4,6 Tagen weniger produktiv als sonst. Diese Auffälligkeiten sind in allen Altersgruppen, bei Männern oder Frauen, Ost- oder Westdeutschen gleichermaßen zu beobachten. Nach einer Hochrechnung der Weltgesundheitsorganisation (WHO) gehören psychische Störungen, insbesondere Depressionen und Angst-Erkrankungen, in der Behandlung zu den Kostenintensivsten. Die Experten erwarten für das Jahr 2020, dass Depressionen den zweiten Platz unter den auftretenden Krankheiten einnehmen.[273]

Wir leben in einer Zeit der permanenten Erreichbarkeit, es gibt hohe Unsicherheiten, was den Arbeitsplatz und die wirtschaftliche Situation betrifft. Zu diesen Belastungen unserer Psyche kommen ständig Katastrophen-Nachrichten. Wir sind also 24 Stunden in Alarmbereitschaft und schalten nicht mehr ab. Nach Berichten von Krankenkassen belegen Angst und depressive Störungen schon heute Spitzenplätze im Kostenbereich und gehören zu den häufigsten Beratungsanlässen in ärztlichen Praxen. Damit ist jedoch nicht nur die Einsatzfähigkeit im Beruf, sondern auch als Eltern reduziert. Das ist fatal für einen selbst und hat Auswirkungen auf die Kinder. Die brauchen Erwachsene, die mit ihnen Entscheidungen treffen und sie entwicklungsgemäß behandeln, damit ihre Bedürfnisse nach Nähe, Austausch und Auseinandersetzung nicht auf der Strecke bleiben. Denn den Kindern hilft es nicht, wenn sie sich anstelle seelisch-körperlich starker, auf unsichere Väter und Mütter einstellen müssen.

Frauen wollen nicht länger ständig zwischen den täglichen Anforderungen in Familie, Partnerschaft, Freundeskreis und Beruf zerrieben werden und reklamieren daher mehr Regenerationszeit für sich, um psychisch und physisch stabil zu bleiben. So hat eine neue Studie des österreichischen Familien- und Jugendministeriums die

Diskussion um alte und neue Frauenrollen in Österreich heftig entfacht. Laut Ergebnis des sogenannten ,Jugendmonitors' kann sich jede zweite Österreicherin zwischen 14 und 24 Jahren vorstellen, als Hausfrau zu leben. „Was für Feministinnen als eine Art ,backlash' in verkrustete Rollenstrukturen anmutet, hat seine Ursachen offenbar in der Wirtschaftskrise, in Erschöpfung durch die permanente Doppelbelastung von Karrierefrauen und in einer großen Sehnsucht nach Familie."

„55 % stimmten der Aussage zu: ,Wenn mein Partner so viel verdient, dass unser Lebensunterhalt gesichert ist, möchte ich Hausfrau sein.'" Damit fallen die Rollenverteilungen innerhalb der Partnerschaft bei den jungen Leuten weitaus klassischer aus, als sie im öffentlichen Mainstream dargestellt werden. „Selbst der Leiter der Studie, Peter Filzmaier, ist überrascht von den Ergebnissen seiner eigenen Untersuchung."

„Und jetzt hat die größte Umfrage, die es jemals unter Müttern in Europa gegeben hat, genau diese Ergebnisse bestätigt. Die Studie im Auftrag der EU-Kommission unter 11.000 Müttern aus ganz Europa zeigt erstaunliche Parallelen zwischen allen Müttern europaweit – völlig unabhängig von ihrem beruflichen Hintergrund, ihrem Bildungsgrad und ihrer Nationalität. Nahezu alle bemängeln, dass man ihre Rolle als Mutter gesellschaftlich und finanziell nicht anerkennt. Sie verlangen nach mehr Zeit für ihre Kinder und nach besseren Wiedereinstiegsmöglichkeiten, wenn die Kinder aus dem Gröbsten raus sind. Demnach wollen sich 61 % aller Mütter voll auf ihre Kinder konzentrieren, bis diese das dritte Lebensjahr vollendet haben. 37 % wollen dies auch immer noch, bis die Kinder das Schulalter erreichen. Gleichzeitig bevorzugen Mütter europaweit Teilzeit-Arbeitsmodelle. 70 % aller Mütter würden gerne nur in Teilzeit erwerbstätig sein, bis ihre Kinder das 18. Lebensjahr erreicht haben. Während in der Öffentlichkeit ein ganz anderes Familienbild propagiert wird, mit voll-erwerbstätigen Frauen, die ihre Kinder früh in eine Betreuung geben, um ihrer Karriere nachzugehen", ‚während Patchwork-Konstellationen idealisiert werden und die ‚normale' Familie auch in den Medien immer weiter zurückgedrängt wird, ist genau dies aber offenbar ein Zukunftstraum vieler junger Frauen'. „Die Schwierigkeit besteht allein darin, sich offen dazu zu bekennen", denn als ‚Nur-Hausfrau' angesehen werden möchte niemand.[274] „Der Zwang, Familie und Karriere zu schaffen, das ist der Weiblichkeitswahn der Moderne, die Venusfalle des 21. Jahrhunderts."[275]

Der Zeitgeist steuert in ‚modernen Gesellschaften' das Handeln. Dann wird der Maxime vertraut: ‚Wenn's viele tun, dann muss die Richtung wohl stimmen'. Der Mainstream wird zum Richtungsgeber der Masse. Die Protagonisten geben ihrem persönlichen Navi die Zielkoordinaten des aktuellen Trends ein, und schon geht's los. Aber der Trend, wer immer dieser Ratgeber auch sein mag, kann nur widerspiegeln, was Viele tun: Fähige und Unfähige, Verantwortungsbewusste und Gleichgültige, Intelligente und Minderbegabte, Korrupte und Ehrliche. Die dabei entstehenden Zufalls-Mehrheitsverhältnisse mutieren so zur Richtschnur der Ziellosen. So ist es heute halt üblich:

268   Mit mehr Selbst zum stabilen ICH!

- Sich vorrangig aufs eigene Wohlergehen zu konzentrieren, Karriere zu machen und Kindern in viel zu geringem
  Ausmaß das Leben zu schenken,
- Kinder zwar körperlich halbwegs angemessen zu versorgen, aber wichtige emotionale bzw. soziale Lernvorgänge
  für das weitere Leben nicht zu ermöglichen,
- Kindern zu wenig wichtige Grenzen zu verdeutlichen, sie
  kaum noch an eigenständig zu erledigende Aufgaben in
  Haus und Familie heranzuführen,
- Elementare Kontakt-Erfahrungen von Kindern zu Mut-
  ter und Vater – bzw. ganze Erziehungsprozesse – mög-
  lichst früh und häufig per ‚Outsourcing' zu organisieren,
- Offensichtliche Defizite bei Kindern aufgrund der redu-
  zierten familiären Umgangszeit durch diverse Früh- oder
  Ergänzungs-Förderungen auszugleichen versuchen,
- Kinder mit Konsum zu überhäufen und auch selbst dem
  Kauf-Rausch zu frönen,
- Kinder vor Multimedien-Geräten zu parken und sie die-
  sen recht regellos zu überlassen,
- Als Erwachsene wöchentlich zwischen 20 und 40 Stun-
  den vor TV- bzw. Multimedien-Geräten zu verbringen,
- Tägliche gemeinsame und gesunde Malzeiten als nicht so
  wichtig anzusehen,
- In der Erziehung schnell nachzugeben und Herausforde-
  rungen konsequent zu vermeiden,
- Durch Internet- und Handy-Zeiten die Face-to-Face-
  Kommunikation in der Familie und insgesamt rasant zu
  reduzieren.

Wenn ein politischer Trend beispielsweise sagt, dass bei
Partnerschafts-Problemen eine Trennung oder Scheidung

angesagt ist, dann sind die dramatischen Folgen für Kinder herunterzureden, und die Solidargemeinschaft hat schnell und fraglos die Finanzen für Erziehungshilfen, therapeutische Maßnahmen und den – häufig notwendigen – Lebensunterhalt bereitzustellen. Schließlich entspricht dies exakt dem Zeitgeist. Und wenn der Trend sagt, dass die Begriffe ‚Vater' und ‚Mutter' diskriminierend seien und durch „das Elter" zu ersetzen[276], Kinder gezielt zum Neutrum umzuerziehen und „traditionelle familiäre Strukturen und Rollenmuster" aufzulösen sind[277], dann haben das die Betroffenen gefälligst zu tun, selbst wenn im Gender-Musterland Norwegen angebliche naturwissenschaftliche Begründungen als Unsinn entlarvt werden.[278] Eine normale Annäherung der Geschlechter würde in einem solchen Denkansatz zwar verunmöglicht, da ja die Angebetene oder der Erkorene vielleicht nur so aussieht wie eine Frau bzw. ein Mann und in Wirklichkeit ein kaum einschätzbares DNS-Konglomerat unterschiedlicher Chromatin-Bauteile ist. Ob sich da noch Frühlingsgefühle entwickeln können oder gar Lebensplanungen unter Einbeziehung von Kindern möglich sind, wird einen solch steuernden Mainstream nicht interessieren.

Fast alle leiden darunter, ausgepowert zu sein. Sie erleben sich als rennende Hamster im Rad des Alltäglichen, ob im Umgang mit der Lebenspartnerin oder dem Lebenspartner, den anvertrauten Kindern, mit Kollegen bzw. Mitarbeitern und mit sich selbst. Es wird höchste Zeit, sich diesem dekadent-narzisstischen Zeitgeist zu widersetzen. Denn ohne Regenerationszeit keine Kraft, ohne Kraft keine Leistung, ohne Leistung kein – beruflicher oder privater – Erfolg. Ohne Erfolg keine gesellschaftliche Zukunft. Frauen und Männer brauchen Kraft und Raum zur ausreichenden Selbstsorge, um in Beruf, Partnerschaft, Familie und Freundeskreis sorgsam mit Anderen umzugehen. Eltern benötigen reichlich Identität, um sich selbst so zu stabilisieren, dass sie ihrer Erziehungsaufgabe gut nachkommen können.

> Es wird höchste Zeit, sich diesem dekadent-narzisstischen Zeitgeist zu widersetzen.

Wenn wir uns in Abgrenzung vom Rundum-Getrieben-Sein aufs eigene Wollen und Streben besinnen, wieder herausspüren, was wirklich gut für uns ist, dann haben wir damit auch geeignete Voraussetzungen zum Wachsen von Resilienz und Ich-Stärke geschaffen. Aber wir sind es gewohnt, alles als Ressource anzusehen. So geraten wir in die Selbst- und Fremdausbeutung. Kein Wunder, dass ‚Burnout' die Krankheit unserer Zeit ist, dass wir uns vor Krisen nicht retten können. Wenn jedoch der Einzelne keine Kraft und Kreativität mehr hat, dann dümpeln bald alle in Routine dahin, funktionieren nur noch, aber leben nicht mehr. Die Geschichte der Völker lehrt uns eindringlich, dass fehlendes Selbstbewusstsein und Schwäche meist zu Vertreibung oder Untergang führten. Aber schon der römische Philosoph Seneca sagte vor ca. 2000 Jahren: „Nicht, weil es schwer ist, wagen wir es nicht, sondern es ist schwer, weil wir es nicht wagen."[279]

„Wir haben uns daran gewöhnt, gemeinsam einsam zu sein", so die US-amerikanische Soziologin und Professorin Sherry Turkle.[280] Mangelt es jedoch an emotionalen Kontakten und einem persönlichem Austausch von Angesicht

7 Gesellschaftspolitische Faktoren und ihr Einfluss ...

zu Angesicht, verhindert dies nicht nur Wertschätzungs-Erfahrung, sondern beeinträchtigt auch die notwendige Selbstreflexion. Wer keine Rückmeldungen erhält, verliert die Orientierung oder wiegt sich in Scheinsicherheit. Häufig kreisen solche Menschen dann in der Annahme eigener Größe um sich selbst und geraten damit in einen ‚in sich, von sich, für sich Narzissmus'.

Wird in der Gemeinschaft keine Akzeptanz und Geborgenheit erfahren, reduziert dies den Lebensmut. Entweder verkapseln sich die Betroffen enttäuscht in der eigenen Unzulänglichkeit, oder sie entwickeln ein stark aggressives Verhalten. Das verhindert nicht nur Alltagsfreude und Lebenserfolg, sondern reduziert auch die Kraftreserven, schafft Isolation. Selbstwert-Störungen behindern jedoch immer ein gedeihliches Miteinander, lösen beständig Konflikte aus und ist Nahrung für Missgunst, Gier und Rachsucht. Stattdessen benötigen Gesellschaften eine gemeinsame Wertebasis, welche Wichtiges und Wertvolles als solches herausstellt und deutlich von Unzureichendem oder Schädlichem abgrenzt. Bleibt dieses Konsens-Engagement aus, wird schnell alles ‚gleich gültig'. Gleichgültigkeit jedoch ist das Gegenteil von Selbstsicherheits-Investitionen.

Der bekannte Gehirnforscher und erfolgreiche Autor Prof. Dr. Gerald Hüther plädiert für ein radikales Umdenken: ‚Er fordert den Wechsel von einer Gesellschaft der Ressourcen-Nutzung zu einer Gesellschaft der Potenzial-Entfaltung, mit mehr Raum und Zeit für das Wesentliche. In einer großartig konkreten Darstellung zeigt er aus neurobiologischer Sicht, wie es uns gelingen kann, aus dem, was wir sind, zu dem zu werden, was wir sein können.'[281]

„Die Deutschen fühlen sich erst wohl, wenn sie sich unwohl fühlen!" Wenn diese Einlassung von Bundespräsident Joachim Gauck[282] zutrifft, dann müssen deutsche Kinder in einem sehr ungünstigen gesellschaftlichen Klima aufwachsen. Der bekannte Neurologe und Psychiater Prof. Dr. Manfred Spitzer schreibt im Vorwort zu seinem Buch Lernen, *Gehirnforschung und die Schule des Lebens*, dass notwendige neue „Pfade nicht selten durch politisch schwerstvermintes Gebiet verlaufen".

Einer exzessiven Gewinn-Maximierung steht die Optimierung guter Lebensbedingungen recht unversöhnlich gegenüber. Die Majorisierung durch wirtschaftliche Interessen bündelt sich auch in der politisch ständig neu verbreiteten Mähr, dass Kinder-Erziehung und Familien-Management weder spezielle Kenntnisse brauchen noch reichlich Zeit erfordern. So entwickeln wir uns „zu einer ‚Anti-Kind-Gesellschaft'. Mütter haben keine Zeit mehr für Erziehung, Väter raufen oder toben nicht mehr mit Ihren Kindern, volle Kinder-Terminkalender verhindern Muße und unterdrücken so Kreativität. Leistungsdruck auch in der Freizeit – wo ist da Platz für Kinder?"[283]

„Wir sind vernarrt in diese ‚corporate culture', die wir geschaffen haben. Karriere, Erfolg, hoher monetärer Lebensstandard und Einkaufen sind unsere Götter geworden. Frauen mit vielen Kindern werden eher belächelt. Was für eine eigenartige Kultur."[284] Der soziale Friede ist gefährdet, weil wir eine immer größere Gruppe instabiler Menschen haben. Wir sind deshalb gefordert gegenzusteuern, weil wir uns auch die damit verbundenen ständig wachsenden Sozial-Ausgaben sich mehr leisten können.

7 Gesellschaftspolitische Faktoren und ihr Einfluss ...

Will eine Gesellschaft nicht an negativen Umgangs-Stilen kaputtgehen, wird sie sich für gute Bedingungen des Aufwachsens mit allen Kräften einsetzen. Fehlende Förderung der Erziehungsleistung von Familien sowie deutliche Tendenzen, intakte Familien ins Aus zu schieben oder zersetzen zu wollen, dienen diesem Ziel nicht. Ebenso wenig ungesunde Lebens-Umstände, steigende Fälle von Trennung und Scheidung, zu belastende Erwerbs-Tätigkeiten, finanziell-soziale Armut und ein permanenter Zeitmangel.

Ein zentraler Ansatzpunkt zu mehr Selbstwirksamkeit, Ich-Stärke und Resilienz ist die Optimierung der Aufwachsbedingungen der Kinder. Wir haben zwar bei aller Betriebsamkeit in den sogenannten entwickelten Ländern noch im Blick, dass Kinder Nahrung, Pflege und Beaufsichtigung brauchen. Aber wir berücksichtigen die Voraussetzungen zur Entwicklung ihrer Psyche kaum oder eher funktional. So wissen wir noch, dass Kinder Zuwendung brauchen, aber lassen diese anstelle authentischer Eltern von verschiedensten Dienstleistern erbringen. Wir blenden aus oder haben verdrängt, dass Kontakte nur dann dem Aufbau guter Emotionen dienen, wenn sie von sozial-emotional kompetenten Bezugspersonen – dass sind in der Regel für Säuglinge und Kleinkinder die leiblichen Mütter und Väter – in wohlwollender Sorge und Zuwendung erbracht werden.

Das Wort Beziehung kommt von: sich auf eine Person beziehen, gute Erfahrungen mit jemandem haben, mit etwas in Verbindung stehen. Es basiert auf Vertrauen und Verlässlichkeit. Diese sind weder in Krippen mit Wechselschichten, noch durch unterschiedlichste Fachkräfte er bringbar. Mangelt es an personaler Wertschätzung, wächst schnell das Handlungs-Muster: ‚Kümmert sich niemand um mich, dann kümmere ich mich auch nicht um Dich.‘ Wenn also Unterstreichungen zur Wichtigkeit von Familien als ‚Keimzelle des Lebens‘ keine Lippenbekenntnisse oder Effekthaschereien sein sollen, dann hat die Politik, wie dies schon im Grundgesetzt in Artikel 6 verankert ist, Ehe und Familie unter den besonderen Schutz der staatlichen Ordnung zu stellen.

Das Wort Beziehung kommt von: sich auf eine Person beziehen, gute Erfahrungen mit jemandem haben, mit etwas in Verbindung stehen. Es basiert auf Vertrauen und Verlässlichkeit.

„Wirksam in Bildung investieren!" Die Bertelsmann Stiftung: „Menschen bewegen, Zukunft gestalten!" unterstreicht mit diesem Slogan: „Der wichtigste Ort des Aufwachsens für Kinder ist die Familie. Faire Bildungschancen für alle Kinder können nur durch ein Zusammenwirken von starken Familien und guten Bildungsinstitutionen eröffnet werden. Notwendig ist dafür, dass Familie als Lebens- und Bildungsort gestärkt und der Ausbau qualitativ hochwertiger Bildungsinfrastruktur vorangetrieben wird", denn wer Familien stärkt, stärkt gleichzeitig gutes Aufwachsen und eröffnet Bildungschancen für alle Kinder.[285]

Demnach ist es folgerichtig, genau dort auch mit staatlichen Fördermaßnahmen zur Eltern-Stabilisierung anzusetzen. Dies kann besonders effektiv geschehen, wenn zum Absolvieren von Elternqualifikations-Seminaren wie „Starke Eltern, starke Kinder", „STEP" oder „Triple P" ein finanzieller Anreiz geboten würde, zum Beispiel durch einen Bonus zum Kindergeld. Vergleichbar sind Subventionen zur Installation von Solaranlagen, um so die Nutzung erneuerbarer Energiequellen zu forcieren. Ein solcher Einsatz zur Schaffung ermutigender Aufwachs- und Lebens-Bedingungen für Kinder und Familien lohnt, weil sonst noch mehr Kinder mitsamt ihrer vielfältigen Bedürftigkeiten in die Selbstüberlassung geraten, als Ausdruck der nonverbalen Kernaussage: ‚Du bist mir nicht so wichtig!'

Eine resiliente Lebensentscheidung: ‚Fundament statt Fassade!'

Wer steht nicht fasziniert vor einem alten Schloss, wandelt durch die Häuserreihe eines vornehmen Stadt-Viertels oder verweilt nostalgisch vor einem Bahnhof aus längst vergangenen Zeiten? Wenn sich dann die Betrachter den jeweiligen Bauwerken nähern, eine Zugangstür öffnen wollen, um dem Inneren einige Geschichten zu entlocken, und sie dabei feststellen, dass dies nicht möglich ist, werden sie sich wahrscheinlich vor maßstabsgetreuen Nachbildungen innerhalb eines großen Filmstudios befinden. Letzte Zweifel werden schwinden, wenn der Blick hinter die Gebäude-Fassade nichts außer Verstrebungen sichtbar macht.

Nun wissen wir in der Regel vorher, ob wir ein Ticket für Babelsberg oder Hollywood gekauft haben. Aber wären wir mit verbundenen Augen in ein solches Areal geführt worden, wir würden es kaum glauben wollen. Holzbau, Kunststoff und viel Farbe täuschen uns nur eine Realität vor. Auch Menschen neigen dazu, auf ihre Fassade zu setzen. Sie investieren ins ‚Als-ob', versuchen ihr schwaches Selbst per Ich-Inszenierung zu kaschieren. Mehr Schein als

Sein. So lässt sich Eitelkeit befriedigen und innere Leere übertünchen. Ein bevorzugtes Spielfeld für Ich-Zentrierte. Geltungssucht ist nicht zimperlich in der Wahl der Mittel: Staffage statt Substanz, nicht starke Ich-Botschaften, sondern Effekte stehen im Zentrum. Je intensiver Menschen nach dieser Maxime leben, desto umfangreicher wird die Seele des Einzelnen bzw. die Stabilität eines Volkes geschädigt. Dagegen führen Selbstbewusstsein und Selbstsorge zu Gelassenheit, zu stabilen Persönlichkeiten. Das befriedet den Einzelnen, sein Lebensumfeld und letztlich den Staat. So wird in Fundamente anstelle von Fassaden investiert.

Jeden Tag warten zigtausende Neugeborene darauf, durch liebevolle Zuwendungen und adäquate Hilfestellungen in die sie umgebende Welt hineinwachsen zu können. Sie möchten mit Umsicht, Sachverstand und Zielstrebigkeit die optimalsten Startchancen erhalten, um auf die vielen Facetten und Unvorhersehbarkeiten des Lebens vorbreitet zu werden. Dazu brauchen sie ein direktes und indirektes förderliches Umfeld. Aus Afrika kommt der Impuls: ‚Um ein Kind gut ins eigenständige Leben führen zu können, brauchst du ein ganzes Dorf!' Denn nur wenn sich möglichst alle Menschen in wichtigen Situationen vergleichbar verhalten, erhalten Kinder die notwendige Orientierung und Stabilisierung fürs eigene Handeln. So wird durch ein positives Vor-Bild wirkungsvolle Bildung und Erziehung möglich. ‚Eine Gesellschaft offenbart sich nirgendwo deutlicher als in der Art und Weise, wie sie mit ihren Kindern umgeht. Unser Erfolg muss am Glück und Wohlergehen unserer Kinder gemessen werden, die in einer jeder Gesellschaft zugleich die verwundbarsten und wunderbarsten Bürger und deren größter Reichtum sind', verdeutlichte der langjährige Präsident der Republik Südafrika Nelson Mandela. In stark durch den wirtschaftlichen Wettbewerb geprägten Gesellschaften wird jedoch ausgeblendet, dass Bildung

- Zeit
- Gestaltung
- Raum
- Beziehung
- Selbsterfahrung
- Zutrauen
- Nachhaltigkeit

braucht, um zu Autonomie- und Selbstwirksamkeits-Erfahrungen zu gelangen. Während also Staat und Gesellschaft für gute Aufwachsbedingungen sorgen, haben Väter und Mütter ‚ihrem Fleisch und Blut' reichlich Zuwendung zu schenken. Jede einzelne Handlung, egal ob mehr oder weniger bedeutsam, wirkt sich aus: Das liebevolle Umsorgen eines Kleinkindes ist nicht weniger relevant als eine nobelpreisverdächtige Erfindung.

Zufriedene Menschen haben ein wesentlich geringeres Risiko für eine Herzkrankheit bzw. eine geringere Neigung zu Depressionen und Ängsten als Dauer-Nörgler. So die Ergebnisse einer Langzeit-Studie, in der US-Forscher die positive Lebenseinstellung anhand einer Fünf-Punkte-Skala von ‚nicht vorhanden' bis ‚extrem vorhanden' beurteilen ließen. ‚Sinkt das Niveau der positiven Gefühle, stieg in den folgenden zehn Jahren das Risiko für einen Herzinfarkt für jede Stufe um durchschnittlich 22 %.' Studienleiterin Karina Davidson von der Columbia University in New York[286] erklärt den Effekt damit, dass positiv gestimmte Menschen öfter entspannt sind und sich vermutlich schneller von Stress erholen.[287]

Auch wenn die Forscher der persönlichen Zufriedenheit eine große Bedeutung für eine gesunde Lebensbewältigung beimessen, sie zu erlangen ist in einer wachstumsorientierten Konsum-Gesellschaft gar nicht so einfach, weil Kauflust durch subjektive Unzufriedenheit initiiert wird. Mit dieser Spannung müssen die heute lebenden Menschen so umgehen, dass sie ihr nicht erliegen. So ist Zufriedenheit in der Regel das Ergebnis von selbst gesetzten und erreichbaren Zielen. Sind sie zu hoch, löst der übersteigerte Ehrgeiz meist Misslingen aus. Selbst ein Erreichen von zu hohen Zielen wird dann häufig nicht als Erfolg gewertet. Existieren keine oder zu niedrige Ziele, führt auch ein solcher Lebens-Stil nicht zur Zufriedenheit. Tauglich sind nur realistische Ziele, die klar umrissen und durch Anstrengung erreichbar sind.

Was aber die Erreichbarkeit von Zielen stark fördert, ist die Fähigkeit zum Bedürfnisaufschub. Denn wer sich ständig von auftretenden Bedürfnissen aus dem Konzept bringen lässt, vergeudet Energie und reduziert Erfolge. Das fängt schon beim dauernden Reagieren auf neue Nachrichten beim Smartphone an. So kann weder die körperliche bzw. geistige Energie, noch die verfügbare Zeit adäquat genutzt werden. Dieser Zusammenhang wirkt erst recht, wenn es um größere Vorhaben geht: ‚Weil ich morgen früh einen klaren Kopf für einen wichtigen Termin brauche, werde ich heute nicht wie geplant mit Freunden feiern sondern stattdessen zeitig schlafen gehen.' ‚Um meinen Arbeitsplatz nicht zu gefährden, werde ich die Fortbil-

7 Gesellschaftspolitische Faktoren und ihr Einfluss ...

dung trotz einer interessanten Wochenend-Einladung nicht absagen.'

Schon bei Kindern ist zu beobachten, dass einige die Fähigkeit haben, ihre Bedürfnisse auch zurückstellen zu können. Sie platzen dann nicht mit ihrer Frage oder Mitteilung in ein Gespräch, sondern warten auf einen guten Zeitpunkt. Das sogenannte „Stanford Marshmallow Experiment" verdeutlicht diese Zusammenhänge eindrucksvoll. In dieser Studie wurden vierjährige Kinder vor die Wahl gestellt, ein Marshmallow (Cookie oder Brezel) entweder sofort essen zu können oder zwei zu bekommen, wenn sie 15 Minuten warteten, ohne das erste Marshmallow zu verzehren. Es ging also um Sofortbefriedigung mit einer Süßigkeit oder Aufschub für zwei Süßigkeiten. Hier einige Ergebnisse:

Wichtig war das Vertrauen der Kinder in die Versuchsleiter, die zwei versprochenen Süßigkeiten später auch wirklich zu erhalten. Kinder, die hier unsichere Bindungs- bzw. Verlässlichkeits-Erfahrungen hatten, handelten nach dem Muster: ‚Was ich habe, habe ich.' Die stärkste Fähigkeit, die Esslust zu verzögern, hatten die Kinder aus intakten Familien. Die erste Folge-Studie im Jahre 1990 ergab, dass ‚Kinder im Vorschulalter, welche die Befriedigung aus sich heraus verzögerten, mehr als zehn Jahre später von ihren Eltern als Jugendliche wesentlich kompetenter beschrieben wurden'. In weiteren Studien fanden die Forscher heraus, dass Kinder mit der Fähigkeit, ein Bedürfnis wegen eines erhöhten Erfolgs aufschieben zu können, einen größeren Lebens-Erfolg hatten.[288] Besitzen Individuen die Fähigkeit, eigene Gefühle, Absichten, Motive und Handlungen durch Impuls-Kontrolle bzw. Bedürfnis-Aufschub zielgerichtet zu beeinflussen, können sie diese auf Selbstreflexion beruhende Fähigkeiten gezielt zur Selbstregulation nutzen.

Der ‚Bedürfnis- bzw. Belohnungs-Aufschub‘ ist nach Sigmund Freud ‚die größte Kulturleistung des Menschen‘.

> Der ‚Bedürfnis- bzw. Belohnungs-Aufschub‘ ist nach Sigmund Freud ‚die größte Kulturleistung des Menschen‘.

Sie wird so zum Schlüssel für mehr sozial-emotionale Kompetenz und eine größere Zielstrebigkeit. Folgen sind, andere ausreden zu lassen, nicht bei Meinungsdifferenzen sofort loszupoltern, Durststecken beim Erfolgs-Streben zu akzeptieren und sich kraftvoll von negativen Lebens-Stilen abzugrenzen. Dann werden zum Beispiel Belastungssituationen nicht ignoriert, sondern reduziert, bzw. nicht per Alkohol oder schädliches Essverhalten kompensiert. Durch Bedürfnisaufschub zu erreichende Ziele können durch Abwarten – ich gebe sofortigen Reaktions-Bestrebungen keine Chance – oder durch vorherige Anstrengung – ich nehme die Belastung bewusst in Kauf – erlangt werden. Wer über eine solche Impuls-Kontrolle bzw. Steuerungs-Fähigkeit verfügt, verursacht damit gleichzeitig weniger Konflikte und wird von Jahr zu Jahr gelassener mit möglichen Angriffen umgehen. Denn wer Attacken mal freundlich die Schärfe nimmt, durch positive Umdeutung wandelt oder diese einfach ignoriert, verhindert ihre Eskalation. Stattdessen werden so alle Kräfte für eine Lösung aktiviert. Die Fähigkeit, ein ‚Ich-will-sofort-Bedürfnis‘ zugunsten eines höherwertigen Zieles zurückstellen zu können, wird sich ‚zwangsläufig‘ als größerer Lebenserfolg auszahlen. Gleichzeitig sind solche durch Selbstwirksamkeit geprägten Menschen wesentlich zufriedener.

7 Gesellschaftspolitische Faktoren und ihr Einfluss ...

Das Handlungs-Muster dazu lautet: ‚Leiste etwas, dann kannst du dir auch reichlich persönliche Zufriedenheit und Lebenserfolg leisten.‘

Die Fähigkeit zum Aufschub eines erwarteten oder zugesagten Positiv-Zustands steht dem Bedeutungsumfeld der Hoffnung nahe. Daher ist der Begriff Hoffnungslosigkeit auch im Zusammenhang mit Frustrationen als ‚situationsbedingt verminderte Fähigkeit zum Belohnungsaufschub‘ zu verstehen. Erfährt ein Kind oder ein Erwachsener häufig, dass Bindungen instabil sind oder Versprechen keinen Bestand haben, werden diese Personen konsequenterweise keinen Bedürfnisaufschub eingehen, um mögliche weitere Frustrationen zu vermeiden. So neigen Individuen mit niedriger Frustrations-Toleranz[289] zu erhöhtem Anstrengungs- sowie Vermeidungsverhalten, während bei einer ausgeprägten Frustrations-Toleranz eine große Anstrengungs-Bereitschaft existiert. Das Vermeiden-Wollen von Anstrengungen hingegen wird dann oft aggressiv durchzusetzen gesucht. Eine geringe Frustrations-Toleranz weist somit immer auch auf eine Ich-Schwäche hin, was wiederum Ausdruck eines unterentwickelten Realitäts-Prinzips ist. Resiliente Individuen dagegen stehen in den realen Lebensvollzügen und zeichnen sich dadurch aus, sich selbst ‚mit allen Ecken und Kanten‘ halbwegs gewachsen zu sein.

Um mit sich selbst und seinen Mitmenschen beherzt und wirkungsvoll interagieren zu können, bietet das Konzept der ‚Achtsamkeit‘ einen guten Zugang. Es lehnt sich an das Stress-Reduktions-Programm MBSR – „Mindfulness-Based Stress Reduction" – an. Dabei geht es um das bewusste – nicht wertende – Wahrnehmen des Augenblicks in Verbindung mit einer an- und aufnehmenden inneren Haltung.

282   Mit mehr Selbst zum stabilen ICH!

Dies ist besonders für Menschen, die ständig vor sich und der momentanen Situation auf der Flucht sind, ein wichtiger Gegenimpuls. Die Achtsamkeit lädt zum Ankommen, Verweilen, zum Auftanken ein und hat zwei Aspekte:

- Achtsamkeit als Vorsicht
- Achtsamkeit als Wertschätzung

Beides ist eine wichtige Voraussetzung, sich in einer vielleicht ungewohnten Behutsamkeit auf eine Situation einzulassen und anderes sein zu lassen. Die stille, aber überdeutlich spürbare Botschaft lautet dann: ‚Jetzt bin ich hier, bei mir (und bei dir).' Da uns zu häufig eine lärmende Welt daran hindert, zu einer solchen Ruhe zu finden, benötigen die uns verfügbaren Sinnesorgane einige Hilfen. Hinhorchen auf die innere Stimme und die meines Partners, sich in eine Umgebung mental hinein empfinden, alltäglichen Details eine spezifische Aufmerksamkeit schenken, sich der Stille der Natur aussetzen, den Duft von Pflanzen aufsaugen, den Hauch des Windes auf der Haut spüren, sich tastend bekannten oder unbekannten Gegebenheiten annähern, den Sternenhimmel betrachten usw. – all das ist quasi neu zu erlernen. Erst wenn diese Sinn-Erfahrung wieder möglich ist, können wir auch achtsamer mit uns umgehen. So wird der Einzelne bald mehr Gelassenheit im Umgang mit Anderen spüren und nicht bei jeder Störung aufbrausend oder pikiert reagieren. Wer gut auf sich selbst achtet, kann auch Anderen Beachtung zukommen lassen und wird als Konse-

> Achtsamkeit ist ein Trainingsprogramm auf dem Weg zur „Tankstelle für die Seele".

quenz selbst Wertschätzung erhalten. Es ist ein Trainingsprogramm auf dem Weg zur „Tankstelle für die Seele".[290]

Damit wird der Zusammenhang: ‚erfahrene Wertschätzung → Selbst-Bewusstsein → Selbst-Vertrauen → Selbst-Kompetenz → Selbst-Management → Weitergabe von Wertschätzung' ins Blickfeld gerückt. Im Grunde handelt es sich um eine nach oben offene Spiralbewegung. Denn wer Wertschätzung erhält, wird diese erwidern. Es beginnt ein sich positiv verstärkender Rückkopplungs-Prozess. Er wird geprägt durch das *Wissen* um wichtige Zusammenhänge, ein situationsadäquates *Können* eine wertschätzend-ermutigende *Haltung* und äußert sich als kompetentes Handeln (Abb. 7.1).

Jede ausgeprägte Selbst-Wirksamkeit setzt neben einer großen Ich-Stärke auch ein Mindestmaß an Freiheit und eine intakte empathische Wahrnehmung voraus. Sie äußert sich in einem sorgsamen bzw. rücksichtsvollen Agieren und Reagieren im Umgang mit sich selbst und Anderen.

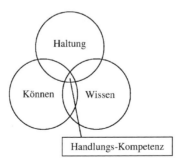

Abb. 7.1 Wissen, Können und Haltung als Basis von Handlungs-Kompetenz

Es gibt Menschen, die bestimmte Situationen als nicht belastend empfinden, die Andere als belastend erleben. So tragen die einen zentnerschwere Lasten auf dem Rücken recht gut, während andere schon bei 20 Kilogramm an ihre Grenzen kommen, obwohl sie nach Alter, Gesundheitsstatus und Statur vergleichbar sind. Ähnlich ist es beim Tragen-Müssen psychischer Belastungen. Da die Unterschiede nicht an der Situation liegen, ist bei den individuellen Gegebenheiten anzusetzen. Hier eine beispielartige Gegenüberstellung zum Problem ‚Stellenverlust':

- Unter nicht resilienten Bedingungen: geringer Selbstwert → den eigenen Fähigkeiten wird misstraut → instabiles Umfeld → ungenügende Bewältigungs-Strategien → Stress → Burn-out!
- Unter resilienten Bedingungen: ausgeprägter Selbstwert → Vertrauen in eigene Fähigkeiten → stabiles Umfeld → wirksame Bewältigungsstrategien → entwickeln von Lösungs-Ansätzen!

In guter Verbundenheit zu sich und Anderen zu stehen ist kein formaler Vorgang, sondern ein emotional-soziales Projekt. Es erhält seine Kraft aus dem Streben nach gegenseitiger Bereicherung und gibt den Handelnden durch ihre eingebrachte Selbstwirksamkeit ein Gefühl umfänglicher Sicherheit. So beschert die Erfahrung ‚Gemeinsam geht's besser, ist es schöner' den Beteiligten eine gewisse Unbeschwertheit und Kraft. Ergänzend wird so auch, als Folge eines reduzierten Angst- bzw. Stress-Empfindens, die Wahrnehmungs- und Handlungs-Fähigkeit mit sich selbst, den Anderen sowie dem Umfeld gegenüber verstärkt.

7 Gesellschaftspolitische Faktoren und ihr Einfluss ...

Gerade in einer verzweckt-rationalisierten und profit-maximierten Welt beflügelt das Leben in ersprießlicher Gemeinsamkeit die Idee eines durch Humanität geprägten Gegenentwurfs.

Seitdem uns Forscher nahegebracht haben, auf welche Weise Blitze sich zu entladen suchen, können sich Menschen vor ihnen schützen. Ausgeklügelte Systeme sorgen dafür, dass die gewaltige Natur-Energie entweder möglichst schnell per Blitzableiter ins Erdreich gelangt oder blitzresistente Konstruktionen wie der Faradaysche Käfig[291] Menschen, Gebäude und Inventar schützen. Ergänzend verdeutlichen Statiker, welche Stabilitäts-Eigenschaften Bauwerke – in Abgrenzung von Fassaden – haben müssen, um den jeweiligen Anforderungen zu entsprechen. Beim Thema ‚Personen-Schutz' geht es darum, sich als ‚starkes und handlungsfähiges Ich' gegenüber von außen kommenden Beeinträchtigungen – zwischen blitzartigem Angriff und kontinuierlicher Über-Anspannung – so abzuschirmen, dass Kurz-Schlüsse oder Ausbrenn-Schäden vermieden werden. Handelt es sich gar um einen Schicksals-Schlag, sollte uns dieser dank vorhandener Resilienz wenigsten nicht in unseren Grundfesten so erschüttern, dass unser Selbst zum Einsturz kommt.

So wie Kinder sichere und wohlwollende Beziehungen zu starken und lebensfrohen Eltern, Geschwistern und weiteren Familienmitgliedern sowie zu ermutigenden Erzieherinnen und Lehrkräften brauchen, so schöpfen Erwachsene ihre Lebenskraft aus förderlichen sozial-emotionalen Kontakten, besonders innerhalb von Partnerschaft und Ehe. Beziehungen in Geborgenheit stiften Sinn, bieten Sicherheit und wirken wie ein Airbag, wenn zu viele Anforderungen

286   Mit mehr Selbst zum stabilen ICH!

auf einen Menschen einprasseln. So schützt uns eine umfangreiche Ich-Stärke vor ‚Aufgeben' und ‚Rückzug' und beflügelt ein kräftiges ‚Selbst-Wert-Polster' unseren Lebensmut. Dies ist eine gute Basis, um sich als Unternehmer –
und nicht als Unterlasser – in eigener Sache zu betätigen.

Ausblick für eine nachhaltige gesellschaftspolitische Entwicklung

„Alles, was gut ist für dich und deine Seele befriedet, ist auch
gut für Andere", so der Individualpsychologische Analyti-
ker Karlheinz Wolfgang. Demnach ist im Umkehrschluss
alles, was die Seele des Einzelnen schädigt, letztlich auch
schädlich für eine Gemeinschaft. Dies trifft auf Familien
oder Projekt-Kreise genauso wie auf einen Staat zu. Auch
diese sind nur so stark, wie ihre Mitglieder in Eigenständigkeit und Verantwortung füreinander handeln. Störend
für das Gleichgewicht in Sozietäten ist aber auch, nur geben und nicht annehmen zu wollen. Asozial ist, wer mehr
aus dem Zusammenleben mit Anderen herauszieht, als er
einzubringen bereit ist. Sozial ist, wer Positives in Personen-
gemeinschaften einbringt und die Fähigkeit hat, Defizite
oder Störungen im Agieren und Reagieren möglichst nicht
entstehen zu lassen bzw. diese durch geeignete Maßnahmen
reduzieren kann.

Jede Ermutigung fördert und stabilisiert soziales Verhalten. Achtung und Anerkennung ergeben sich in dem
Maße, in dem dieses Zusammenwirken vom Einzelnen
– insbesondere durch das Erbringen von Vorleistungen –

7 Gesellschaftspolitische Faktoren und ihr Einfluss ...

gefördert wird. Ein solches Verhalten einzubringen fällt jedoch niemand in den Schoß: Umsetzbare Ziele und eindeutiges Wollen sind die Voraussetzung. Ergänzend sind in schwierigem Terrain Sensoren vonnöten, die möglichst schnell – bisher meist reichlich eingesetzte – destabilisierende Handlungs-Absichten als solche erkennen und melden. Umgehend sind dann aufgrund dieses Störsignals die entsprechenden Korrekturen vorzunehmen. Somit ist der ‚Klick im Kopf' die wichtigste Voraussetzung, sich regelmäßig wieder auf den richtigen Kurs zu bringen. Aber „ein Mensch kann sich nur grundlegend ändern, wenn in einer exemplarischen mitmenschlichen Beziehung alle jene Wesenskräfte in ihm wachgerufen werden, die in einer unglückseligen Kindheit verschüttet wurden".[292]

Damit wird zum Ausdruck gebracht, dass neben wichtigen Personen aus dem Lebensumfeld ein ermutigendes gesellschaftliches Klima wesentlich am Erfolg oder Nicht-Erfolg des ‚Umschaltens' beteiligt sind. Da im Leben nicht alles planbar ist, sollten wir uns durch das Erlernen grundlegender – Zeit überdauernder – Fähigkeiten darauf vorbereiten, um in Beruf, Partnerschaft, Familie und Freundeskreis bestehen zu können. Dazu schafft der für das ganze Leben wirksame ‚Resilienzfaktor Ich' in der Kombination von ‚Widerstandsfähigkeit und Ich-Stärke' eine Pole-Position.

Saubere Luft ist die Voraussetzung für eine lebenserhaltende Atmung. Ergänzend verschafft sich der menschliche Körper durch gesundes Essen und Trinken, Bewegung sowie ausreichende Ruhe- bzw. Schlaf-Phasen die notwendige Stabilität. Impfungen mobilisieren Abwehrkräfte gegenüber gefährlichen Krankheiten. Durch positive Beziehungs-Erfahrungen wächst ein starkes Ich als Garant der notwendigen Lebenstauglichkeit. Ein beitragendes sozial-emotionales Miteinander ist die Basis unseres individuellen und gesellschaftlichen Überlebens. Um schwierigen Einwirkungen nicht schutzlos ausgeliefert zu sein, sind tägliche Herausforderungen bewusst auch als ‚Überlebens-Training‘ zu nutzen. Geraten Menschen trotzdem in als bedrohlich angesehene Problem-Bereiche,[293] ist dies nie aus der Anhäufung bestimmter Fakten erklärbar, sondern das Resultat der eigenen Bewertung im Hinblick auf eine sich nicht zugetraute Bewältigung. Denn: Erst durch die Deutung von Geschehnissen geben wir diesen eine Bedeutung.

> Erst durch die Deutung von Geschehnissen geben wir diesen eine Bedeutung.

Existieren wenig Kräfte und Handlungsansätze, werden kleine Belastungen zu bedrohlichen Monstern. Verfügt der Einzelne über beachtliche Ressourcen und kann sowohl Kopf, Herz und Hände gezielt einsetzen, wird selbst eine schwere körperliche oder seelische Last nicht zur Kapitulation führen. So gibt es zum Beispiel viele Anhaltspunkte dafür, dass ca. 70 % aller sich trennenden Paare nicht auseinanderzugehen bräuchten, wenn sie als gereifte Persönlichkeit andere ‚Konflikt-Lösungs-Modelle‘ als das Weglaufen oder Abtauchen erlernt hätten. Wir wissen es alle, das Befürchtete und Nicht-Gekonnte wird zur unüberwindbar scheinenden Hürde. Der geübte Jogger wird mit Leichtigkeit per Sprint zu Bus oder Bahn seine Verspätung ausgleichen. Ein durch Trägheit Geprägter wird zu

7 Gesellschaftspolitische Faktoren und ihr Einfluss ...

spät ankommen, dem öffentlichen Nahverkehr die Schuld zuschieben und evtl. einen wichtigen Termin vermasseln. Alternativ gibt es Menschen, die in schwierigem Terrain ruhig mögliche Auswege abwägen und so zum Ziel kommen, während andere sich verrennen und beachtliche Konflikte auslösen. „Es lohnt sich, Schweres auf sich zu nehmen, damit man es danach leichter hat."[294]

„Es geht nicht darum, dem Leben mehr Tage zu geben, sondern den Tagen mehr Leben", so die englische Ärztin und Begründerin der modernen Hospiz-Bewegung und Palliativmedizin Cicely Saunders. Täglich haben wir die Wahl, mutlos, hilflos, hoffnungslos oder couragiert, selbstwirksam und zuversichtlich unser Leben anzugehen. Die großen Fragen der menschlichen Existenz erwarten Antworten: Was gibt meinem Leben Sinn und Halt? Lege ich Wert auf ein üppiges Bank-Konto oder ein sattes Beziehungs-Guthaben? Setze ich auf routinierte Unverbindlichkeit oder lasse ich mich auf substanzielle Begegnungen ein? Betrachte ich mich als den Nabel der Welt oder sehe ich mich als aktiven Teil einer Gemeinschaft?

Letztlich sind es doch die immateriellen Güter wie Gesundheit, Partnerschaft und soziales Engagement, die den Menschen wirklich zufrieden machen. Denn „Besitz und Geld sind jedenfalls nicht die entscheidenden Faktoren, die das Glück des Menschen bestimmen. Das weiß die Wissenschaft schon seit Langem. Auch die Politik hat erkannt, dass es neue und andere Indikatoren geben muss, die das Wohlergehen der Menschen bestimmen."[295]

Angesichts vieler drängender Probleme scheint sich immer deutlicher ein Umdenk- bzw. Umlenk-Prozess zu

290 Mit mehr Selbst zum stabilen ICH!

entwickeln. „So wurde auf dem UN-Gipfel in Rio de Janeiro im Juni 2012 die Erarbeitung von globalen Nachhaltigkeits-Zielen angestoßen." Schon im Jahre 2010 berief der Bundestag eine Kommission, um herauszufinden, wie ‚Wachstum, Wohlstand und Lebensqualität' zeitgemäßer zu messen seien als nur durch das Wachstum des Brutto-Sozialprodukts. ‚Schon jetzt ist klar, dass eine gesunde Umwelt und der Schutz der Rechte der zukünftigen Generation mehr Beachtung erfordern.' Dieser vom Kinderhilfswerk „terre des hommes" veröffentliche Text beklagt, dass ‚im Zweifel Nachhaltigkeits-Erwägungen noch immer das Nachsehen gegenüber wirtschaftlichen Maßgaben habe, auch deshalb, weil Wohlstand immer noch mit Wachstum gleichgesetzt wird'.[296]

Wenn wir hier jedoch nicht wirtschaftliches, sondern persönliches Wachstum ins Blickfeld rücken, erhielten emotionale Bedürfnisse – ob von Kindern oder Erwachsenen – und ‚Selbst-Sorge-Initiativen' eine starke Lobby. Gleichzeitig würde so die Entwicklung von Ich-Stärke und Handlungs-Kompetenz zur Erreichung von mehr Lebens-Qualität kräftig gefördert. „Die Politik tut sich noch schwer, sich mit den Themen Glück und Lebensfreude zu befassen", sagt Stefan Bergheim, der Direktor des „Zentrums für gesellschaftlichen Fortschritt" in Frankfurt am Main. Er veröffentlichte bereits vor einigen Jahren die Studie „BIP allein macht nicht glücklich"[297] „Deswegen ist es wichtig, von außen starke Impulse in die Politik und die Wirtschaft hineinzubringen"[298], um durch Ich-Stärke und Selbstwirksamkeit die Lebensqualität von Groß und Klein zu verbessern. In Bhutan, einem idyllischen Land zwischen

Indien und China, sind die Menschen schon etwas weiter. Dort steht nicht das Erreichen eines bestimmten Brutto-Sozialprodukts im Zentrum, sondern das Königreich misst das – in der Verfassung verankerte – Brutto-Nationalglück. Ob der Rest der Welt dies vom Land des Donnerdrachens lernen wird?

8
Aphorismen als Schlüssel zum Handeln

Die Hektik des Alltags hindert uns oft daran, zusammenhängende längere Texte mit wichtigen Botschaften aufmerksam zu lesen. Das wussten auch schon die Macher der früher recht üblichen Tages-Abreiß-Kalender mit ihren vielfältigen Sinnsprüchen. Wenn also die Zeit knapp ist oder zu sein scheint, können die folgenden kurzen Denkanstöße eine Schlüsselfunktion beim angestrebten ‚Persönlichkeits-Wachstums-Projekt' innerhalb der alltäglichen Interaktions-Situationen erhalten. Wurden Kalender-Texte früher gut einsehbar am Küchenschrank befestigt, so können sie heute als ‚Spruch zur Woche' an gut platzierter Stelle den Weg ins Smart-Phone finden.

Was immer du tun kannst oder wovon du träumst, fang damit an. (Johann Wolfgang von Goethe)

Wenn das Leben keine Vision hat, nach der man sich sehnt, die man verwirklichen möchte, dann gibt es auch kein Motiv, sich anzustrengen. (Erich Fromm)

Kennst du dich und kennst du den Anderen, wirst du immer erfolgreich sein. (Sun Zi, chinesischer General um 500 v. Chr.)

A. Wunsch, *Mit mehr Selbst zum stabilen ICH!*, DOI 10.1007/978-3-642-37702-0_8,
© Springer-Verlag Berlin Heidelberg 2013

Ein Mensch kann nicht seine Herkunft verändern, aber er kann seinem Leben eine neue Richtung geben.

Der Schwache kann nicht verzeihen. Verzeihen ist eine Eigenschaft des Starken. (Mahatma Gandhi)

Resiliente Menschen haben die Gabe, Schmermut in Aktivität und Selbstmitleid in Humor zu wandeln.

Ziel eines jeden Verhaltens sollte sein: Missstände nicht zu bejammern, sondern sie eher zu ignorieren, zu belachen oder am besten zu verändern.

Wer gibt, wird reicher, wer sich stattdessen auf eigene Vorteile fixiert, gerät in die Armut.

Gegen Schmerzen werden wir uns nicht erfolgreich schützen können, aber Leid ist eine eigene Entscheidung. (Lebensweisheit)

Wenn wir Außergewöhnliches erreichen wollen, müssen wir die Pfade des Gewöhnlichen verlassen. (in Anlehnung an Gedanken von Hermann Hesse)

Ungute Gewohnheiten sind Ungeheuer, die meist unbemerkt aber regelmäßig gefüttert werden und uns leicht – meist ohne Voranmeldung – vernichten können.

Besser ein kleines Glück zu verwirklichen als dem (vermeintlich) Großen hinterher zu hecheln.

Wenn du es eilig hast, geh langsam. (Lothar J. Seiwert)

8 Aphorismen als Schlüssel zum Handeln **295**

Mut und Wille sind der Atem von Veränderung und Freiheit. (Lebensweisheit)

Wichtig: Haue Menschen nicht die Summe ihrer Defizite um die Ohren, sondern bemesse ihre Bedeutung an der Kraft ihres positiven Wirkens.

Erwachsen ist, wer sich selbst halbwegs gewachsen ist.

Versuche dich nicht ständig groß zu machen, so klein bist du doch gar nicht.

Angst verschließt, Vertrauen und Zutrauen öffnet.

Nur wer sich bewegt, kann etwas bewegen.

Wo Angst herrscht, hat das Leben keine Chance.

Verbessern Sie die Zukunfts-Chancen Ihrer Kinder, indem Sie die Herkunfts-Voraussetzungen optimieren!

Erziehung ist Vorbild und Liebe – sonst nichts. (Johann Heinrich Pestalozzi)

Aus Furcht, dass unseren Kindern etwas Schlimmes passieren könnte, entziehen wir sie dem Leben. (In Anlehnung an Gedanken von Janusz Korczak)

Die Nettigkeit ist meist ein Gewand, welches wir uns überwerfen, um Unsicherheit oder üble Absichten zu verbergen und damit gleichzeitig ein Resilienz-Wachstum verhindern.

Etwas halb machen geht in der Regel voll daneben.

Was Du im Leben am meisten bereust, ist nicht das, was du falsch gemacht hast, sondern das, was du an Richtigem versäumt hast.

Man verliert die meiste Zeit damit, dass man Zeit gewinnen will. (John Steinbeck)

Lebenstüchtig ist nicht dasselbe wie wirtschaftstauglich. (Felicitas Römer)

Das Vermögen mit der größten Rendite ist das Wahrnehmungsvermögen. (Karlheinz Wolfgang)

Selbstbezogenheit bzw. Selbstüberschätzung und Verzagtheit sind die sichersten Wege in Konflikte oder ins Versagen.

Was müssen wir tun, um beruflich oder privat ins Abseits zu geraten? > **Nichts!**

Es gibt Menschen, die sich immer angegriffen fühlen, wenn jemand die Wahrheit sagt. (Christian Morgenstern)

Sag nicht immer, was Du weißt, aber wisse immer, was Du sagst. (Mathias Claudius)

Wer Harmonie als primäres Ziel hat, wird Konflikte ernten. – Wer Konflikte gekonnt vermeidet bzw. gut meistert, erntet Harmonie.

8 Aphorismen als Schlüssel zum Handeln

Wer nicht handelt, wird behandelt! (Karlheinz Wolfgang)

Besserwisserei, Selbstbezogenheit und Verzagtheit sind sichere Wege in Konflikte!

Der Unterschied zwischen einem richtigen und einem beinahe richtigen Wort ist der selbe, wie der zwischen einem Blitz und einem Glühwürmchen. (Mark Twain)
Mit anderen Worten: Wenn auch nur 1 % bei einer Zielerreichung fehlt, verfehlen wir dieses um 100 %!

Erkenne das ‚Pro' im Problem und mache es nutzbar. (Lebensweisheit)

Jede Minute, die man lacht, verlängert das Leben um ein Vielfaches.

Sage nicht, was du tun willst, sondern tue, was du sagen wolltest.

Gute Vorsätze mögen eine weise Entscheidung sein, aber erst das klare Handeln bringt uns ans Ziel.

Wer in Herausforderungs-Situationen kämpft, kann auch verlieren. Wer nicht kämpft, hat schon verloren. (Lebensweisheit)

Mit einer Kindheit voll Liebe kann man ein halbes Leben hindurch die kalte Welt aushalten. (Jean Paul)

Anmerkungen

[1] Interview in der Rheinischen Post vom 6.4.2013.

[2] Hildegard Knef: LP „Halt mich fest", 3/1967.

[3] In der Schrift: Ich und Du; Leipzig 1923.

[4] Artikel-Überschrift in: Die Zeit vom 23.8.1996.

[5] Ständiges Suchen ist Sucht.

[6] Vorstandssprecher der Deutschen Bank, der 1989 durch ein Bombenattentat der RAF ermordet wurde.

[7] Aus: Wunsch, Albert: Abschied von der Spaßpädagogik, S. 11.

[8] Aus: Vermeeren D (2012) Die Vision. München: Kösel.

[9] Aus: Wunsch, Albert: Abschied von der Spaßpädagogik.

[10] Vergleiche Welter-Enderlin R, Hildenbrand B (Hrsg) (2006) Resilienz Gedeihen trotz widriger Umstände. Heidelberg: Carl-Auer, S. 13.

[11] Quelle: www.resilient.de/info.htm. ZG 15.6.2012.

[12] Zum Beispiel Monika Gruhl in: Die Strategie der Stehaufmenschen.

[13] Werner E (1971) The children of Kauai: a longitudinal study from the prenatal period to age ten. Honolulu: University of Hawaii Press.

[14] *1929, US-amerikanische Entwicklungspsychologin und emeritierte Professorin am Department of Human and Community Development der UC Davis.

[15] Das Buch wurde bei einer Umfrage als eines der faszinierendsten Werke der Psychologie seit 1950 gewählt.

[16] Elder GH, Conger RD (2000) Children of the Land: Adversity and Success in Rural America. Chicago: University of Chicago Press.

A. Wunsch, *Mit mehr Selbst zum stabilen ICH!*, DOI 10.1007/978-3-642-37702-0,
© Springer-Verlag Berlin Heidelberg 2013

300 Mit mehr Selbst zum stabilen ICH!

[17] Elder GH (1999) Children of the Great Depression: Social Change in Life Experience. 25th Anniversary Edition. Boulder/CO: Westview Press.

[18] Caplan N et al. (1989) The Boat People and Achievement in America: A study of family life, hard work, and cultural values. University of Michigan Press; Haines DW (Hrsg) (1989) Refugees as immigrants: Cambodians, Laotians and Vietnamese in America. Rowman & Littlefield Publishers; Caplan N (1992) Indochinese Refugee Families and Academic Achievement. Scientific American 2: 18–24.

[19] Caplan N et al. (1992) Indochinese Refugee Families and Academic Achievement. Scientific American 2: 24.

[20] Caudill W, DeVos G (1956) American Anthropologist, ZG 31.1.2008.

[21] Caplan N et al. (1992) Indochinese Refugee Families and Academic Achievement. Scientific American 2: 24.

[22] Caplan N et al. (1992) Indochinese Refugee Families and Academic Achievement. Scientific American 2: 24.

[23] Clark A, Hanisee J (1982) Intellectual and Adaptive Performance of Asian Children in Adoptive American Settings. Developmental Psychology 18 (4): 595–599.

[24] Quelle: www.badische-zeitung.de, Panorama, 11. Mai 2011; dpa: Kinder reicher Eltern sind weniger einfühlsam, Psychologie Heute vom 15. Mai 2011.

[25] Mogel W (2001) The Blessings of a Skinned Knee: Using Jewish Teachings to Raise Self-Reliant Children. New York, London, Toronto, Sydney, Singapore: Scribner, eingeschränkte Online-Version in der Google Buchsuche-USA.

[26] Er ist seit 1996 Studiendirektor der Fakultät der Humanwissenschaften der Université du Sud-Toulon-Var, Inhaber des Lehrstuhls für Ethologie sowie der Leiter einer Forschungsgruppe für klinische Ethologie am Krankenhaus von Toulon.

[27] *26. Februar 1907 in London; †2. September 1990 auf Skye. Bowlby war ein britischer Kinderarzt, Kinderpsychiater, Psychoanalytiker und Bindungsforscher.

Anmerkungen **301**

[28] Es wird gesagt, dass ein Boden belastbarer ist, wenn nach Überschwemmung oder Feuer die Flora schnell zurückkommt.

[29] Cyrulnik, Boris: La résilience tient congrès. Le Huffington Post (Le Monde) vom 04/06/2012, www.huffingtonpost.fr/boris-cyrulnik/congres-resiliences-sante_b_1567051.html; ZG 17.6.2012.

[30] Spanien war in den 1970er-Jahren noch eine Diktatur unter der Herrschaft von Francisco Franco.

[31] Breitenbach B von (1982) Italiener und Spanier als Arbeitnehmer in der Bundesrepublik Deutschland. München und Mainz, S. 120f.; Thränhardt D (2000) Einwanderer-Kulturen und soziales Kapital. In: Thränhardt D, Hunger U (Hrsg) Einwanderer-Netzwerke und ihre Integrationsqualität in Deutschland und Israel. Münster/London, S. 32f.

[32] Breitenbach B. von (1982) Italiener und Spanier als Arbeitnehmer in der Bundesrepublik Deutschland. München und Mainz.

[33] Die Zeit: Gut angekommen. www.die-zeit.de, ZG 20.11.2007.

[34] Thränhardt, Dietrich: Spanische Einwanderer schaffen Bildungskapital: Selbsthilfe-Netzwerke und Integrationserfolg in Europa. Universität Münster.

[35] Ein Herz für Kinder zieht Bilanz. In: 60 Jahre Bild, 23./24.6.2012.

[36] Gelfert, Hans-Dieter: Charles Dickens, der Unnachahmliche (Biografie). München: Beck.

[37] Rosenberg MB (2004) Gewaltfreie Kommunikation. Eine Sprache des Lebens. S. 21.

[38] Gestorben durch ein Attentat am 30. Januar 1948 in Neu-Delhi.

[39] Siehe auch: http://de.wikipedia.org/wiki/Mohandas_Karamchand_Gandhi. ZG 26.6.2012.

[40] Erkrankung des wachsenden Knochens mit gestörter Mineralisation und Desorganisation der Wachstumsfugen bei Kindern. Mechanische Belastungen lassen leicht Schäden entstehen. Quelle: http://de.wikipedia.org/wiki/Epiphysenfuge.

[41] Dieser kann zu einem Stillstand der Atmung, zu Panik und nicht selten zur Bewusstlosigkeit führen. Quelle: http://de.wikipedia.org/wiki/Stimmritzenkrampf. ZG 28.6.2012.

302   Mit mehr Selbst zum stabilen ICH!

[42] Siehe auch: http://de.wikipedia.org/wiki/Alfred_Adler. ZG 28.6.2012.

[43] Kurzfassung eines Textes in: Kontinente, Heft Juli/August 2012.

[44] Siehe auch: http://de.wikipedia.org/wiki/Milton_H._Erickson. ZG 28.6.2012.

[45] Im Rückgriff auf: www.uni-protokolle.de/foren/viewt/79785,0.html. ZG 22.6.2012.

[46] Hahn G, Henkys J (2002) Liederkunde zum Evangelischen Gesangbuch, Heft 5. Göttingen: Vandenhoeck & Ruprecht, S. 38.

[47] Bethge E (1994) Dietrich Bonhoeffer. Eine Biographie, 8. Aufl., S. 10–42.

[48] Siehe auch: http://de.wikipedia.org/wiki/Dietrich_Bonhoeffer. ZG 29.6.2012.

[49] Heidi Klum im Interview mit der BAZ vom 1.7.2012.

[50] Die Systemtheorie, die sich in den 1920er-Jahren aus Biologie, Ingenieurwissenschaften und Kybernetik heraus entwickelt hat, wird zwischenzeitlich in fast allen wissenschaftlichen Disziplinen angewandt.

[51] Siehe auch: http://de.wikipedia.org/wiki/Soziologische_Systemtheorie. ZG 30.6.2012.

[52] Diese Erkenntnis wird z. B. beim Bau von Gebäuden in Erdbebengebieten oder Wolkenkratzern konsequent berücksichtigt.

[53] Auch wenn Adel und gehobenes Bürgertum häufig diese Aufgabe einer Amme oder dem Kindermädchen übertrugen, war diese Person doch über Jahre die feste (Ersatz-)Bezugsperson. Dies trifft auf Kitas mit Schichtbetrieb und wechselndem Personal nicht zu. Von daher ist bei guten und fähigen Tagesmüttern der Kontinuitäts-Anspruch am ehesten gewährleistet.

[54] Das Beschäftigungsverbot nach der Entbindung im Rahmen des Mutterschutzgesetzes wurde vor einigen Jahren von sechs auf acht Wochen mit dem Kommentar verlängert, dem Neugeborenen etwas mehr Zeit mit der Mutter vor der Abgabe in die Krippe zu ermöglichen.

[55] Auch eine beträchtliche Vordisposition zur Hyperaktivität kann in dieser Zeit angelegt werden.

[56] Viele Mütter berichten, dass die schmerzvolle ‚Entbindung' ihre lebenslange ‚Verbindung' zum Neugeborenen kraftgebend festigte.

Anmerkungen   **303**

[57] Quellen: www.aponet.de/aktuelles/forschung/2012-05-kaiserschnitt-kinder-werden-haeufiger-dick.html, und www.eltern.de/schwangerschaft/geburt/kaiserschnitt-diabetes.html, ZG 28.9.2012.

[58] Quelle: www.stern.de vom 19.3.2012.

[59] Holl, Hanns: www.homorationalis.de/ErsterTeil.htm. ZG 16.8.2012.

[60] Wenn während der Geburt der Kopf des Säuglings den Beckenring durchstoßen hat und die ‚Austreibung' beginnt, wirkt eine Kraft von fast einem Zentner auf den zarten Körper ein!

[61] ‚Das Neugeborene empfindet plötzlich unbegreifliche Veränderungen, es wird von etwas Festem berührt. Entsetzen ruft der Übergang aus einer monatelang konstant gewesenen Temperatur von über dreißig Grad in eine, um mehr als zehn Grad niedrigere sowie der plötzlich spürbare Gravitationsdruck und schließlich auch die mit der Umstellung auf Luftatmung einhergehende Atemnot hervor.' Zitiert nach www.homorationalis.de/ErsterTeil.htm. ZG 16.8.2012.

[62] Portmann A (1941) Schweizerische Medizinische Wochenzeitschrift 71: 921–1001.

[63] Aktuelle Forschungsergebnisse unterstreichen: „Jeder Mensch ist eine Frühgeburt. Eigentlich dürfte ein Fötus erst nach 16 Monaten geboren werden." Bericht in: Rheinische Post vom 8.1.2013.

[64] ‚Der Saugreflex ist bereits bei der Geburt vorhanden. Das Hörvermögen wird beim Kind während der ersten Tage ausgebildet, während der Geburt scheint es taub zu sein. Das Sehvermögen ist zunächst beschränkt (in den ersten Tagen ist es blind). Bald jedoch werden Gegenstände verschwommen und in unterschiedlichen Helligkeitsstufen wahrgenommen. Nach zweieinhalb Monaten ist das Sehvermögen voll ausgebildet.' Zitiert nach www.oocities.org/vienna/opera/2464/biologie/entw.htm. ZG 16.8.2012.

[65] Quelle: www.oocities.org/vienna/opera/2464/biologie/entw.htm. ZG 16.8.2012.

[66] Vom Verhaltenstypus gesehen sind Menschenbabys „passive Traglinge"; ihr Klammerreflex ist schon in den ersten Wochen enorm (Fingerhalten), um der Mutter körperlich nahe zu sein.

304   Mit mehr Selbst zum stabilen ICH!

[67] Ein Neugeborenes besitzt bereits alle Zellen der grauen Gehirnsubstanz (viermal so viel wie beim Schimpansen gleichen Alters), aber sie sind untereinander kaum verbunden.

[68] Quelle: http://de.wikipedia.org/wiki/Sozio-kulturelle_Geburt.

[69] In: International Journal of Psychoanalysis 1958: 39: 350–373.

[70] Quelle: http://de.wikipedia.org/wiki/John_Bowlby. ZG 16.8.2012.

[71] Slade A (1998) Attachement Theory and Research: Implications for the theory and practice of individual psychotherapy with adults. In: Cassidy J, Shaver P (Hrsg) The Handbook of Theory and Research. New York: Guilford Press, zitiert nach: http://de.wikipedia.org/wiki/Bindungstheorie. ZG 16.8.2012.

[72] Im Forum KindErLeben in Neuss, Quelle: Kirchenzeitung Köln, vom 29.3.2013.

[73] Cooper, Anne-Marin B.: Antisocial Personality Disorder (APD). http://de.wikipedia.org/wiki/Antisoziale_Persönlichkeitsstörung#M.C3. B6gliche_Ursachen. ZG 20.8.2012.

[74] Modifiziert nach http://userpage.fu-berlin.de/~balloff/altesemester/alt/ Bindungsmuster.htm. ZG 16.8.2012.

[75] Mary Ainsworth entwickelte auf den Arbeiten Bowlbys aufbauend den „Fremde-Situation-Test" (FST).

[76] *7. April 1896 in Plymouth; †25. oder 28. Januar 1971 in London.

[77] Quelle: http://de.wikipedia.org/wiki/Donald_Winnicott. ZG 1.9.2012.

[78] Positronen-Emissions-Tomographie und Magnet-Resonanz-Tomographie sind Verfahren der Nuklearmedizin, die Schnittbilder von lebenden Organismen erzeugen.

[79] Vortrag von Gordon Neufeld beim Kongress „Bindung – Bildung – Gewaltprävention" unter der Schirmherrschaft des Sächsischen Ministerpräsidenten im Dresdner Landtag am 22.6.201, veranstaltet vom Institut für Demographie, Allgemeinwohl und Familie e.V. (i-daf).

[80] Oxytocin hat eine wichtige Bedeutung beim Geburtsprozess. Gleichzeitig beeinflusst es nicht nur das Verhalten zwischen Mutter und Kind sowie zwischen Geschlechtspartnern, sondern auch alle sozialen Interaktionen.

Anmerkungen **305**

[81] *15. Juni 1902 bei Frankfurt am Main; †12. Mai 1994 in Harwich, Massachusetts, USA.

[82] Modifiziert nach Resch F et al. (1999) Entwicklungspsychopathologie des Kindes- und Jugendalters Ein Lehrbuch. Weinheim: PVU, http://de.wikipedia.org/wiki/Bindungstheorie. ZG 16.8.2012.

[83] Erikson wurde in den USA Professor für Entwicklungspsychologie an den amerikanischen Elite-Universitäten Berkeley und Harvard, ohne jemals ein Universitätsstudium absolviert zu haben.

[84] Hierunter versteht Erikson ‚die vorübergehende oder auch andauernde Unfähigkeit des Ichs, eine Identität zu entwickeln'. Zitiert nach Ahrbeck B (1997) Gehörlosigkeit und Identität. Probleme der Identitätsbildung. S. 45.

[85] Die Ausführungen zu Erikson wurden unter Einbeziehung folgender Quellen erstellt: Erikson, Erik: Kindheit und Gesellschaft. PHD C. George Boeree: Persönlichkeitstheorien Erik Erikson (Originaltitel: Personality Theories), www.social-psychology.de/do/PT_erikson.pdf. http://de.wikipedia.org/wiki/Urvertrauen. http://de.wikipedia.org/wiki/Erik_H._Erikson und http://www.gehoerlosigkeit-identitaet.de/info/identitaetstheorie-erikson.php. ZG 16.8.2012.

[86] Vergleiche von Dreijährigen mit guter Mutter-Kind-Beziehung mit dreijährigen Waisenkindern in Rumänien ergaben, dass bei früh von ihren Eltern getrennten Kindern das limbische System stark unterentwickelt blieb.

[87] Quelle: boj/dpa vom 3.2.2012, www.spiegel.de/wissenschaft/mensch/zuwendungsindex-mutterliebe-laesst-kinderhirne-wachsen-a-812264.html. ZG 14.8.2012.

[88] Es scheint keine Laune von Wort-Entwicklern gewesen zu sein, unsere Erstsprache als Muttersprache zu bezeichnen.

[89] *21. April 1782 in Oberweißbach; †21. Juni 1852 in Marienthal.

[90] 18 Thüringer Kindergärten und 15 Thüringer Schulen haben von 2005 bis 2010 damit auf das schlechte Abschneiden deutscher Kinder bei internationalen Vergleichstests reagiert.

[91] Quelle: www.familie.de/kind/kita-kindergarten/artikel/bildungsplan-auch-fuer-den-kindergarten/die-6-bildungs-und-entwicklungsfelder. ZG 13.11.2012.

[92] Wissenschaftliche Leitung: Dr. Sabine Andresen, Professorin für Allgemeine Erziehungswissenschaft, und Susann Fegter von der Fakultät für Erziehungswissenschaft der Universität Bielefeld.

[93] Quelle: www.kinderförderung.bepanthen.de/de/kinderarmut/kinderarmut-2009-studie/index.php. ZG 25.8.2012.

[94] Wie schon verdeutlicht, haben gestillte Babys ein geringeres Risiko für Typ-1-Diabetes als nicht gestillte.

[95] Quelle: http://nachrichten.rp-online.de/wissen/schon-vier-wochen-falsche-ernaehrung-hat-jahrelange-folgen-1.97991. ZG 26.8.2012.

[96] Von lat. ‚salus' für Gesundheit, Wohlbefinden und ‚genese' griech. für Ursprung, Entstehung.

[97] Ursprung von Krankheit.

[98] Weltweit wurden 320.000 Jugendliche zwischen 13 und 14 Jahren untersucht. Quelle: Rheinische Post, Gesundheitsseite vom 8.3.2013.

[99] Eisenreich sind beispielsweise getrocknete Petersilie, Grüne Minze, Brennnesseln, getrockneter Thymian und Koriander, schwarzer Pfeffer, Zimt, Hülsenfrüchte (z. B. weiße Sojabohnen) und Fleisch. Quelle: http://diepresse.com/home/gesundheit/660613/Eisenmangel_Chronisch-muede-lustlos. ZG 28.4.2013.

[100] Quelle: http://diepresse.com/home/gesundheit/660613/Eisenmangel_Chronisch-muede-lustlos. ZG 26.8.2012.

[101] Quelle: www.heilfastenkur.de/Eisen.shtml. ZG 26.8.2012.

[102] Quelle: Zeitschrift Vital, Februar 2013.

[103] Siehe hierzu das Buch des Autors: Abschied von der Spaßpädagogik.

[104] Quelle: Rheinische Post vom 15.3.2012.

[105] Ein Fazit: „Man kann mit Sicherheit sagen, dass all meine Patienten über 35 Jahre krank wurden, weil sie das verloren hatten, was die lebendigen Religionen ihren Anhängern gegeben haben. Und keiner von ihnen, der seine religiöse Lebenshaltung nicht wiedererlangte, wurde wirklich geheilt." Quelle: http://www.maik-koch.de/glauben.html. ZG 26.8.2012.

[106] Amber Anderson Johnson: Want Better Grades? Go to Church. www.christianitytoday.com im Mai 2002.

Anmerkungen **307**

[107] Chamlee-Wright E, Henry Storr V (2009) Club Goods and Post-Disaster Community Return. Rationality and Society 21: 4.

[108] Quellen: Bankston CL III, Zhou M (1995) Effects of Minority Language Literacy on the Academic Achievement of Vietnamese Youths in New Orleans. Sociology of Education 68: 117; Chamlee-Wright E, Storr VH (2009) Club Goods and Post-Disaster Community Return. Rationality and Society 21: 4.

[109] Siehe hierzu die Ausführungen von Andreas Püttmann: Gesellschaft ohne Gott: Risiken und Nebenwirkungen der Entchristlichung Deutschlands.

[110] Von Karlheinz Wolfgang in Neuss.

[111] Verfasst an der Universität Düsseldorf.

[112] Die tragische Romanfigur des russischen Schriftstellers Iwan Aleksandrowitsch Gontscharow.

[113] Er ist ein renommierter Vertreter der Individualpsychologie in Deutschland.

[114] Rattner J (1968) Verwöhnung und Neurose. Seelisches Kranksein als Erziehungsfolge. Zürich, S. 46.

[115] Rattner 1968, S. 23ff.

[116] Zitiert nach Barbara Oehler, S. 6.

[117] Rattner 1968, S. 28.

[118] Nach Adler wurzeln alle neurotischen Störungen in einer reduzierten Gemeinschaftsverbundenheit.

[119] Rattner 1968, S. 65f.

[120] Rattner 1974, S. 26.

[121] von Cube F (1997) Fordern statt verwöhnen. Die Erkenntnisse der Verhaltensbiologie in Erziehung und Führung. München, S. 114.

[122] von Cube 1997, S. 14.

[123] Dazu ein Alltagsbeispiel: Ist der Hunger groß, sind keine zusätzlichen Anreize erforderlich, um ihn zu stillen. Im gesättigten Zustand dagegen müssen unterschiedlichste Zusatz-Reize, Düfte, exotische Herkunft, optische Darbietung vor einem ‚Zugreifen' zur Wirkung kommen.

[124] von Cube 1997, S. 119f.

[125] von Cube 1997, S. 144.

[126] von Cube 1997, S. 124f.

[127] Siehe die Begründungen zum Anstieg von Kaiserschnitt-Geburten.

[128] von Cube 1997, S. 120.

[129] von Cube 1997, S. 14.

[130] Interviews mit Sprachtherapeuten ergaben, dass seit ca. 20–30 Jahren die Zahl der Kinder mit einer Spracherwerbs- bzw. Sprachentwicklungs-Verzögerung ständig zunimmt, während durch Krankheiten oder sonstige Ereignisse ausgelöste Beeinträchtigungen stark abnehmen. Ein Logopäde aus dem Allgäu: ‚Erwachsene sprechen immer weniger mit Kindern.'

[131] Der Begriff wurde 1967 von den amerikanischen Psychologen Martin E. P. Seligman und Steven F. Maier geprägt.

[132] Klappentext von Wunsch A (2000) Die Verwöhnungsfalle. München: Kösel.

[133] B. Schneider, A. Atteberry, A. Owens.

[134] Quelle: www.dijg.de/ehe-familie/forschung-kinder/biologische-eltern-bedeutung.

[135] Quelle: www.dijg.de/ehe-familie/forschung-kinder/biologische-eltern-bedeutung.

[136] Quelle: Schneider B, Atteberry A, Owens A (2006) Auf die Familie kommt es an: Familienstruktur und Entwicklung des Kindes. Bulletin DIJG 11: 3254. Zitiert nach: www.dijg.de/ehe-familie/forschung-kinder/biologische-eltern-bedeutung ZG 16.11.2012.

[137] Quelle: Faktencheck zur WDR-Sendung ‚Scheidungsfolgen' vom 31.10.2012.

[138] Quelle: Faktencheck zur WDR-Sendung ‚Scheidungsfolgen' vom 31.10.2012.

[139] Die Journalistin Kathleen Parker, deren familienorientierte Rubrik in der „Washington Post" in zahlreichen amerikanischen Zeitungen nachgedruckt wird, sieht in dem NICHD-Bericht einen Hinweis darauf, „dass wir eine Generation von Kindern erziehen, die für die Schule, aber nicht für die Gesellschaft vorbereitet wird".

[140] Der Abschlussbericht zu dieser ‚größten Langzeitstudie zur frühkindlichen Fremdbetreuung von Kleinkindern in den USA' wurde in der Zeitschrift „Child Development", März/April 2007 veröffentlicht.

[141] Er war Kongresspräsident der 63. wissenschaftlichen Jahrestagung der DGSPJ (Deutsche Gesellschaft für Sozialpädiatrie und Jugendmedizin) 2011 in Bielefeld.

[142] Es wurden hier einige Textpassagen aus dem von Dr. med. Rainer Böhm verfassten Artikel „Die dunkle Seite der Kindheit" in der FAZ vom 4.4.2012 übernommen.

[143] Quelle: www.aargauerzeitung.ch/schweiz/studien-zeigen-krippenkinder-sind-aggressiver-119781203.

[144] Weitere Infos zu Carola Bindt und zu diesem Thema: www.familienhandbuch.de/gesundheit/krankheiten-von-kindern-und-jugendlichen/psychosomatische-storungen-bei-kindern-und-jugendlichen.

[145] Das Personal beklagt ständig, dass Eltern beim Hinbringen und Abholen gar keine Zeit für wichtige Infos haben.

[146] Gutachter der Bundesregierung, langjähriger Leiter des staatlichen Instituts für Frühförderung in München, Mit-Herausgeber des Familien-Online-Handbuches.

[147] Quelle: www.taz.de/1/archiv/archiv/?dig=2007/02/21/a0148. ZG 9.8. 2012.

[148] Aus einem Vortrag anlässlich der „Fachtagung Sprache 2012" im Congress-Centrum Heidenheim.

[149] Im Gespräch mit der Zeitschrift Spiegel: Ungeheurer Bildungsdruck, vom 12.03.2012.

[150] Die Zahl von 500 Freunden in einem sozialen Netzwerk suggeriert Verbundenheit; in Notzeiten oder bei wichtigen Entscheidungen sind sie in der Regel keine Stütze.

[151] Unter Einbeziehung von: http://de.wikipedia.org/wiki/Resilienz_%28Psychologie_und_verwandte_Disziplinen%29. ZG 7.11.2012.

[152] Quelle: www.welt-online.de vom 23.05.2012.

[153] Götz Werner in der Vortrags-Reihe „Kind-Er-Leben" in Neuss 12.6.2012.

[154] Professor für Soziologie, Philosophie sowie Politikwissenschaften an verschiedenen deutschsprachigen Hochschulen.

[155] So formulierten dies Maja Storch und Frank Krause in dem Buch: Selbstmanagement ressourcenorientiert. Bern: Huber 2003, S. 57.

[156] Aus: Karlheinz Wolfgang: Thesen-Sammlung. Institut für berufsfördernde Individualpsychologie, Neuss.

[157] Den Begriff wählte Heckhausen in Anlehnung an Julius Cäsar, der im Jahr 49 v. Chr. nach langem Abwägen des 'Für und Wider' den Entschluss fasste, mit seinen Soldaten den Rubikon in kriegerischer Absicht zu überschreiten.

[158] Storch M, Krause F (2003) Selbstmanagement ressourcenorientiert. Bern: Huber, S. 57.

[159] Lehrstuhl für Klinische Psychologie an der Universität Bern.

[160] Der Spiegel vom 18.10.2011.

[161] Quelle: http://bildungsblog-dresden.de/2011/10/lesehinweis-der-spiegel-das-uberforderte-kind/ ZG 23.10.2012.

[162] Schulanfänger sollten zwischen 19:30 und 20 Uhr ins Bett gehen. Ein Einschlaftipp: Tagsüber richtig austoben, immer zur selben Zeit schlafen gehen und aufstehen, Zimmertemperatur auf 18 Grad Celsius einstellen. Aufregende TV-Sendungen und schwere Mahlzeiten stören einen gesunden Schlaf. Einschlafrituale helfen, z. B. Gute-Nacht-Geschichten vorlesen, ein Lied singen etc.

[163] Quelle: www.kinderschutzbund-nrw.de/aktuelles/2002-2.

[164] Quelle: http://tv-orange.de/2012/12/immer-mehr-jungen-leben-in-einer-anderen-welt.

[165] Quelle: http://tv-orange.de/2012/12/immer-mehr-jungen-leben-in-einer-anderen-welt.

[166] Quelle: Zeit-Fragen Nr. 46 v. 29.10.2012.

[167] Quelle: http://tv-orange.de/2012/12/immer-mehr-jungen-leben-in-einer-anderen-welt.

[168] Grundschul-Lehrkräfte schätzen drei- bis viermal so viele Kinder als hyperaktiv ein, als dies medizinisch diagnostizierbar ist.

Anmerkungen **311**

[169] Quelle: http://kinderschutzbund-hamburg.de/informationen.html.

[170] Mehr als 4 % der erwerbsfähigen Bevölkerung in Deutschland ist von Analphabetismus betroffen. Deutlich höher ist die Zahl der funktionalen Analphabeten: Etwa 7,5 Millionen bzw. 14 % der erwerbsfähigen Deutschen können zwar einzelne Sätze lesen oder schreiben, nicht jedoch kürzere Texte wie zum Beispiel eine schriftliche Arbeitsanweisung verstehen. Quelle: www.bmbf.de/de/426.php. ZG 4.12.2012.

[171] Anfängerjahrgang 2002/2003 gegenüber 2006/2007. Quelle: www.bmbf.de/press/3274.php, ZG 13.10.2012.

[172] Die Ritalin-Verordnungen lagen nach Winterhoff 1993 noch bei 30 kg für ganz Deutschland. Im Jahre 2011 wurden 1,8 Tonnen verschrieben.

[173] Quelle: www.nachrichten.at/ratgeber/familie/Psychiater-Winterhoff-Jugend-ist-arbeitsunfaehig;art124,956927. ZG 17.12.2012.

[174] Der Verbrauch unter Hochschülern stieg damit stärker an als unter gleichaltrigen Berufstätigen. In dieser Gruppe erhöhte sich die Quote von 7,1 Tagesdosen im Jahr 2006 auf 9,9 Dosen 2010. Das entspricht einem Plus von 39 %.

[175] Quelle: www.zeit.de/studium/2012-11/studenten-medikamente-studie-deutschland, ZG 7.12.2012.

[176] Quelle: K.L.A.G.-info, 2/2012.

[177] Beispielsweise haben nach einer bundesweiten Studie Arbeitnehmer, die täglich mehr als 50 km zu ihrem Arbeitsplatz zurücklegen müssen, ein bis zu 20 % höheres Burnout-Risiko.

[178] Quelle: „Der Fluch der Handys", Rheinische Post vom 15.6.2012.

[179] Quelle: www.handelsblatt.com/karriere/nachrichten/gallup-untersuchung-chefs-so-wichtig-wie-ehepartner-seite-2/2608468-2.html. ZG 28.10.2012.

[180] Quelle: www.infomit.de/eignungsdiagnostik/gallupstudie/index.html. ZG 14.12.2012.

[181] Auf einer Sahara-Treckingtour habe ich von Berbern folgendes erfahren: ‚Wenn ein Kamel erschöpft ist, rührt es sich so lange nicht vom Fleck, bis es durch Wasser, Nahrung und Ruhe wieder neue Kräfte entwickelt hat.'

312   Mit mehr Selbst zum stabilen ICH!

[182] Quelle: dpa-Meldung vom 27.03.2012.

[183] Quelle: www.handelsblatt.com/karriere/nachrichten/gallup-untersuchung-chefs-so-wichtig-wie-ehepartner-seite-2/2608468-2.html. ZG 28.10.2012.

[184] Aus dem Gesundheitsreport 2011 der AOK Sachsen geht hervor, dass Erwachsene immer öfter seelische Erkrankungen aufweisen. So haben psychische Leiden bei Arbeitnehmern im vergangenen Jahr knapp 10 % der Ausfalltage verursacht. Den größten Ausfall gab es mit 22 % wegen Muskel- und Skeletterkrankungen, gefolgt von Atemwegserkrankungen mit 14 % und Verletzungen mit 13 %. Anders als bei diesen Erkrankungen steigt die Zahl bei den seelischen Ursachen seit Jahren kontinuierlich an. Ein wichtiger Faktor dabei sei der Stress, heißt es in dem Bericht. 21 % der Frauen und 15 % der Männer fühlten sich durch Stress im Job beeinträchtigt. Quelle: www.mdr.de/sachsen/gesundheitsreport-aok100.html, ZG 18.9.2012.

[185] Bericht in der Rheinischen Post vom 4.4.2013.

[186] „Wir sind gut. Erfolgsgeschichten aus Deutschland, die Mut machen." Broschüre der Bundesagentur für Arbeit. Quelle: www.tagesspiegel.de/politik/eine-zweite-chance/7556058.html. ZG 22.12.2012.

[187] Wie dies vermieden werden kann, wird im Buch des Autors „Boxenstopp für Paare" lebensnah verdeutlicht.

[188] Eine Ratsuchende im Hinblick auf ihren Bruder: Er hat drei Kinder, er weiß wofür er schuftet, er hat eine ihn liebende Frau. Und ich stehe mit meinen 37 Jahren ziellos allein.

[189] Aus einem Leserbrief zu einem Interview in: Die Freie Welt. Quelle: https://kreidfeuer.wordpress.com/2012/11/12/albert-wunsch-staerkung-der-erziehungsqualitaet-von-eltern/.

[190] Jesper Juul in einem Brief an eine Mutter. Quelle: www.familylab.de/files/Artikel_PDFs/familylab-Artikel/Ihre_Partnerschaft_Ihr_1__Kind.pdf. ZG 18.12.2012.

[191] Quelle: www.kas.de/wf/de/33.13023/.

[192] Quelle: www.vaeter.nrw.de/publikationen/eltern-unter-druck/index.php. ZG 27.10.2012.

Anmerkungen **313**

[193] Quelle: http://corporate.vorwerk.com/de/presse/pressethemenmappen/
?detail=3346&parent=103.

[195] Arieti S, Caplan G (eds.) (1974) American handbook of psychiatry,
2nd ed., vol. 29. New York: Basicbooks. Quelle: www.pflegewiki.de/wiki/
Krise#Krisenmodell_nach_Caplan. ZG 22.12.2012.

[196] Cullberg J (1978) Krisen und Krisentherapie. Psychiatrische Praxis 5:
2534.

[197] Fink S (1986) Crisis Management. Planning for the Inevitable. S.15.
Quelle: http://de.wikipedia.org/wiki/Krise.

[198] Sterne L (2010) Eine empfindsame Reise durch Frankreich und Italien.
Von Mr. Yorick. Neu aus dem Englischen übersetzt von Michael Walter.
Berlin: Galiani.

[199] In: Mensch, schäm dich! FAZ vom 16.04.2013; http://www.faz.net/
aktuell/gesellschaft/gesundheit/psychologie-mensch-schaem-dich-
12148262.html.

[200] Unter Einbeziehung von: http://de.wikipedia.org/wiki/Antisoziale_
Persönlichkeitsstörung. ZG 18.11.2012.

[201] Bei der Eheschließung z. B. wird ein klares ‚Ja, ich will‘ erwartet.

[202] Quelle: www.dgta.de/transaktionsanalyse/methode.php. ZG 11.1.2013.

[204] Eine erste Einführung am PC ist möglich unter: www.enneagramm.de/
enneagramm.php?aktion=wasist.

[205] Er war bis zur Emeritierung 2009 Professor für Psychologie und Psychiatrie an der Ohio State University sowie Direktor des Nisonger Center for
Mental Retardation.

[206] Nach dem Social Science Citation Index ist Reiss einer der am häufigsten
zitierten Psychologen in den USA.

[207] Modifiziert nach Brand M, Ion FK (2011) Die 16 Lebensmotive in der
Praxis. Offenbach: Gabal.

[208] Unter Einbeziehung von: www.reissprofile.eu/stevenreiss und
www.amazon.de/Wer-bin-will-wirklich-Reiss-Profile/dp/3868810331.
ZG 29.12.2012.

[209] Gregor Linßen im NGL-Oratorium: Petrus.

314 Mit mehr Selbst zum stabilen ICH!

[210] Siehe dazu die schon erwähnte Gallup-Studie.

[211] Quelle: www.alfred-adler.de/ip/ip_gr_nahziele_7.html.

[212] Eingeschnitzt im Türbalken eines Bergbauernhauses und sinngemäß wiedergegeben.

[213] Zur Vertiefung: „Das Ich und die Abwehrmechanismen" von Anna Freud.

[214] Nach der Theorie von de Boor werden solche Verhaltensweisen als „sozialinfantil" angesehen.

[215] Seine Mutter war Hebamme.

[216] Quelle: Rheinische Post vom 30.7.2012.

[217] Letzteres greift Paul Watzlawick pointiert in der Schrift „Anleitung zum Unglücklichsein" auf.

[218] Der Begriff Attribution wurde stark durch Fritz Heider geprägt. Ergänzend wird auf die Theorie des Konstruktivismus hingewiesen.

[219] Ansbacher HL, Ansbacher RR (Hrsg) (1995) Alfred Adlers Individualpsychologie. Eine systemische Darstellung seiner Lehre in Auszügen aus seinen Schriften. München: Ernst Reinhard, S. 130.

[220] Ein zentraler Begriff der Individualpsychologie Alfred Adlers.

[221] Drewermann E (1990) Tiefenpsychologie und Exegese. Ostfildern: Patmos.

[222] Der Begriff stammt aus der amerikanischen Sozialarbeit, Bürgerrechts- und Selbsthilfebewegung.

[223] Unter Einbeziehung von: www.sw.fh-koeln.de/Inter-View/Kindheiten/ Texte/Empowerment/DIPL103.HTM.
ZG 4.1.2013.

[224] Herriger N (2002) Empowerment in der sozialen Arbeit. Stuttgart: Kohlhammer, S. 70ff.

[225] Diversity = Verschiedenheit.

[226] Der Kommunikations-Experte Schulz von Thun hat eindrucksvoll verdeutlicht, wie bei Konferenzen des „Inneren Teams" die divergierenden Bestrebungen innerhalb einer Person zu Wort kommen und zur Entscheidung geführt werden können.

Anmerkungen **315**

[227] Hans Weiß bezog seine Ausführungen zwar auf Kinder, hier werden sie jedoch allgemeingültig aufgegriffen. Quelle: Weiß H (2010) Kinder in Armut als Herausforderung für eine inklusive Perspektive. Zeitschrift für Inklusion 4. Zitiert nach Krenz A, Klein F (2012) Bildung durch Bindung. Göttingen: Vandenhoeck und Ruprecht, S. 158.

[228] Es wurde beispielsweise auf unterschiedliche gesundheits-erhaltende Maßnahmen adaptiert.

[229] Das sechste Stadium ist in der Originalliteratur von Prochaska und di Clemente nicht enthalten. Es wurde später von anderen Autoren vereinzelt hinzugefügt und ist nicht für alle Anwendungsfelder gleich sinnvoll (Sucht, Bewegung).

[230] Im Rückgriff auf: (1997) The transtheoretical model of health behavior change. American Journal of Health Promotion 12: 38–48; und http://de.wikipedia.org/wiki/Transtheoretisches_Modell.

[231] Kast V (1987) Der schöpferische Sprung. München. Quelle: http://de.wikipedia.org/wiki/Krise. ZG 17.12.2012.

[232] Diplom-Physiker, Kabarettist und Moderator von Wissens-Sendungen.

[233] In: Die Zeit vom 23.8.1996.

[234] In: Freizeitmagazin „dopplo", Heft Juni 2012, S. 14.

[235] Es handelt sich dabei um einwandfreie Ware, die nur nicht der ‚Form-Norm' der EU entspricht.

[236] In: ‚HBF-Aktuell', Tübingen, 11.2.2013.

[237] Quelle: Kirchenzeitung für das Erzbistum Köln vom 4.1.2013.

[238] Quelle: Gutachten des renommierten Ifo-Wirtschaftsforschungsinstitut im Auftrag der Robert Bosch Stiftung aus dem Jahre 2005; vgl. dazu ausführlich: „Familien in Deutschland: Beschenkt oder ausgebeutet?" Vortrag des Heidelberger Familienbüros (HBF) auf dem Bundesparteitag der Familien-Partei am 19.11.11, Kassel (Manuskript).

[239] Wassilios E. Fthenakis, 2000.

[240] Wassilios E. Fthenakis, 2012.

[241] Quelle: www.bundespraesident.de/SharedDocs/Reden/DE/Joachim-Gauck/Reden/2012/11/121115-Fuehrungstreffen-Wirtschaft.html.

[242] Aus dem Beitrag „Dann mach doch die Bluse zu" von Birgit Kelle. The European vom 21.2.2013.

[243] Winterhoff M (2011) Lasst Kinder wieder Kinder sein. Gütersloh: Gütersloher Verlagshaus, S. 179.

[244] Wirtschaftswoche vom 24.11.2012.

[245] Zitiert nach Krenz A, Klein F (2012) Bildung durch Bindung. Frühpädagogik: Inklusiv und beziehungsorientiert. Göttingen, S. 167.

[246] So Birgit Kelle in http://frau2000plus.net/?tag=familie&paged=3.

[247] Quelle: Cicero vom 14.9.2011.

[248] Siehe hierzu die Ausführungen ab Seite 110.

[249] In: i-DAF News, Zitat der Woche, 13/2009.

[250] Kaufmann F-X (1995) Zukunft der Familie im vereinten Deutschland. Gesellschaftliche und politische Bedingungen. München: C. H. Beck, S. 225.

[251] Quelle: i-DAF Zitat der Wochen, 50–52/2012.

[252] Quelle: Frankfurter Allgemeine Sonntagszeitung vom 15.12.2012, http://faz.net/aktuell/wirtschaft/menschen-wirtschaft/philosoph-dieter-thomae-der-kapitalismus-zersetzt-die-familie-ganz-subtil-11994613.html.

[253] In demokratischen Gesellschaften ist es selbstverständlich, dass Eltern die Entscheidungsfreiheit haben, ob sie ihre Kinder in eine Tagesbetreuung geben wollen, solange keine Grundbedürfnisse von Kindern vernachlässigt und die Kosten von ihnen selbst übernommen werden. Undemokratisch ist, Betreuungsdienste zu ca. 80 % zu subventionieren und die für ihre Kinder selbst sorgende Eltern-Mehrheit dabei leer ausgehen zu lassen.

[254] Quelle: Publik Forum 18/1993; siehe hierzu auch das Interview von Albert Wunsch: „Was tun gegen Gewaltkultur – eine Krankheit der Jugend, der Gesellschaft? In: www.tv-orange.de vom 27.5.2012.

[255] Quelle: The European vom 31.10.2012.

[256] Der Spiegel vom 12.03.2012.

[257] Quelle: www.presseportal.de/pm/65168/2369135/experten-schlagen-alarm-staat-zahlt-praemien-fuer-kindesvernachlaessigung. ZG 20.11.2012.

[258] Focus vom 26.3.2012.

[259] Gorbatschow M (1987) Perestroika. Die zweite russische Revolution. München: Droemer/Knaur.

[260] Daher wird hier ein ‚Welpenschutz für Babys' gefordert.

[261] Quelle: Newsletter vom Institut für Ehe und Familie (IEF) in Wien vom 21.11.2012.

[262] Quelle: www.freiewelt.net/nachricht-11455/ vom 13.12.2012. Dr. Maaz ist auch einer von 24 Fachexperten, die den Appell „Krippensubvention ist Fernhalteprämie von der Elternliebe" unterzeichnet haben.

[263] Facharzt für Nervenheilkunde und Psychosomatische Medizin und Psychotherapie.

[264] Sinnhaft, verstehbar, handhabbar.

[265] Quelle: Kirchenzeitung Köln, vom 29.3.2013, S. 53.

[266] Weitere Infos: www.astridlindgren.de.

[267] Nachricht vom 5.4.2012, www.mdr.de/sachsen/gesundheitsreport-aok 100.html, ZG am 6.8.2012.

[268] vgl. vertiefende Ausführungen ab Seite 85.

[269] Da die USA für Deutschland seit Jahren ein Trendsetter ist, wird hier bald der selbe Prozentsatz an übergewichtigen Menschen existieren.

[270] Quelle: Ungeheurer Bildungsdruck. Spiegel vom 12.3.2012.

[271] Quelle: www.aerzteblatt.de/nachrichten/45612. ZG vom 13.3.2013.

[272] vgl. vertiefende Ausführungen ab Seite 152.

[273] Quelle: www.spiegel.de/wissenschaft/mensch/max-planck-studie-acht-millionen-deutsche-leiden-an-psychischen-stoerungen-a-95331.html. ZG 21.3.2013.

[274] Birgit Kelle: Stoppt die Familienpolitik: Die meisten Frauen wollen bei ihren Kindern sein. Kopp online vom 21.11.2011.

[275] Dagmar Rosenfeld in der Kolumne Frauensache, Rheinische Post vom 15.4.2013.

[276] Der Begriff wurde für die Verwaltung im Kanton Bern verbindlich eingeführt; Quelle: www.medrum.de/?q=content/mutter-wird-amtlich-durch-das-elter-ersetzt.

318   Mit mehr Selbst zum stabilen ICH!

[277] Die volle Brisanz des Themas wird durch die verschiedenen Beschlüsse auf EU-Ebene und die Umsetzungen in nationales Recht deutlich. So hat sich im Jahre 2002 der Europäische Rat in Barcelona unter dem Titel „Gleichstellung der Geschlechter" (im Beschluss 578/2003) das Ziel gesetzt, dass sich bis 2010 schon 60 % der 15- bis 64-jährigen Frauen in einem Beschäftigungsverhältnis befinden und 33 % der Kinder unter drei Jahren und 90 % der Kinder über drei Jahren außer Haus betreut werden sollen. Das ‚Barcelona-Ziel' ist aber nur zu erreichen, wenn die „traditionellen, familiären Strukturen und Rollenmuster" aufgelöst werden. Dazu muss der Mensch selbst geändert werden, und zwar mit der Methode Gender Mainstreaming. Hier wird also von Staats wegen diktiert, was Frauen und Männer für ihr Leben als richtig anzusehen haben. Siehe hierzu auch: www.erziehungstrends.de/MenschInnen/Gender/geschlechtslos.

[278] In einem breit recherchierten Dokumentarfilm werden die Gender-Ideologen televisionär restlos blamiert. Der Film ist unter www.youtube.com/watch?v=p5LRdW8xw70 zu sehen. Für Nicht-Norweger: Der Beitrag hat englische Untertitel. Quelle: www.andreas-unterberger.at/2012/09/genderismus-wegen-erfolglosigkeit-in-konkurs/: ZG 23.3.2013.

[279] Die heutigen Griechen hätten diesen Appell zur Vermeidung der aktuellen Wirtschaftkrise nutzen können.

[280] Quelle: Die Zeit vom 3.5.2012.

[281] Hüther G (2012) Biologie der Angst. Wie aus Stress Gefühle werden. Siehe auch: Hüther G (2011) Was wir sind und was wir sein könnten: Ein neurobiologischer Mutmacher.

[282] Bei ‚Kapitalmarkt-Forum' der Deutschen Bank im November 2011 in Düsseldorf.

[283] Aus einem Leserbrief in der Rheinischen Post vom 8.2.2013.

[284] Aus einem Leserbrief zu: „Meine Kinder, deine Rente", vom 25. März 2013, www.atkearney361grad.de.

[285] Quelle: www.bertelsmann-stiftung.de/cps/rde/xchg/SID-0A60DBF9-A9B23943/bst/hs.xsl/111974.htm. ZG 28.3.2013.

[286] Es wurde die körperliche und seelische Verfassung von ca. 1800 Kanadiern erfasst.

[287] Der Bericht im „European Heart Journal" wurde Ende März 2012 von unterschiedlichsten Zeitungen aufgegriffen.

[288] Es wurde der Bildungsstand, das Body-Mass-Index (BMI) und die Anfälligkeit für eine schädliche Lebensführung ermittelt. Weiter Infos: http://en.wikipedia.org/wiki/Stanford_marshmallow_experiment.

[289] Der 1938 von Saul Rosenzweig geprägte Begriff bezeichnet die Fähigkeit, langfristig psychische Spannungen zu ertragen, die aus der Nichtbefriedigung von Triebwünschen herrühren.

[290] Siehe hierzu: Röcker A.E: Eine Tankstelle für die Seele.

[291] Das ist eine allseitig geschlossene Hülle aus einem elektrisch leitfähigen Material, zum Beispiel ein Drahtgeflecht oder Blech, welches als elektrische Abschirmung wirkt.

[292] Aus: Rattner J (1968) Verwöhnung und Neurose. S. 52ff.

[293] Das Wort Problem kommt aus der griechischen Antike: 'Die Götter werfen uns einen Stein vor die Füße. Was wir mit ihm anfangen, liegt an uns. Somit sind Probleme eigentlich Herausforderungen.

[294] Aus der Thesensammlung von Karlheinz Wolfgang.

[295] So Sophia Seiderer in Die Welt vom 13.05.2012.

[296] Schubert, Jonas: Ombudspersonen für zukünftige Generationen. In: terre des hommes Zeitung 2/2013.

[297] Das Bruttoinlandsprodukt (BIP) misst den Marktwert aller in einem bestimmten Zeitraum im Inland hergestellten Güter und Dienstleistungen und ist das am häufigsten verwendete Maß für den Erfolg einer Volkswirtschaft.

[298] Quelle: www.welt.de/dieweltbewegen/article106301551/Die-gluecklichsten-Menschen-leben-in-Nordeuropa.html.

Literatur

Adler A (1980) Verzärtelte Kinder. Zeitschrift für Individualpsychologie 5: 177–281

Ahrbeck B (1997) Gehörlosigkeit und Identität. Probleme der Identitätsbildung, 2. überarb. Aufl. Hamburg: Siegnum

Ansbacher HL, Ansbacher RR (Hrsg) (1995) Alfred Adlers Individualpsychologie. Eine systemische Darstellung seiner Lehre in Auszügen aus seinen Schriften. München: Ernst Reinhard

Antoch RF (1981) Von der Kommunikation zur Kooperation. Studien zur individualpsychologischen Theorie und Praxis. München: Fischer

Bäuerle S (2012) Mami oder Krippe? Ein kritischer Zwischenruf zur frühkindlichen Erziehung und zur ganztägigen Gruppenbetreuung von Kleinkindern. Zeitschrift für Glaube und Erziehung Heft 4

Berckhan B (2009) Jetzt reicht's mir. Wie Sie Kritik austeilen und einstecken können. München: Kösel

Berckhan B (2011) Leicht und locker kommunizieren. München: Kösel

Bleckmann P (2012) Medienmündig. Wie unsere Kinder selbstbestimmt mit dem Bildschirm umgehen lernen. Stuttgart: Klett-Cotta

Böhm R (2011) Auswirkungen frühkindlicher Gruppenbetreuung auf die Entwicklung und Gesundheit von Kindern. Kinderärztliche Praxis 5: 316–321

Bonner S, Weiss A (2008) Generation doof. Bergisch Gladbach: Luebbe

Bonner S, Weiss A (2009) Doof it jourself. Bergisch Gladbach: Luebbe

Bowlby J (1972) Mutterliebe und kindliche Entwicklung. München: Reinhard

Bowlby J (1982) Bindung – Eine Analyse der Mutter-Kind-Beziehung. Berlin: Kindler Verlag

Bowlby J (2001) Frühe Bindung und kindliche Entwicklung. München: Kindler

Brand M, Ion FK (2011) Die 16 Lebensmotive in der Praxis. Offenbach: Gabal

Brazelton TB, Greenspan SI (2002) Die Sieben Grundbedürfnisse von Kindern. Weinheim: Beltz

Brisch KH (2009) Bindungsstörungen. Von der Theorie zur Therapie. 9. vollständig überarbeitete und ergänzte Neuauflage. Stuttgart: Klett-Cotta

Brisch KH (2010) SAFE® – Sichere Ausbildung für Eltern. 2. Auflage. Stuttgart: Klett-Cotta

Brisch KH, Hellbrügge Th (Hrsg) (2008) Der Säugling – Bindung, Neurobiologie und Gene. Stuttgart: Klett-Cotta

Brisch KH, Hellbrügge Th (Hrsg) (2009) Bindung, Angst und Aggression. Therapie und Prävention. Stuttgart: Klett-Cotta

Brooks R, Goldstein S (2007) Das Resilienz-Buch. Wie Eltern ihre Kinder fürs Leben stärken – das Geheimnis der inneren Widerstandskraft. Stuttgart: Klett

Cube F von (1997) Fordern statt verwöhnen. Die Erkenntnisse der Verhaltensbiologie in Erziehung und Führung. München: Piper

Cyrulnik B (2001) Die Kraft, die im Unglück liegt. Von unserer Fähigkeit, am Leid zu wachsen. München: Goldmann

Cyrulnik B (2006) Warum die Liebe Wunden heilt. Weinheim: Beltz

Cyrulnik B (2007) Mit Leib und Seele. Wie wir Krisen bewältigen. Hamburg: TechniSat Digital, Radioropa Hörbuch

Erikson EH (1965) Kindheit und Gesellschaft. Stuttgart: Klett

Fröhlich-Gildhoff K, Rönnau-Böse M (2009) Resilienz. München: Reinhardt

Gruhl M (2008) Die Strategie der Stehauf-Menschen. Resilienz – so nutzen Sie Ihre inneren Kräfte. Freiburg: Kreuz

Gunkel S, Kruse G (Hrsg) (2004) Resilienz und Psychotherapie. Was hält gesund, was bewirkt Heilung? Hannover: Hannoversche Ärzte-Verlags-Union

Hänsel R (2010) Game Over!: Wie Killerspiele unsere Jugend manipulieren. Werder: Kai Homilius

Heller L, Lapierre A (2013) Entwicklungstrauma heilen. Alte Überlebensstrategien lösen, Selbstregulierung und Beziehungsfähigkeit stärken. München: Kösel

Herriger N (2002) Empowerment in der sozialen Arbeit. Stuttgart: Kohlhammer

Hille J (2008) Ressource ICH. Resilienz bei Kindern aus abhängigkeitsbelasteten Familien. Saarbrücken: VDM Verlag Dr. Müller

Hoffmann-Biencourt A (2010) Resilienz. In: Kühne N (Hrsg) Praxisbuch Sozialpädagogik, Bd. 8. Köln: Bildungsverlag EINS

Hüther G (2012) Biologie der Angst. Wie aus Streß Gefühle werden. Göttingen.: Vandenhoeck & Ruprecht

Hüther G (2011) Was wir sind und was wir sein könnten: Ein neurobiologischer Mutmacher. Frankfurt a.M.: Fischer

Kast V (1987) Der schöpferische Sprung. München: dtv

Kast V (2000) Vom Sinn der Angst. Freiburg: Herder

Keller S (Hrsg) (1999) Motivation zur Verhaltensänderung. Das Transtheoretische Modell in Forschung und Praxis. Freiburg: Lambertus

Klein S (2002) Die Glücksformel. Reinbek: Rowohlt

Krautz J, Schieren J (Hrsg) (2013) Persönlichkeit und Beziehung als Grundlage der Pädagogik. Beiträge zur Pädagogik der Person. Weinheim, Basel: Beltz Juventa

Krenz A (2008) Kinder brauchen Seelenproviant. München: Kösel

Krenz A (2012) Kinderseelen verstehen. München: Kösel

Krenz A, Klein F (2012) Bildung durch Bindung. Frühpädagogik: Inklusiv und beziehungsorientiert. Göttingen: Vandenhoeck & Ruprecht

Lehnert V, Lehnert F (2001) EHE wir uns verlieren. Neukirchen-Vluyn: Aussaat

Lehnert V, Lehnert F (2001) EHE wir's verlernen. Neukirchen-Vluyn: Aussaat

Neufeld G, Mathé G (2006) Unsere Kinder brauchen uns. Die entscheidende Bedeutung der Kind-Eltern-Bindung. Bremen: Genius

Ohana K (2010) Gestatten: Ich. Die Entdeckung des Selbstbewusstseins. Gütersloh: Gütersloher Verlagshaus

Opp G, Fingerle M (Hrsg) (2008) Was Kinder stärkt. Erziehung zwischen Risiko und Resilienz. München: Reinhardt

Oser F, Düggeli A, Gamboni E, Masdonati J (2008) Zeitbombe "dummer" Schüler. Resilienzentwicklung bei minderqualifizierten Jugendlichen, die keine Lehrstelle finden. Basel, Weinheim: PVU Psychologie Verlagsunion

Passig K, Scholz A (2010) Verirren – eine Anleitung für Anfänger und Fortgeschrittene. Berlin: Rowohlt

Portmann A (1956) Biologie und Geist. Zürich: Rhein

Portmann A (1956) Zoologie und das neue Bild vom Menschen. Hamburg: Rowohlt

Precht RD (2007) Wer bin ich – und wenn ja wie viele? Eine philosophische Reise. München: Goldmann

Precht RD (2009) Liebe – ein unordentliches Gefühl. München: Goldmann

Prochaska JO, Velicer WF (1997) The transtheoretical model of health behavior change. American Journal of Health Promotion 12: 38–48

Püttmann A (2010) Gesellschaft ohne Gott: Risiken und Nebenwirkungen der Entchristlichung Deutschlands. Asslar: Gerth Medien

Rampe M (2004) Der R-Faktor. Das Geheimnis unserer inneren Stärke. Frankfurt a.M.: Knaur

Rattner J (1968) Verwöhnung und Neurose. Seelisches Kranksein als Erziehungsfolge. Zürich: Classen

Rattner J (1974) Die Individualpsychologie Alfred Adlers. Eine Einführung in Adlers verstehende Psychologie und Erziehungslehre. München: Reinhard

Reiss S (2009) Wer bin ich und was will ich wirklich? Mit dem Reiss-Profile die 16 Lebensmotive erkennen und nutzen. München: Redline

Renz-Polster H (2009) Kinder verstehen. Wie die Evolution unsere Kinder prägt. München: Kösel

Röcker AE (2013) Eine Tankstelle für die Seele. Inner Coaching – mit inneren Bildern die die Psyche stärken. München: Kösel

Rogers CR (1994) Die nicht-direktive Beratung. Frankfurt a. M.: Kindler

Rogers CR (2002) Entwicklung der Persönlichkeit. Psychotherapie aus der Sicht eines Therapeuten. Stuttgart: Klett-Cotta

Rohr R, Ebert A () Das Enneagramm. Die 9 Gesichter der Seele. München: Claudius

Rosenberg M (2007) Gewaltfreie Kommunikation. Paderborn: Junfermann

Schmid W (2013) Dem Leben Sinn geben. Von der Lebenskunst im Umgang mit Anderen und der Welt. Berlin: Suhrkamp

Schmidbauer W (2009) Mobbing in der Liebe. Gütersloh: Gütersloher Verlagshaus

Schmidbauer W (2010) Paartherapie. Konflikte verstehen, Lösungen finden. Gütersloh: Gütersloher Verlagshaus

Schüffel W, Brucks U, Johnen R, Köllner V, Lamprecht F, Schnyder U (Hrsg) (1998) Handbuch der Salutogenese. Konzept und Praxis. Wiesbaden: Ullstein Medical

Schulz von Thun F (1996) Miteinander reden 1. Störungen und Klärungen. Reinbek: Rowohlt

Seifert A (2011) Resilienzförderung an der Schule: Eine Studie zu Service-Learning mit Schüler aus Risikolagen. Wiesbaden: VS Verlag

Spitzer M (2009) Lernen. Gehirnforschung und die Schule des Lebens. Heidelberg: Springer Spektrum

Spitzer M (2012) Digitale Demenz: Wie wir uns und unsere Kinder um den Verstand bringen. München: Droemer

Storch M, Krause F (2003) Selbstmanagement – ressourcenorientiert. Grundlagen und Trainingsmanual für die Arbeit mit dem Züricher Ressourcen Modell. Bern: Huber

Watzlawick P (2003) Anleitung zum Unglücklichsein. München: Piper

Welter-Enderlin R, Hildenbrand B (Hrsg) (2006) Resilienz – Gedeihen trotz widriger Umstände. Heidelberg: Carl-Auer

Winterhoff M (2011) Lasst Kinder wieder Kinder sein! Oder: Die Rückkehr zur Intuition. Gütersloh: Gütersloher Verlagshaus

Wolfgang K. Thesen-Sammlung als Private Bibliothek. Veröffentlichung des Instituts für berufsfördernde Individualpsychologie, Neuss

Wunsch A (1998) Droge Verwöhnung. In: DIE ZEIT vom 1.10.1998

Wunsch, A (2004) Vom Mängelwesen zur starken Persönlichkeit. Welche Kinder geben unserer Gesellschaft eine tragfähige Zukunft? In: Kirche und Gesellschaft, Schriftenreihe der Katholischen Sozialwissenschaftlichen Zentralstelle (Hrsg), Heft 313 (Okt. 2004) Mönchengladbach

Wunsch, A (2005) Werden Kinder heute zu sehr verwöhnt? – Abschied von der Spaßpädagogik. – Kinder brauchen Vorbilder. (drei eigenständige Beiträge) In: Wassilios E. Fthenakis und Martin R. Textor (Hrsg): Das Online-Familienhandbuch. München (Stand Jan,. 2005) http://www.familienhandbuch. de/cmain/f_Aktuelles/a_Erziehungsfragen.html

Wunsch A (2008) Der Jugendwahn – pubertäres Verhalten als Lebensprinzip? In: Bergold, Ralph u. Becker-Huberti, Manfred (Hrsg): For ever young: Ideal. Hoffnung, Drohung? Dokumentation der 'badhonnefer disputatio' 2007), Bad Honnef 2008

Wunsch A (2008) Abschied von der Spaßpädagogik. Für einen Kurswechsel in der Erziehung, 4. Aufl. München: Kösel

Wunsch, A (2011) Kinder wachsen auch an Grenzen. In. Katholische Bildung. (Zeitschrift des VkdL). Heft 11/2011

Wunsch A (2011) Boxenstopp für Paare. An welchen Schrauben Sie drehen können, damit ihre Beziehung wieder rund läuft. München: Mosaik-Goldmann

Wunsch A (2013) Die Verwöhnungsfalle. Für eine Erziehung zu mehr Eigenverantwortlichkeit, 14. erweiterte und überarbeitet Neuauflage. München: Kösel

Wunsch A (2013) Gegen das unwürdige Gezeter zum Bertreuungsgeld. In: Hurrelmann K, Schulz T (Hrsg) Staatshilfe für Eltern. Brauchen wir das Betreuungsgeld? Weinheim u. Basel: Beltz-Juventa

Wunsch A (2013) Trennung und Scheidung als Angriff auf den Selbstwert von Kindern. PAPA-YA – Magazin für kindgerechte Familienpolitik. Sonderedition Nr. 2: Belastungsstörungen bei Trennung und Scheidung. Saarbrücken-Dudweiler

Zander M (2008) Armes Kind – starkes Kind? Die Chance der Resilienz. Wiesbaden: Verlag für Sozialwissenschaften

Sachverzeichnis

A

Abwehrkräfte 47, 90, 165, 174, 226, 287

Abwehrmechanismen 174, 201, 218, 257

Achtsamkeit 162, 191, 281, 282

ADHS (Aufmerksamkeits-Defizit/Hyperaktivitäts-Syndrom) 119

Adler, Alfred 35, 36, 94, 100, 102, 133, 141, 207, 217, 234

Anerkennung 49, 94, 143, 195, 203, 207, 286

in der Arbeit 159

soziale 159

Suche nach 64, 163, 197, 212

Angst 79, 94, 100, 111, 119, 130, 175, 217, 235, 261, 277, 295

Angststörung 264, 265

Anspruchshaltung 7, 103, 106, 108, 124, 235

Antisoziale Persönlichkeitsstörung (APS) 68, 184

Antonovsky, Aaron 90

AOK-Gesundheitsreport 2011 263

Attributions-Stil 214

Ausbildung 17, 88, 130, 144

Averdijk, Margit 119

B

Bandura, Bernhard 139

Beck, Ulrich 236

Bedürfnis-Aufschub 56, 127, 182, 204, 279–281

Bedürfnis-Pyramide 94, 143

Bepanthen-Kinderarmutsstudie 2009 84

Bergheim, Stefan 290

Bergmann, Ingmar 163

Berne, Eric 188

Bewältigungs-Strategien 15,
230, 284; s. a.
Lebensbewältigung
Beziehungs-Erfahrung 65, 288
Beziehungsbrüche 124, 163,
197, 246
Beziehungspflege 165
Bezugsperson 60, 64, 66, 67,
75, 76, 80, 107, 113, 120f,
155, 199, 208, 216, 273
Bildung 28, 29, 78, 129, 146,
168, 218, 256, 274
als Wert 28, 81, 82
Bildung und Erziehung 110,
139, 149, 245, 276
Bildungsbericht 2012 145
Bindt, Carola 119
Bindung 28, 31, 47, 54, 57,
64, 69, 75, 121f, 224. 260
sichere 57, 61, 68, 72, 78,
123, 245, 260
unsichere 57, 68, 72, 73,
279, 281
Bindungsforschung 56, 64,
65, 73, 77, 83
Bindungsmuster 69, 70
Bindungstheorie 31, 65, 66,
68
Bindungs-Typen 75, 76
Bindung und
Gehirnentwicklung 80
„blinder Fleck" 187, 188
Block, Jack 22

Boat People 26, 27, 97
Böhm, Rainer 117
Bonhoeffer, Dietrich 42–44
Bonner, Stefan 152
Bowlby, John 31, 65, 68, 78,
184
Branson, Sir Richard 159
Brazelton, Berry T. 148
Bruhn, Kirsten 238
Buber, Martin 5
Burnout 154, 158, 270, 284

C
Caplan, Nathan 26, 172
Copray, Norbert 257
Cortisol (Stresshormon) 117,
118, 157
Cube, Felix von 102
Cullberg, Johan 173
Cyrulnik, Boris 30, 40–42

D
Davidson, Karina 277
Depression 111, 119, 174,
218, 263, 264, 277
Deutscher Bildungsbericht
2012 146
Diabetes 59, 60, 86
Dickens, Charles 34
Die 16 Lebensmotive nach
Reiss 194
Diogenes 205
Diversity-Management-
Konzept 227

Dreikurs, Rudolf 197
Dresdner Bildungsbericht 146
Dunsworth, Holly 63

E

Ebert, Andreas 191
Egoismus 5, 230, 236, 255
Eigen-Verantwortlichkeit
　fördern 123
Einstein, Albert 95
Elder, Glen 25, 95
Emerson, Ralph Waldo 162
Empathie 30, 50, 51, 69, 107,
　115, 248
Empowerment 226f
Enneagramm 191, 192
Erickson, Milton H. 37–39
Erikson, Erik H. 74, 79
erlernte Hilflosigkeit 109, 227
Ermutigung 50, 109, 125,
　137, 208, 219, 275, 286
Ernährung 85–93
　und Eisenmangel 91, 92
　und Selbstwirksamkeit 92
Ernersson, Asa 89
Erziehungsauftrag 124, 167
Erziehungsleistung 49, 244,
　253, 256, 273
　Anerkennung 275

F

Familie, intakte 50, 51, 111,
　113, 260, 273, 279

Familienbericht der
　Bundesregierung 2012 246
Familien-Förderung 249, 253,
　268, 273
Familienpolitik 149, 249, 306
Familien-System 31, 47, 51,
　110, 114, 122, 245, 248,
Fearnley, Kurt 238
Fink, Steven 176
Frankl, Victor E. 247
Freud, Sigmund 198, 228,
　280
Fröbel, Friedrich Wilhelm
　August 81
Fromm, Erich 133
frühkindliche Erfahrungen
　215, 220, 224
Fthenakis, Wassilios 121, 123,
　245

G

Gandhi, Mahatma 34, 35, 247
Gasche, Christoph 91
Gates, Bill 159
Gauck, Joachim 245, 272
Geben und Nehmen 163,
　204, 207, 220
Geborgenheit 47, 56, 129,
　165, 206, 220, 225, 240,
　257, 271, 285
Gemeinschaftsgefühl 35, 101,
　217

Gesellschaft
    Schwächen 268, 271, 281
    und Persönlichkeits-
        Entwicklung 254ff
Gesellschaftspolitischer Faktor
    (GF) 243
Gewaltfreie Kommunikation
    34
Giddens, Anthony 235
Gilbreath, Brad 154
Goethe, Johann Wolfgang von
    229
Grawe, Klaus 142
Greenspan, Stanley J. 148

H

„Halb-Leer" versus „Halb
    Voll" 14, 171, 174, 175
Handlungsansätze 2, 5, 8, 14,
    51, 142, 145, 157, 219,
    288
Handlungs-Kompetenz 107,
    207, 220, 283, 290
Handlungs-Muster 192, 198,
    274, 280
Hänsel, Rudolf 145
Haubl, Rolf 159
Henry-Huthmacher, Christine
    168
Herkunftsfamilie 212, 220,
    223
Herrhausen, Alfred 6
Herriger, Norbert 226

Herzensbildung 51, 129
Hurrelmann, Klaus 110
Hüther, Gerald 271

I

Ich-Entwicklung 74, 79, 82,
    181
Ich-Inszenierung 276
Ich-Schwäche 193, 205, 230,
    281
Ich-Stärke 5, 6, 15, 11, 50, 52,
    129, 107, 147, 165, 170,
    199, 226, 246, 256, 270,
    273, 283, 287, 290
Ich-Stabilisierung 6, 200, 213,
    235, 238
Ike, Obiora 171
Imgham, Harry 187
Individualpsychologie 94, 99,
    134, 197, 205, 286
innere Grenzen 217, 220, 239

J

Johari-Fenster 186, 187
Jung, Carl Gustav 95
Juul, Jesper 123, 166, 257,
    263

K

Kaiserschnitt-Kinder 57—60
Kast, Verena 234
Kastner, Michael 157
Kauai-Kinder 24, 25, 47, 241
Kaufmann, Franz Xaver 252

Sachverzeichnis **333**

Kelle, Birgit 257
Kindergarten 81, 82, 83
Kohärenz-Gefühl 261
Kommunikation 10, 157, 185, 189, 190, 193, 219, 268
Kommunikations-Muster 191
Kommunikations-Prozesse 188, 189, 191
Krenz, Armin 134
Krippenbetreuung, Nachteile 116–122, 258, 259
Krise
   Bewältigungs-Strategien 171, 177
   Definition 172
   im Chinesischen 174

L

Lang, Jessica 158
Lebens-Bewältigung 15, 60, 100, 107, 277
Lebens-Stil 16, 92, 141, 143, 165, 171, 212, 220, 278, 280
Lebens-Stil-Analyse 141, 143
Lindgren, Astrid 261
Lorenz, Konrad 104
Luby, John 80
Luft, Joseph 187

M

Maaz, Hans-Joachim 260
Mäeutik 211

Maslow, Abraham 94
McKee, Annie 155
Meyer-Holzapfel, Monika 104
Minderwertigkeitsgefühl 102, 111, 180, 212, 218
Mindful-Based-Stress Reduction (MBSR) 281
Motivation 8, 29, 89, 105, 109, 123, 138, 236
Motivationsbasis 123, 124, 215
Motivationsschwäche 150, 156, 231
„my way" 16, 123

N

National Institute of Child Health and Development (NICHD) 116
Neufeld, Gordon 73
Nietzsche, Friedrich 100
Nussbaum, Martha 84

O

Objektbeziehungs-Theorie 66, 72
Optimismus 77, 171, 172, 215, 241
Oxytocin und Bindungsverhalten 74

P

Patchwork-Familien 112, 267

Persönlichkeit 4, 11, 15, 25,
94, 114, 127, 161, 187,
191, 198, 203, 209, 245,
288
Persönlichkeits-Entwicklung
14, 71, 228, 234, 236,
254f
Persönlichkeits-Störung 68,
184
Persönlichkeits-Wachstum 4,
41, 217, 235, 293
Pfeiffer, Christian 147
Portmann, Adolf 62
Prägung 27, 51, 57, 123, 218,
245
Precht, Richard David 11
psychische Störungen 264,
265
Psycho-Pharmaka 138, 151,
152, 263

R

Rattner, Josef 99
Realitätsprinzip 101, 204, 281
Regnerus, Mark 95
Reiss, Steven 194
Renz-Polster, Herbert 59
Resch, Johannes 259
resiliente Kinder, Merkmale
126, 127
Resilienz
Begriff 7, 15, 23
Bestandsaufnahme 179ff

Geschichte der 22
im Erwachsenenalter 203ff
in Zeiten von Krisen 170ff
in Partnerschaft und
Familie 162ff
in verschiedenen
Fachbereichen 23
Konzept von Cyrulnik 31
und Beruf 152ff
und Gemeinschaft 27, 93ff
und gesellschaftspolitische
Faktoren 243ff
und Religion 95f
und Schule 144ff
und System-Faktoren 46
und Wachstums-Chancen
12, 44ff, 126, 137,
207, 240, 249, 293
Voraussetzungen 8
Wortherkunft 22
Resilienz behindernde
Faktoren 53, 123, 124
Resilienz fördernde Faktoren
53ff, 123, 124
Resilienz-Forschung 8, 17, 21,
23, 25, 32, 52,
Ritalin 151, 263
Rogers, Carl 206
Rohr, Richard 191
Rosenberg, Marshall B. 34
Rubikon-Prozess-Modell 142

Sachverzeichnis   **335**

S

Salutogenese 15, 90
Saunders, Cicely 289
Scheidung der Eltern
    110–113, 124, 168, 273
Schicksal und Überlebenswille
    33–44
Schiffer, Eckhard 260
Schulz von Thun, Friedemann
    139, 184, 185
Schwarz, Gerhard 234
Schwarz, Peter 261
Selbst-Erkundung 188, 196
Selbst-Kompetenz 13, 108,
    137, 283
Selbst-Management 17, 52,
    139–143, 283, 209
Selbst-Sein 198, 206, 239
Selbst-Stabilisierung 210, 224,
    230, 233
Selbsttest 183, 195
Selbstwert-Mangel 163, 193
Selbstwertverlust 163
Selbst-Wirksamkeit 8, 9, 16,
    27, 201, 208, 215, 220,
    230, 232, 237, 241, 244,
    283
Seneca 149, 270
Sexualität 134, 165, 223
Sies, Claudia 213
Signalwirkung, positive 47, 48
Singularisierungs-Trend 169,
    170

Slade, Arietta 66
Soft Skills 6, 160
Sokrates 211
soziale Kompetenz 6, 30, 50,
    71, 98, 108, 128, 160,
    219, 273, 280
soziale Netzwerke 93, 96, 97,
    126, 160
soziales Umfeld 23, 51, 64,
    102, 106, 207, 262, 264
Spaß- und Konsumgesellschaft
    109, 136, 105, 247, 278
Spitzer, Manfred 146, 272
Sprach-Entwicklung 106
Stanford Marshmallow
    Experiment 279
Stress 67, 74, 75, 111, 145,
    157, 216
    Definition 157
    Umgang mit 16, 80, 118,
    154, 277
Stresshormon Cortisol 117,
    118

T

terre des hommes 290
Thimm, Katja 144
Thomä, Dieter 256
Tichy, Roland 246
Transaktionsanalyse (TA)
    188–190
Transtheoretical Model
    (TTM) 231

Turkle, Sherry 270

U
Übergewicht 262
Unterforderung, Folgen 99ff
Ur-Vertrauen 67, 77, 78, 94,
124, 136, 207, 258

V
Verwöhn-Regeln 107, 108
Verwöhnung 30, 99ff, 107,
108, 136
Vier Seiten einer Nachricht
185
Vier-Phasen-Modell nach
Cullberg 173, 174
Voltaire
Vorbild-Funktion für Kinder
48, 114, 276
Vorwerk-Familienstudie 2012
168

Vulnerabilität 23

W
Wachstums-Chancen 4, 12,
249
Wachstums-Faktoren,
förderliche 16, 54
Wagner, Nadia 155
Wallerstein, Judith 112
Walter, Jürgen 236
Wanyoike, Henry 238
Weiss, Anne 152
Werner, Emmy 22, 24
Werte-Erziehung 125
WHO (Weltgesundheitsorga-
nisation) 92,
265
Winnicott, Donalds Wood 72,
73
Winterhoff, Michael 150, 246
Wolfgang, Karlheinz 286